芬蘭教改之道

如何打造全球教育典範

FINNISH LESSONS 3.0

What Can the World Learn from
Educational Change in Finland?

《芬蘭教育這樣改》增訂三版

PASI SAHLBERG
帕思・薩爾博格—著　林曉欽、楊詠翔—譯

獻給萊因哈德・費迪南・薩爾博格

Reinhold Ferdinand Sahlberg

一八一一—一八七四

我感受到天氣改變，
我能看見所有跡象，
你難道沒感覺到剛剛吹起的風嗎？
你認不出來那道聲音嗎？認不出來嗎？
大地正在緩緩旋轉，
緩緩旋轉，緩緩改變。

——尼爾·楊（Neil Young），〈隆隆雷聲〉（Rumblin'），二〇一〇年

各界推薦

本書傳達第一手生動又深入的芬蘭教改成功經驗，許多值得借鏡；我以為師資優勢最是驚豔，也是成功的關鍵。

——吳武典，國家教育研究院十二年國民基本教育課程發展會委員兼特殊教育組召集人

薩爾博格以清晰脈絡敘述芬蘭教育發展與現況，成功之道無他，簡單落實，真正實踐平等、信賴與尊重。值得所有關心教育的人深思。

——楊世瑞，臺北市立北一女中前校長

本書最精彩的故事是環繞「差異性」展開的——學習芬蘭只是喚起我們最初的熱

情，回歸教育本質與本務而已。

——黃春木，臺北市立建國中學教師

本書最值得借鏡的是——芬蘭如何把原本只滿足於把學分修齊、對官僚體系負責的教書匠，轉變成真正富有理想的教育家，而且從小學到高等教育的每個老師都是教育家。他們擁有智慧，將教育建構於知識經濟的基礎上，讓孩子的知識與技能真正符合二十一世紀的現實需求。

——彭菊仙，親子作家

薩爾博格絕對是最適合向國際社群分享芬蘭經驗的教育政策專家。我與他相識已數十年。這本書證明他不只是實踐家，他的深遠視野也是芬蘭人面對教育挑戰時的必備知識。

——亞霍（Erkki Aho），前芬蘭國家教育委員會主席

薩爾伯格這位傑出的作家，用極為美好的方式融合了芬蘭本地人、教師、研究者、

政策分析家等身分。他讓我們學會了國家教育改革的必備知識。

——柏林納（David Berliner），亞利桑那州立大學教授

想要瞭解為什麼芬蘭在過去數十年間，能夠建立世界上最成功的教育體系，那就必須讀這本書。

——伯恩斯坦（Kenneth Bernstein），《科斯網路論壇》（*Daily Kos*）

如果你想讓你的學生成為更好的公民，成為動態社會的一員，請讀本書。

——《英國教育科技期刊》（*British Journal of Educational Technology*）

全世界的教育家與政策制訂者都應該好好認識芬蘭卓越不凡的教育改革成果。比起任何人，薩爾博格更能把這個故事說得清楚動人，因為他投入教改已有數十年餘，更稱得上活於教改之中。這本書，實屬必讀之作。

——達琳—漢蒙德（Linda Darling-Hammond），史丹佛大學教育學院教授

薩爾博格的著作讓人大開眼界，因為它提倡的教育體系，完全不同於全世界先進國家的各種教育體系，而且對於芬蘭教育體系如何成為全球典範，他提供了具體的歷史脈絡。

——《教育評論》期刊（*Education Review*）

《芬蘭教改之道》提供了珍貴的證據，證明比起注重考試和評鑑，投資在教師和教學上，可以帶來讓人讚嘆、甚至相當卓越的成果。

——葛達德（Connie Goddard），《哥倫比亞大學師範學院期刊》（*Teachers College Record*）

芬蘭的教育改革之道，顯示在追求學生卓越之前，我們必須先處理教育機會不均的問題。

——二〇一三年格魯邁爾獎評審委員會（The 2013 Grawemeyer Award Committee）

薩爾博格為廣泛的教育改革，提供了國際視角，同時也擁有旁觀者清的優勢，能夠將那些對芬蘭來說習以為常的事物，化為其他人眼中的新鮮事。

——哈格里夫斯（Andy Hargreaves），前波士頓大學教育學院教授

所有的芬蘭人都必須縝密分析並深刻理解，教育體制的成功背後究竟蘊含何物。作為教育體制的局內人，薩爾博格深知那裡發生的一切；作為研究人員，他亦對因果關係有著極為客觀的洞見。我認為本書所言甚是。

——海孟南（Olli-Pekka Heinonen），前芬蘭教育部長、芬蘭廣播公司總監

薩爾博格在《芬蘭教改之道》這本簡明扼要的著作裡，講述的芬蘭教育成功故事，相當令人驚艷……《芬蘭教改之道》是本重要的著作，所有教育工作者都該一讀。

——雷恩哈特（Gaea Leinhardt），匹茲堡大學教育學院榮譽教授，《教育研究》期刊（*Educational Researcher*）

薩爾博格在本書詳盡闡述了芬蘭出眾的教育故事，兼具知識深度且激勵人心。芬蘭的教育體制經歷了時間的考驗，展現出恰如其分的努力。這是國家為了年輕人所應

做的巨大改革，也是所有國家渴望成就的目標。

——班．雷文（Ben Levin），多倫多大學安大略教育研究所教授

這本書敲響了美國教育政策的警鐘。芬蘭已經擺脫最平庸的學術表現，躋身世界頂尖之林。藉由教師合作、最少的考試、全國齊心投入、提升教育工作地位，芬蘭人完成這場奇蹟。美國《有教無類法案》無法解決的難題，本書是最佳解答。

——亨利．雷文（Henry M. Levin），哥倫比亞大學師範學院教授

這本書能夠打開無知者的眼界，書中清楚陳述了為什麼瑞典、美國、英國等國的教育體系如此糟糕。

——李德曼（Sven-Eric Liedman），哥特堡大學思想史教授，瑞典《每日新聞報》（*Dagens Nyheter*）

《芬蘭教改之道》架構完整、令人信服。雖然教育政策制訂者尤其會對它感興趣，但所有的校長、教師與家長都該讀這本平易近人的著作。

——《里米納：歷史與文化研究期刊》（*Limina: A Journal of Historical and Cultural Studies*）

《芬蘭教改之道》能夠殺死百分之九十九．九的「全球教育改革運動病毒」。

——麥克奇南（Niall MacKinnon），蘇格蘭教育家，《泰晤士報教育副刊》（*Times Education Supplement*）

如同薩爾博格在《芬蘭教改之道》中所述，芬蘭教師和其他專業人士相同，是由內在動機驅動，而不是受獎金激勵或是怕被炒魷魚。

——瑞薇琪（Diane Ravitch），《紐約書評》（*New York Review of Books*）

薩爾博格的著作能為各式各樣的學者、教育工作者、政治家、大眾，帶來重要啟發。我特別欣賞其中證明了頂尖的學業成就，可以透過教育機會均等、為所有學生提供的綜合學校、低輟學率、低度學習焦慮以及教師的高度自主達成。事實上，芬蘭帶給我們的啟發，便是如果要領導具備效能的永續教育改革，就必須考慮上述所有觀點，缺一不可。

——薩巴克（Henrik Saalbach），來比錫大學教育心理學系教授，《科學》雜誌（*Science*）

薩爾博格增訂的《芬蘭教育這樣改》第三版《芬蘭教改之道》，又對打造教育政策做出了無價的貢獻，他強調教育政策必須建立在教師專業、信任、尊重、教育平等與學生主動參與的基礎上。芬蘭的例子提供了一個確實可行的替代方案，取代全球絕大多數國家採用的懲罰式績效體制。每位政策制訂者、家長與教師，都應該閱讀本書。

——華格納（Tony Wagner），學習政策研究所（Learning Policy Institute）資深研究員

我知道美國很多教改和政界人士都不會想讀這本書，因為這本書會否定所有他們張開雙臂擁抱的「改革」，但是如果不讀的話，我們就會錯過非常重要的機會。美國政府和所有州政府，都不應把芬蘭的規模和人口數當成藉口，進而忽略那些能夠促

進改變的因素。這本書會為所有誠心想提供下一代優質教育的人，帶來希望、願景、策略。把書打開，讀就對了！

——威爾遜（John Wilson），《教育週刊》（*Education Week*）

推薦序

《芬蘭教改之道》
——全球第一個教改成功案例教我們的事

陳之華

收到商周出版的來信邀約，很驚喜的是薩爾博格博士書稿，我即刻允諾為這本新書寫推薦序。原因不外乎是薩爾博格的撰文，與我一直以來所分享、講述的芬蘭教育經驗、理念、精神皆相當契合外，也因為在北歐曾經因緣際會地和他會晤。而他目前居住於雪梨，正好也是我待過多年的澳洲。

二〇〇八年旅居芬蘭的我，參加了許多場芬蘭教育研討會，其中一次在首都赫爾辛基舉行三天的「未來教育趨勢」國際會議裡，有一場薩爾博格的專題演講。他當天直指核心的論述十分精彩，而且期盼與會者都能理解他的思維想法，我至今依舊印象深刻，在聆聽當下更是感觸良多、深受啟發。

正因為很欣賞他提出的遠見觀點，所以那天以後，凡看到有關他的國際媒體報導或專訪，一定會特別留意和細心研讀。

「教育應該強調競爭，還是合作？」

「怎樣才會使未來更好？」

「如何透過教育，使國家社會更具競爭力？」

「我們是應該透過更多的競爭，還是更多的合作，來確保自己國家的競爭力呢？」

這是我在《每個孩子都是第一名：芬蘭教育給台灣父母的四十五堂必修課》書裡，特別提到薩爾博格在國際講座時，要求我們與會者彼此討論的「競爭概念」思考與論析議題。

在大家你來我往一陣熱烈交流之後，薩爾博格特別提到當時歐盟已經警覺到，許多前蘇聯國家的一些高等教育機構，竟出現金錢購買成績的情況；甚至出現部分學校竄改分數與資料等偏差行為。但為何教育現場竟有這種光怪陸離的現象呢？薩爾博格說，歸根究柢就在於教育環境過度強調了「競爭」，讓這些學校的師生為了

「求生存」、「求贏面」，而必須不擇手段。事實上，許多地方的人們習於將「競爭」二字掛在嘴邊，眾多人士更深陷於「競爭」泥淖，各種只求贏過他人的心態與作為，無疑扭曲了教育最原本的初衷。

薩爾博格在這本書中說：「芬蘭人喜歡競爭，但合作才是這個國家更為典型的特質。」同時講到：「芬蘭經驗顯示，持續關注均等與合作，而非選擇與競爭，可以讓所有孩子在國家教育體系中如魚得水。」

看來，芬蘭教育的思維與政策，似乎與全球教育改革的主流方向，和大家習以為常的教育執行方式，有著「背道而馳」的論述。

但芬蘭除了「競爭」概念已然與眾不同外，其他「背道而馳」的還有教育環境的基本授課時數、排名機制、家庭作業、學校教育、師資專業、教師養成、師生評比、留級制度、成績責任制、標準化考試、高風險測驗、教育市場導向、教育私有化、國際評量、高度控制等等各方面，分別都和世界大多數國家的教育政策與實務面，呈現了大異其趣之處。

當世界一而再地談論芬蘭教育概念時，總使一部分人產生巨大難以理解與溝通落差的困惑，因為長期慣性思考、強調要贏過他人的競爭廝殺、追求第一、重視評比、增加上課時數、頻繁考試、強調資優、外部壓力、測驗導向的績效責任，甚至是強調學生必須更用功寫作業等觀念。

芬蘭式的教育思維，也使得已經根深柢固遵奉壓力，用外加力量催逼、以各種誘惑驅策學生學習的師生家長們，一時三刻無法真正理解所謂的芬蘭教育理念，以為它不過是天方夜譚，或只是社會福利國家的特有成果，或因其人口數量不多等因素，才創造出如此優良平等的公立教育環境。

其實強調「教育均等」，是芬蘭一直以來的思考特質與基礎概念。但如何擁有平等均衡的教育機制，並長期建構出符合其理念的教育環境，除了仰仗優秀老師的培育，以及建設優質軟硬體的學校之外，根本之道，還是得回歸一個社會對於教育的概念究竟為何，以及國家在制訂教育政策時的根本思考點在哪裡。

薩爾博格曾提到：「均等，不是只要讓每個人都可以上學而已，它更確保了不同地區與環境的人，都能擁有一樣高品質的教育水準。」

多年前，走訪了芬蘭偏遠的拉普蘭區域教育現場後，一位居住赫爾辛基的拉普蘭朋友很好奇問我參訪第一線的感想。我回覆她說：「怎麼樣？都一樣！」

我所說的一樣，是城鄉差距一樣的小。

我所說的一樣，是教育資源分享一樣的相同。

我所說的一樣，是各地校舍與建築品質一樣的優良。

我所說的一樣，是學校與地方圖書館分布、藏書情形一樣相似。

我所說的一樣，是不論你我的出生和家庭，都能保障享有一樣的高水準基礎教育。

我所說的一樣，是不論在芬蘭中部湖區、芬蘭與俄國邊界的卡列里亞省（Karelia）、西部與西南部瑞典語區、冬季長達半年的北極圈內，學生都一樣有著熱騰騰的營養午餐可吃、一樣有高水準的教科書可讀、一樣有基本素質優良的教師、一樣有相同的教學理念被完整地執行出來，以及充足的課外讀物長期鼓舞著學生的心靈。

正如薩爾博格的書裡所說：「教育機會平等原則及學習成果的均等，是北歐福利國家的重要特質。在芬蘭，這不只是讓每個人都可以上學而已，更是打造一座兼具社會正義與包容的教育體系，提供所有人機會，讓他們能夠透過教育追求自己的志向及夢想。」

不過要能真正落實這一切，沒有幾十年教育界勤勤懇懇地推動、規畫、執行與改變，恐怕沒有芬蘭今天的實質成果。然而，所有事物皆非一蹴可幾，教育體系也相同。誠如我過往書中提到芬蘭歷經了幾個世代的教改，薩爾博格這本書裡，也再從根本理念闡釋了更深入詳盡的芬蘭教改歷程。

芬蘭的教改經驗，不難發現最原先的教育型態並非如現今的優質，而是半世紀歷程的政策制訂、教學現場與師資改變轉型等。唯有多方紮實耕耘，始能獲得豐碩果實，而如今，芬蘭仍在持續修正調整。

此外，是整體社會觀念的轉變，也就是大眾都能重新檢視思考，所謂「公平、正義、平等」以及該如何踏實地建構出來，並且思考每個人的基本價值，以及如何真正協助每個孩子都能找到屬於自己的未來。芬蘭所做的，就是讓公立學校教育體系紮實地成為一個社會最基礎、最平等也是最良善發展的核心價值，這正是它最可貴的教改核心成果。

歷經長期教改後的芬蘭，曾創下了全球差距最小的學生研習成就紀錄，被稱譽為擁有全球最優秀的教師培養體系，以及令人稱羨的教育政策與理念落實機制。這都是芬蘭眾多的社會因素與價值觀所形塑出來的，而這些寶貴經驗與具體研析說明，在這本書裡都有詳盡的論述。

書裡也提到了芬蘭教育的未來，這就像過往以來總有人會問我：「難道芬蘭教育是『無懈可擊』的嗎？」

我總是答覆：「並非如此！因為任何地方的教育，通常都必須隨著時間與社會的變遷，而不斷自我調整與順應時勢而改變。」

畢竟，世界永遠不斷地向前推演，而每個孩子的成長與未來，更是如此。所以，學習與瞭解不同地區的教育思維，並持續與世界接軌交流的目的，並非為了東施效顰，或創造另一個芬蘭模式，而是藉由觀看他者，產生出自身狀態的對照，有機會去反思現實環境裡的諸多問題。捫心自問，為何人家會選擇如此做？為何我們的教育模式已沿用數十年，它們的好處與缺失各自何在？

唯有如此，才能讓自己有機會去思考教育的本質，以及該如何讓自身環境能回歸教育的根本理念。而這些思維，是每個國家的教育基本課題，芬蘭，也不例外！

書寫過多本與芬蘭教育概念、精神相關的書籍之後，再次閱讀薩爾博格的著作，它依然處處都能觸動我心。也一再看到，書中眾多觀點是值得任何一位關心教育本質、教育改革與發展、教育環境者，可以重新檢視、啟發，並一再閱讀之處。

芬蘭擁有的獨特價值、文化和社會凝聚力，而且深信教師和教學才是改變學生學習的成果，避免測驗成為學校生活的重要部分，並讓教學目的落實在協助學生學習，而非只為了通過考試等等。這些眾多值得大家去深思的觀念、哲理與實踐方式，一直以來是我從觀察、瞭解、認識芬蘭的教育與社會發展中，擴大了自己對生命、教育、文化等的不同眼界與收穫。

相信你也能從這本書中，遇見不一樣的芬蘭，進而理解了教育理念與教育改革的視野，如何讓它成為唯一一個擁有快樂高成就學習的國家！

本文作者為教育作家，

著有《沒有資優班：珍視每個孩子的芬蘭教育》、《每個孩子都是第一名：芬蘭教育給台灣父母的四十五堂必修課》、《成就每一個孩子：從台北到芬蘭，陳之華的教育觀察筆記》、《美力芬蘭：從教育建立美感大國》、《一起看見不同的世界：芬蘭、台灣、澳洲，陳之華與女兒的學習之旅》、《預習世代》等書

推薦序

在我們現在生活的這十年裡，誰將是你的英雄？

陳玟樺

二〇一八年十一月，我在芬蘭中小學教學現場蹲點研究將滿一年，幸運地，因教育部前次長林思伶獲邀飛來芬蘭參與赫爾新基年度盛會教育週（Helsinki Education Week），我受教育部前部長吳思華的鼓勵，在前次長林思伶身邊學習，同時也第一次見到薩爾博格。

作為芬蘭教育經驗最佳分享者，薩爾博格是盛會的主講者之一，講題《卓越與均等：如何大規模地使改變發生》（*Excellence & Equity–How To Make Change Happen At Scale?*）與當前各國「教育競賽」下的兩難困境實情甚為相符，與會者無不專注會神，期能於薩爾博格言談中再次汲取芬蘭教育的進一步祕密。

我讀薩爾博格於二〇一一年首次出版的《芬蘭教育這樣改》已無數次，演講中，誠如其書，他仍妙語如珠，不僅闡述近來教育變革概況，也解構諸多迷思。他細數不同世代都有自己較為傾慕的重要教育改革人物（他稱為「英雄」，這些人物亦出現於本書中），如一九七〇年代的柯曼（James Coleman）、愛德孟（Ronald Edmonds），一九八〇年代的喬伊斯（Bruce Joyce），及一九九〇年代的沙拉森（Seymour Sarason）……他以為，這些當代教育家的言談不僅為後來的教育理論帶來更廣泛視野，也讓大家有機會透過批判性對話，更聚斂於對教育本質和學校教育目的的關照，致力於朝向教育共好。然而，當談及二〇〇〇年代的「英雄」時，薩爾博格卻語重心長地指出，由於各國逐漸投入於對 OECD 或 PISA 各種國際報告或大型評量結果的關注，對時代「英雄」人物反而少有談論，對此，他不忘引導聽眾一同反思——**在我們現在生活的這十年裡，誰將是你的英雄？**（*Who'll be your hero during this decade that we are living in now?*）

那天的講演非常成功，我想，不僅在於薩爾博格的立言務實、平易近人，他來自於芬蘭，卻自然流露對世界教育的普遍關懷，就如同這本《芬蘭教改之道》（《芬蘭教育這樣改》第三版），薩爾博格始終堅定於教育機會均等、課程公共性、教師專業自主、學生學習責任等理念之持續深化與開展，也嘗試以新的觀點做出論述，提醒眾人應不忘回歸對教育本質的察看，都令與會者和閱聽者如沐春風。

我相信，我們都與薩爾博格一致肯認的是，即使教育無法複製貼上，但教育目的的方向性卻是教育性質的根本體現，薩爾博格所堅定的這些關懷本不分國界，世人應能共同承諾與信守。

二〇一九年冬天，我回到臺灣完成博士論文研究，並嘗試將於芬蘭課室中的見聞以筆記方式寫下出版。蹲點期間，我無時發現芬蘭教學現場良好運作的某些「祕密」在既有文獻上較無著墨，如課室中的特殊教育、玩中學，以及學生高度自主學習等。而今非常欣喜是，薩爾博格在《芬蘭教改之道》中放入了這些關鍵元素，我以為芬蘭教育的實質正逐漸地被完整呈現，無疑地，芬蘭經驗不會僅是學生成績卓越、最幸福國度的紙上評比結果，除了國家與社會外，也完善於如薩爾博格這樣對人性充滿關懷的教育家所共同構築。

記得當天盛會中場休息時，薩爾博格在離我不遠處正與一位教育家談話，我鼓勵自己走近並加入討論，我簡介自己來自臺灣，正於芬蘭課室中蒐集二〇一六年新課綱現象為本學習（phenomenon-based learning）資料，當薩爾博格聽聞我來自臺灣、正做田野訪問時，第一時間先是鼓勵了「教師即研究者」行動，然後也勉勵取徑者蒐集第一手資料之勇氣與可貴。他溫暖地問我當前有何發現？每日跟隨師生上下課已近一年的經驗讓我更具信心地回應——我似乎感受到了芬蘭確實建構有良好的公立教育體系！他聽聞後即微笑地補充說道：「而且優質！」巧合是，我發現這肺腑之言正好也出現於他的自序裡。

「**在我們現在生活的這十年裡，誰將是你的英雄？**」這值得深思！閱畢這本《芬蘭教改之道》後，讀者應有更清晰的答案——你的答案是什麼？且讓我們進一步交流！

本文作者為國立臺北教育大學數學暨資訊教育學系助理教授

推薦序

不齊而齊，才是教改之道

黃春木

他山之石，可以攻錯？

我們為何還需要出版一本關於芬蘭教育的新書？

在臺灣，關於芬蘭教育經驗（驚豔）的書籍、論文、參訪報告已經很多，但由芬蘭教育改革核心領導人士現身說法的第一手資料，卻是罕見的。薩爾博格於二〇一一年出版的新書 *Finnish Lessons*（《芬蘭教育這樣改》，商周，二〇一三），毫不藏私地引領我們深入歷史、文化、社會脈絡，並且不厭其詳地陳述教育工作者的教育哲學、實踐智慧與客觀條件，從而全面而細緻地揭露二戰結束以來，尤其晚近三十年芬蘭教育成功的祕訣。

此書於當年出版後，廣獲好評，薩爾博格對教育的長年貢獻，也因此獲獎無數。但十年過去了，芬蘭的國際教育評比成績不再那麼亮眼，而教育不平等的情況有加劇的趨勢，閱讀素養低落的學生數量越來越多；此外，還得面臨 COVID-19 疫情對學校教育帶來的衝擊等。這些困難和挑戰，都促使芬蘭教育體系亟思因應、突破與改善，而薩爾博格也提供了諸多深入的觀察與建言。這正是增訂三版 *Finnish Lessons 3.0*（《芬蘭教改之道》，商周，二〇二二）問世的背景。

芬蘭教育廣為世人矚目，可溯自二〇〇一年十二月四日首次公布的 PISA 國際教育調查結果，在數學、科學與閱讀能力三種學習能力指標的表現，芬蘭全都是「經濟合作與發展組織」（OECD）國家中的領先者；二〇〇三、二〇〇六及二〇〇九年，PISA 隨後的三次調查研究結果，更進一步提升、鞏固芬蘭教育體系的國際聲望。

臺灣晚近大規模的教改行動，始自一九九四年，到二〇一九年十二年國教課程綱要（簡稱「一〇八課綱」）實施之時，已經二十五年。先前推動九年一貫課程時，曾積極從澳洲引進「核心能力」，大概二〇〇六年之後，「珍視每個孩子」的芬蘭教育成為大力仿效的新目標，後來再以實施十二年國教之名學習日本，鼓勵發展「學習共同體」。大約二〇一六年之後，芬蘭開始實施「現象為本學習」，強調連結真實情境、重視跨領域探究，藉以發展學生二十一世紀所需的能力。臺灣實施一〇八課綱，正好與芬蘭新一波教育改革多有呼應。

從晚清以來，我們的教育改革行動其實不乏外國經驗的鼓吹，甚至政府帶頭倡導，一時之間旗鼓大張，但事過境遷，往往就偃旗息鼓，甚至旗鼓盡棄。之所以造成這樣的問題，原因說來複雜，不過簡單而言，癥結應在於教育哲學始終不是教育改革論辯的焦點，而改革行動又往往欠缺教育史的反思所致。這樣的習性與傾向，自然也使得我們擇取「他山之石」，充滿急切的心態，不是吹捧過高，就是短視近利，只學到表象或技術，卻難以體察人家的社會文化脈絡與歷史進程中的慎思明辨、折衝取捨。

臺灣能否學習芬蘭的教育經驗呢？芬蘭大約有五百五十二萬人，人口密度每平方公里十六人，COVID-19 疫情前，二〇一八年人均 GDP 約四萬九千九百美元；芬蘭多為小校小班，一校兩百名學生是常態，學校裡輔導落後學生的特殊教育老師較任何國家都多，整體來看，師生比很高，部分學校甚至達一比七，且每年全國平均約有三分之一的學生可獲得一對一的輔導課程機會。同時，芬蘭是一個福利國家體制，收費不高而品質優良的公共教育系統是在這樣的基本架構上建立起來。並且誠如薩爾博格所言，任何考察芬蘭教育經驗的人士都應該注意到教育部門與其他所有公共行政部門之間的緊密關連性，成功的教育改革與教育表現，通常都需要同步改善社會、就業與經濟環境；如果只是單純引進芬蘭教育體系的某些特定要件，例如課程綱要、師資訓練方式、特殊教育模式，或者學校領導方針等，對於希望改善教育系統的任何國家而言，都不可能有太多的幫助。這真是暮鼓晨鐘之言！

更重要的是，薩爾博格還提醒大家，芬蘭教育經驗相信三個「悖論」：教得越少，學得越多；考試越少，學得越多；越多元，越平等。而在增訂三版中，他提出四個「悖論」，新增「玩越多，學越多」，並將「越多元，越平等」修改為「教育越均等，學越好」。事實上，芬蘭的學校及現場教師並不歡迎市場機制、考試競爭、標準化測驗、評比排序等經由政府或國際機構由上而下主導，由外部評鑑規範學校及師生表現的任何作為。

光是以上這幾個悖論，臺灣便難以仿效。如此看來，似乎沒什麼機會或條件可宣稱：芬蘭經驗值得學習；除非，我們能夠深入體會芬蘭教育的根本精神，並且加以理解與轉化。

「多元、平等、卓越」的學習經驗

要掌握芬蘭教育的精髓，「差異化」應是首要關鍵，也是臺灣的教師、家長及官員、教改人士必須透徹理解的。

芬蘭所看待的差異，是基於「多元化」之體察得來，而處理差異的態度或目標，仍在回應多元化。芬蘭願意投入大量資源落實差異化的理想，尊重孩子的天性稟賦，盡力建構周延的教育與心理服務，並且希望盡早發現孩子的學習困難及其社會、行為問題，妥適提供量身打造的專業協助。在一個基本的芬蘭教室中，教師會依據學生不同的能力、興趣與族群特質授課，另有助教協助相關教學事宜。芬蘭學校認為每個孩子都是第一名，適性揚才方能讓每個孩子在探索實作、分享交流中都有機會達到卓越。這是以一種「超越」的視野平等對待差異，我們可以稱之為「不齊而齊」。

至於臺灣，多數時候是基於標準化的檢驗來確認差異，而處理差異的態度或目標，其實仍要回歸標準化，以績效達標來確認教和學的成果。我們雖然也宣稱追求適性揚才，但心中想的差異，其實是對立的，甚至是偏執的，有價值高低的判定，因此，我們針對差異化所做的各種努力，幾乎都是企圖「取消」差異。這樣的行動，可以稱之為「齊其不齊」。

臺灣如同其他華人社會一般，看待教育的態度是天真樂觀的，深信教育可以變化氣質、轉化心性，勤勉苦讀終能脫穎而出，成為人中龍鳳；卓越，應該是在公正的標準中篩選、淬煉而得。至於芬蘭，顯然重視及依循每一個人差異的本質與天分，教育能做的便是因材施教，努力拿掉區隔其間的封限，讓一切存在獲得同體肯定。這種看待教育的立場，務本而積極，這正是芬蘭孩子對於學習充滿快樂而熱忱的關鍵。看不破這一層道理，堅信「吃得苦中苦，方為人上人」，必然投入無數心力以登臨一個固定標準的臺灣社會，遂注定只能讓孩子在比較、競爭、排序的環境中勉力生存。

二十多年來的臺灣教改，思考的是試題簡單化、廣設高中大學、繁星計畫、免試升學等，大抵上都在教室外，甚至學校外，進行升學名額的配置或就學方式的規畫。倡導改革的官員或教改人士是否曾以調整升學規則同等的心力，認真反思「差異化」的真義，將資源投入到教室內，直接強化教學與輔導的品質？看不到這一層關鍵，教改至多僅是改變，而難以產生革新。

「在地智慧、社群實踐」的教學經驗

芬蘭是在碩士學位等級的師資培育階段，以「教師即研究者」導向進行師資的養成。擔任教師是社會公認的榮譽，薪水雖不優渥，但鮮少有外部壓力或干擾、自主自律的工作特性與意義，以及來自整個社會的信任，加上較低的授課時數與考試負擔、小班架構，以及妥善而充沛的專業團隊等，使得教師擁有更多時間參與教育規畫與研習，反思教學的品質，有充足心力評估學生的學習成果與整體發展，持續研發合宜的課程，參與各種關於學生健康或適宜生活的計畫，並協助需要額外幫助的學生；同時，還能夠和同儕集思廣益，形成協力合作網絡，享受專業學習社群的情感交流與知性支持的美好。

相較之下，我們的政府與社會看待教師專業的期望偏低，針對教師工作的要求則過高。多年來教育行政法規僅以基本授課時數規範教師的工作內容，生手教師、資深教師、專家教師的工作內容與負擔是完全一樣的，這正是標準畫一的「齊其不齊」。在這樣的結構下，想要形塑教師團隊是困難的，因為大家全局限於一間間的教室當中一遍遍地授課、一回回地考試。教師付出最大的心力在於根據考試來規畫教學，提高考試科目的優先性，教育淪為壓榨學生腦力、強迫記憶的活動，而非理解及活用知識。我們在實務上如此貶抑教師專業，卻課以教師不可承受的績效責任。此等景況，在十二年國教如火如荼推動的當下，還沒有看到任何可能的實質改善。

芬蘭教師之所以是一個團隊，是因為他們有分工，而且有合作；芬蘭教師之所以能夠組成學習社群，是因為制度上保障他們不受外務干擾，肯定第一線工作的經驗與價值，同時制度也督促他們在實踐中進行反思（reflection in praxis），而且教師必須離開教室，與同儕一起研討，思考如何整合教室內外的學習經驗，提供學生豐富的學習環境與機會。這些專業行動是一併整合在教師的工作責任之中，並經由不同專長與任務的專業教師的合作而完成。這其實也是一種「不齊而齊」，經由多元而卓越（excellence through diversity）。

我們還要學芬蘭嗎？

臺灣教得多、考得多，原因在於我們相信有一套正確、完整的標準必須符應，結果，多數孩子囫圇吞棗、難以消化；芬蘭教得少、考得少，因為他們相信必須釋放出空間，才能讓教師和學生進行合宜的教學活動，結果，多數孩子有機會依照自己的興趣及性向進行探索、統整與反思，學得較多，而且更為深入。

如果要從「芬蘭教育奇蹟」中發覺什麼樣的精彩故事，我的領悟是：直接回到以知識與情感交流的教學環境，讓每位教師及學生都可以盡其所能，專注、熱忱地參與其中。

芬蘭的故事並不新奇，他們所做的，多數教育學課本早已提及。學習芬蘭，只是回歸教育的本質與本務而已。

本文作者為教育部師鐸獎、教育部教學卓越獎金質獎得主，
臺北市立建國中學歷史科教師

第三版推薦序

我要以相當大膽的論述作為這篇推薦序的破題，不管你是拿在手上，或是在螢幕上看，你正在讀的這本書絕對將成為經典，一定會，我還發明了一句話來形容，就是「本書問世即為經典，而且還會不斷進化」。

讓我來好好解釋解釋。

我們不應該濫用「經典」這個詞，所謂的經典，要能夠吸引我們的注意力、讓我們一直保有興趣，並改變我們對某個重要議題、概念、觀點、人生觀的理解；還有最重要，但也最難達成的一點，經典必須歷久不衰，即便時間流逝，仍能「長青」。

雖然現在就說《芬蘭教改之道》已成為教育學經典，可能還言之過早，但這本書有很大的機率會躋身經典之林，所以我才會說「問世即為經典」。目前已有很多樂觀的證據支持我的看法，自《芬蘭教育這樣改》於二〇一一年出版後，便極為暢銷，已大幅修訂兩次，而且還擁有來自世界各地的熱情讀者，並譯為將近三十種語言。尤有甚之，和許多暢銷書一樣，本書也一再受到引用，就連根本沒看過書的人也會這麼做，我猜你會想讀《芬蘭教育這樣改》增訂而成的《芬蘭教改之道》，應該是因為你聽說這本書是**必讀**的書，確實是這樣沒錯，就算你已經讀過先前的版本，你還是**必須**讀新版。

那所謂的「不斷進化」又是什麼意思呢？書籍推出新版時，作者常常只是加上一些新的參考資料，寫幾句話表示他們有多高興看到自己的著作大獲成功，並用不同的方式重複一些陳腔濫調。

但是《芬蘭教改之道》，並不是把第一版跟第二版的內容重新整理過而已，差得可遠了。薩爾博格反而是更深入梳理芬蘭教育的歷史，描繪二十世紀下半葉孕育芬蘭傑出基礎教育的社會環境，詳細記錄芬蘭、還有教育界的其他角落，過去十年發生的事件，同時設想了未來芬蘭教育發展各式各樣的可能，從樂觀到失望都有。

我如此推崇《芬蘭教改之道》有幾個原因。在每個社會中，教育家都鍥而不捨尋找最棒的教育方式來教育下一代，這從盧梭（Rousseau）的《愛彌兒》（*Emile*）、柏拉圖（Plato）的《理想國》（*Republic*）、孔子的《論語》成書的時代便已開始。而且總是會有對立的觀點，雖然這些觀點常常也都只看到問題的一部分——柏拉圖和亞里斯多德（Aristotle）、盧梭跟彌爾（Mill）、孔子跟孟子之間的對立。而且更常見也更糟糕的是，即便這些理想的教育方法，都是來自對教育議題有深切思考的人，但他們卻從來沒有試著實踐自己的想法。

我們活在一個國際競爭相當激烈的時代，每個國家都試著尋找能讓他們在國際測驗，像是 PISA 或 TIMSS 上，一躍成為冠軍的「仙丹妙藥」，並培育將來會成為「萬事通」的下一代。特別是在所謂的已開發國家中，例如 OECD 會員國，已經出現了一種心態：訂定明確的共通標準，死命遵守這些標準，經常測驗學生，獎勵分數高的學生、教師、地區，而對那些表現平庸或糟糕的人，則是給予懲罰和批評，甚至裝作視而不見。這有點瑣碎沒錯，但這種觀點在新加坡、南韓、美國等地已經非常流行。

來自淵遠流長的芬蘭教育世家，身兼教師、研究者、國家及國際教育政策制訂者的薩爾博格，在《芬蘭教改之道》中，挑戰了上述的觀點，他從芬蘭經驗出發，提出了一個不同的模式。他用一個總是讓我會心一笑的縮寫來簡稱上述這種全球性觀點，那就是「GERM」（Global Educational Reform Movement，全球教育改革運動）。[1]

同時，在本書的表4.1中，薩爾博格也用芬蘭教育家數十年來累積的經驗和教訓，來抨擊這種「一體適用」的觀點。讀完這本書，你將瞭解一個五十年前處在國際視角邊緣的國家，是如何成為國際測驗的常勝軍；更重要的是，薩爾博格還用令人印象深刻的美妙細節，闡釋芬蘭是如何走出自己的道路，如果我能借用那首著名美國歌謠的歌詞，那就是芬蘭教育家怎麼用「他們的方式」做事。

就讓我提幾件和「GERM」觀點截然不同的事：

你可以在芬蘭看到以下的現象：

- 教師是個受到高度重視的職業，成為教師的競爭相當激烈，報酬也跟其他職業相同。
- 教師會一直待在教學現場，他們不會馬上就想轉到薪水更高的行政職。
- 教師不怕進行研究，也不會排斥研究，更不會說自己不懂研究，他們會獲得研究培訓，時時跟上最新的進展，把自己視為研究者，並實地進行「有用的」研究。

■ 積極鼓勵玩樂，而非加以阻礙或禁止，上學時間跟作業分量都受到控管。
■ 重視倫理和道德，不會將之留給宗教處理；品行非常重要，等於一種信念。
■ 教育者重視學生的健康和幸福。
■ 專業討論不會淪為口號和專有名詞，教師不會只是在講「情緒智慧」、「同儕學習」、「適性教學」，他們會研究、實踐、反思其帶來的影響；同時，身為良好的研究者，他們也會在教學方法沒有發揮預期作用時略做調整。

薩爾博格將上述事項視為有效教育體系的試金石，不過在《芬蘭教改之道》中，他更進一步解釋不能將這些東西視為理所當然，因為和社會的其他組成部分一樣，教育也會隨著時間改變。《芬蘭教育這樣改》初版問世後，僅僅十年內，芬蘭教育體系的表現都停滯不前，而且根據多項指標，後來甚至還大幅衰退。這個令人失望的情況，可能是因為自滿或驕傲，也有可能是因為其他充滿競爭力的國家，已經非常有技巧地吸收了芬蘭的成功經驗。

薩爾博格提出了另一種解釋。芬蘭並沒有從自己過去數十年的經驗中學習，沒有去重新創造這樣獨特的融合，也就是由不斷實驗和反思組成的循環，而正是這種獨特的融合，讓他們在短短數十年之間，從一灘教育的死水，變成全世界基礎教育的帶領者。我們可以說，作為「學習系統」，芬蘭的運作已經失能。

薩爾博格為未來分析教育的著作，樹立了非常高的標準。我們活在一個可以迅速蒐集巨量資訊並加以分析的時代，世界各地的教育「智庫」會測量所有變項，從測驗分數到班級規模，再到班級間、學校間、城市間、省分間、國家間、民族間學業表現的差異。因此，當學術著作改版，或是有新著作出版時，就有可能不只是**猜測**情況會如何演變及分析其原因，而是能透過圖表、表格、數據和其他「實在的資訊」，來**描繪**正在發生的事，接著反思造成這些改變的因素。

薩爾博格是個經驗豐富的研究者，在資訊分析上也相當老道，因而能夠熟練處理這些資訊。習於反思的讀者，想必也能跟著他的腳步，試著解析從這一年到那一年、從這個國家到那個國家、從這個變項到那個變項，中間究竟發生了什麼事。

《芬蘭教改之道》是一名博學之人的著作，薩爾博格是教師、研究者、資訊分析師、講者、部落客、作家、可愛可親的家人，也是個值得珍惜的朋友，我還可以繼續稱讚他。但最讓我敬佩的是，薩爾博格身體力行許多重要的價值，包括均等、公平、自我成長、社群連結、社會發展、世界和平，同時也非常重視幫助每個年輕人，找到他們熱愛的領域，並培養自己的才能。在《芬蘭教改之道》的每一頁，你都能發現這樣的價值，而這或許也是本書注定成為經典的原因。

——嘉納（Howard Gardner）

哈佛大學霍伯教育研究所認知及教育學教授，二〇二〇年九月

第三版序

大約十年前的今天，我正在寫《芬蘭教育這樣改》第一版的序，在美國華盛頓特區工作五年，又到義大利都靈工作三年後，我帶著書稿回到芬蘭赫爾辛基，接受教育文化部的新職位。自從我二〇〇二年離開芬蘭後，很多事改變了，許多人都很敬佩芬蘭學校，有些人甚至還很嫉妒，因為芬蘭學生在國際測驗上的表現遠超過其他國家；同時，在連續好幾年蟬連世界最具競爭力經濟體後，芬蘭的經濟也成為政治家和企業領袖的楷模。國際媒體都認為芬蘭是個快樂又健康的國家，但同時在文化上也是匹孤狼，用自己的方式做事，而不是遵循別人的方式。二〇一〇年八月，《新聞週刊》（*Newsweek*）雜誌的封面寫道：「世界上最棒的國家是……」該期雜誌的封面故事完成了這個未完的句子：「芬蘭。」

我手上擁有一份我以為自己永遠不會寫出來的書稿。芬蘭教育對我來說太私人了，我生在一個教師家庭中，在一座小鎮學校裡的教師宿舍長大，擔任教師和師資培育者非常多年，而且把我職涯大部分的時光，都奉獻給芬蘭的國家教育政策。這使我對芬蘭教育非常熟悉，熟悉到常常很難跟那些不懂的人解釋，芬蘭的文化、傳統、歷史、價值，是如何為教育帶來重大影響。

許多我在美國的同事都鼓勵我寫一本芬蘭教育的書。研究國際教育改革的波士頓大學教授哈格里夫斯（Andy Hargreaves），便堅持要我把「芬蘭之道」的故事告訴大家。達琳—漢蒙德（Linda Darling-Hammond）針對教師這個職業和師資培育的研究，也囊括了芬蘭，她也鼓勵我以前教師暨師資培育者的身分，寫一本書，解釋在建立一個成功的教育體系中，優秀的教師所扮演的角色。曾在世界銀行（World Bank）工作二十年，後來成為范德比大學（Vanderbilt University）教育政策教授的海納曼（Stephan Heyneman），也成功說服我應該和美國及世界各地的學者及政策制訂者，分享芬蘭的教育。於是我決定讓這本書在北美書市試試水溫，但要是起初沒有這些朋友和其他人的幫助，這本書很可能不會出現。

二〇一一年十一月，《芬蘭教育這樣改》在加拿大亞伯達省（Alberta）出版，當時擔任加拿大教育部長、我非常尊敬的漢考克（Dave Hancock），邀請我和五百位亞伯達省的校長聊聊我的新書。在漢考克的領導之下，亞伯達省是世界上首屈一指的教育體系，和芬蘭屬於伯仲之間，我的書很快獲得加拿大媒體的熱烈迴響，並成為暢銷書。經過CNN的札卡瑞亞（Fareed Zakaria）介紹、史邁利（Tavis Smiley）和衛斯特（Cornel West）在他們新的電台節目放送我們針對芬蘭教育的談話、瑞薇琪（Diane Ravitch）在《紐約書評》（*New York Review of Books*）寫了兩篇書評後，《芬蘭教育這樣改》更是一路銷售長紅，而且還排除萬難，成為全球暢銷書，目前本書的前兩版已翻譯為將近三十種語言。

不過在二〇一一年本書第一版問世後，芬蘭也出現許多改變。數年前重擊世界經濟的金融海嘯，使公部門在二〇一〇年代的預算大幅減少，而且芬蘭在國際教育評比，以及其他領域的排名，也都開始下滑。二〇一五年，中東和北非地區動盪的情勢，造成大量難民進入歐洲，在各地移動，也將數以萬計的移民和難民帶進芬蘭和我們的校園中。接著在二〇二〇年，全球爆發了新冠肺炎疫情，使得學校關閉，學生有好幾週的時間都必須在家學習。這全都對芬蘭教育帶來影響，本書初版於二〇一一年問世時，絕對沒人能料想得到會發生這些事，因此在新版中，我也將探討芬蘭教育體系如何因應這些改變。

如同我在前兩版中所做，我將以幾點讀者務必謹記在心的警告，開啟本書的討論。首先，我寫作這本書的目的，並不是要說服你芬蘭教育是（或曾經是）世界上最棒的教育體系。國際媒體和某些專家，創造了錯誤的印象，讓我們以為存在一種全球通用的標準，可以評價哪些教育體系很棒，哪些又很爛。如同我在本書中指出的，目前的國際教育評鑑系統所運用的指標，其實只包含了非常狹隘的少部分學科，通常是閱讀、數學、科學，但是我們在評估教育體系或某所學校是否成功時，還必須考量其他許多重要的因素；我也非常強調所有的社會標準都是不完美的，而且用這些標準來檢視成功與否，也常常都過於狹隘。大部分的芬蘭教師和教育者都會同意，學生在閱讀和數學測驗的分數，確實會透露一些有關教育體系表現的資訊，但是全憑這些分數來決定教育體系整體是成功還是失敗，也是一種過於狹隘的觀點。

第二，我在本書也並非宣稱，其他國家只要靠著模仿「芬蘭之道」改革教育體系，他們的學校就會變得更好。如果我們有從教育思潮流動的經驗中，學到什麼寶貴的教訓，那就是在某個地方看起來行得通的想法，到另一個地方不一定也能發揮效果。如同威廉（Dylan Wiliam）所說：「各種方法一定都能找到發揮用處的地方，但不存在可以一體適用的方法。」我必須承認，我常常碰上許多來過芬蘭或是研究過芬蘭教育體系的人，認為如果他們擁有芬蘭的課綱、校舍、教師，他們在教育上面臨的問題就會煙消雲散，而且在教學與學習上都會出現奇蹟般的轉變。本書強調的其中一個重點，便是除了那些國際組織和顧問所提供，流行一時的模式外，還有其他方式可以改革教育。我想說服你的是，沒錯，我們可以從其他人身上學習，但我們也必須時時保持警醒。芬蘭啟發了其他國家為數眾多的教育者，深切思考他們自身的學校及文化，這本書裡確實有其他人可以從芬蘭借鏡之處，如同芬蘭也受世界各地教育者和學校體系的影響，並從中學習。要建立一個更好的未來，這才是最有可能成功的方法。

第三，務必記住芬蘭教室內出現的創新教學法以及教育政策的靈感，其實也都是源自其他國家的經驗。芬蘭於二十世紀初獨立，並開始建立自己的教育體系後，參考的是德國和瑞士的學校。接著，重視均等、建立綜合學校體系的概念，從鄰近的北歐國家傳入，特別是瑞典。近年來，芬蘭教育者則是從英格蘭、蘇格蘭、加拿大、澳洲、美國等地，尋找有用的想法，使得學校中的教與學，乃至整個教育體系更加多元豐富。而一九八〇年代起，針對美式教育的研究和發展，為芬蘭所帶來的正面影響，則是體現在課程理論、將人類心靈視為多元智能的系統、培養全人學生的教學法、真實的學習評量以及學校領導模式上。

最後，我也必須在《芬蘭教改之道》強調，芬蘭目前在教育上的表現，已和《芬蘭教育這樣改》初版二〇一一年問世時大不相同。芬蘭學生在國際測驗的分數持續下降，教育均等的程度也是一樣，同時，越來越少年輕人純粹為了樂趣閱讀，這使得閱讀素養低落的學生數量越來越多，特別是青少年男孩，而我在這個第三版使用的最新數據，也顯示了近來許多芬蘭教育者和政策制訂者擔憂的事情。第三版提供了兩個重要的教訓，一方面來說，本書描述了芬蘭如何在二〇〇〇年代建立優秀的教育體系，另一方面，本書也闡述了芬蘭教育體系如何因應國際測驗不斷下降的分數，以及學校面對的困難和挑戰，包括最近全球新冠肺炎疫情對學校帶來的衝擊。

《芬蘭教改之道》廣泛更新了芬蘭教育目前的情況，以及評估教育表現的國際數據，我使用的數據取自芬蘭從二〇〇〇年起參加的國際研究和調查。根據這些更新過的數據，本書也討論了芬蘭某些重要政策和實務改變的情況。

從《芬蘭教育這樣改》到《芬蘭教改之道》，是一趟不可置信的旅程。我曾在世界各地的國會跟政治家分享書中的理念，在國家電視台、廣播節目、眾多 Podcast 和主流報紙的訪談中談論教育議題，並和大家分享芬蘭學校的故事，本書也為我帶來許多新朋友和新同事，當然我也因此失去了不少。二〇一三年，本書榮獲美國肯塔基州路易斯維爾大學（University of Louisville）頒發的格魯邁爾獎（Grawemeyer Award），該獎旨在表揚具備改變世界潛能的重要教育理念。二〇一四年，蘇格蘭政府則頒給我一年一度的歐文獎（Robert Owen Award），該獎專門頒給促進教育平等與均等的教育家。接著，在二〇一六年，本書也因其傳達的真摯學習精神和創意，獲頒樂高基金會（LEGO Foundation）的樂高獎（LEGO Prize），這兩項元素也正是本書闡述的重要理念。

我希望《芬蘭教改之道》能夠為你帶來啟發，並向你證明，確實有辦法建立良好的公立教育體系，為所有的下一代提供優質的教育。芬蘭式教育的原則非常簡單：時時詢問自己，你計畫發起的改革，是不是會為學生和教師帶來好處？如果你對答案有半分遲疑，那就千萬不要開始。

寫於澳洲雪梨，二〇二〇年十月

謝辭

從《芬蘭教育這樣改》到《芬蘭教改之道》，我和本書已經走過一趟十年的旅程，自從初版問世以來，我在芬蘭及世上許多國家，和教師、家長、學生、政治家、藝術家、企業家、記者進行了無數有關教育的談話。我非常感謝所有讀過本書先前版本的人，他們和我分享的寶貴看法以及改進建議，都是這部芬蘭教育史詩最新篇章的養分。身為本書作者，能夠參與這麼多有關「教育是什麼？」的談話和辯論，實屬榮幸，我在過程中也非常開心。

自從本書的前兩版譯為將近三十種語言以來，它在世界各地擁有眾多讀者，無論如何，我都想要感謝這些讀完書後和我分享，並鼓勵我繼續修訂第三版內容的讀者。但我最想要感謝的，還是那些和我抱持不同意見的讀者，他們讓我能夠在新版中廣納不同的看法和觀點。

特別感謝以下的同事和朋友，他們都為本書盡了一份力：Erkki Aho、Howard Gardner、Martti Hellström、Peter Johnson、Hannele Niemi、Veera Salonen，他們慷慨接受我引用他們的說法。Andy Hargreaves 和 Diane Ravitch 則是在我撰寫前兩版時，以及後續本書的全球推廣上，扮演相當重要的角色。我也要感謝 Jean-Claude Couture、Sam Abrams、David Kirp 在寫作第三版期間的幫忙。

二〇一一年十二月，《芬蘭教育這樣改》出版大約一個月後，我受邀前往紐約市的哈佛俱樂部（Harvard Club）聊聊這本書，我的編輯邀請了哈佛大學知名教授嘉納和我對談，我必須承認，我那時實在是超級緊張，直到我在講座開始前，和他一起坐下來先用晚餐。嘉納擁有一種神奇的魔力，能夠讓身旁的人感到舒適和放鬆，我們熱烈地聊著教育、芬蘭、美國、美食。而我當晚稍後和滿室賓客進行的演講，則是我在宣傳《芬蘭教育這樣改》期間，最愉悅也讓我最印象深刻的一次。嘉納願意為第三版撰寫推薦序，實在是我莫大的榮幸，他是我的英雄，也是我幾年前在劍橋那段愉快的時光中結交的朋友。

《芬蘭教改之道》是由《芬蘭教育這樣改》前兩版增修而來，我也要在此特別感謝所有在我二〇一一年及二〇一五年寫作前兩版時，幫助過我的人。一如既往，我在哥倫比亞大學師範學院出版社（Teachers College Press）的編輯 Sarah Biondello 和 John Bylander 還有其他同事，再次完成了出色的工作，把我的草稿變成你現在正在讀的這本美麗書籍，再次感謝大家。

二〇二〇年八月二十一日，我的朋友暨才華洋溢的創意家肯．羅賓森爵士（Ken Robinson），在和癌症短暫搏鬥後不幸逝世。他對本書新版的貢獻筆墨難以形容，特別是讓我的觀點更具批判性，我也很感激他對我的思考帶來的影響、他在書末的文章，以及為了讓世界變得更好，他身為全球知名人士所做出的無數貢獻。謝謝你，肯。

我也非常感謝在撰寫本書期間，我的家人提供的支持和愛，只要 Petra、Noah、Otto、Eero 在我身邊，我的熱情和靈感就會源源不絕，你們讓我成為一個更好的人，也希望你們有讓我成為一個更好的作家。

我將本書獻給我的高祖父，萊因哈德．費迪南．薩爾博格，他是一名無懼的探險家，於一八四〇年代前往世界各地冒險，也紀念他對研究和發現的熱情。

CONTENTS

CONTENTS

導論

有志者，事竟成

未來十年內，將會有約十二億名十五至三十歲的年輕人進入職場，依照我們目前採取的相關方針，只有三億人左右能夠得到工作機會。我們可以給其他九億人什麼？我認為如果我們想要邁向和平，並為這些年輕人提供希望，這會是最重要的挑戰。

——亞赫帝薩里（Martti Ahtisaari）

前芬蘭總統（一九九四—二〇〇〇）、二〇〇八年諾貝爾和平獎得主，

接受芬蘭 YLE 電視台採訪

亞赫帝薩里發表完這席意見的十二年後，世界面臨前所未見的公衛危機，而他當初對青年失業的擔憂也越發真實。目前全世界的人口有四分之一是年齡介於十五至三十五歲的年輕人，這個比例是史上最高。而在世界各地，包括芬蘭，青年和年輕人都是推動發展和創新的主力。其實早在新冠肺炎疫情爆發前，青年失業在許多國家，就已經是個嚴重問題，現在這個全球公衛危機帶來的後果，只會讓數千萬年輕人的處境越來越糟。

現有的教育體系讓學生沒有機會學習未來所需的知識，這在各地已是顯而易見的現象，全世界都需要品質更好的教育與學習方式，還有更為均等並具備效率的教育體系。教育體系正面臨雙重挑戰：如何改變教育，好讓學生能夠學習新的知識與技能，以因應千變萬化、難以預測的知識世界？如何讓所有年輕人都能夠不受社經條件限制，擁有學習的機會？對社會與領導者而言，成功回應這些挑戰既是迫在眉睫的道德義務，也是勢在必行的經濟使命。之所以是迫在眉睫的道德義務，是因為每個人的福祉與幸福都來自良好教育體系提供的知識、技能與世界觀；之所以是勢在必行的經濟使命，則是因為國家的富庶從來不像此時此刻這般仰賴 know-how。晚近全球經濟危機造成的後續影響也已證明，青年失業將會拖垮政府，因為許多年輕人缺乏能夠自助的相關教育和技能。

其中一個無法預測的改變，出現在二〇二〇年初，新冠肺炎把世界搞得天翻地覆，各地的學校一夕之間必須從實體教室轉為線上學習，社會瞬間變成社會實驗室，學校和整個教育體系都受到考驗，檢視它們是否有能力因應如此劇烈的變動。根據國際機構的統計，二〇二〇年第一波疫情爆發時，全球有超過百分之九十的兒童無法上學，時間達數週之久，某些地區無法上學的時間甚至拉長到數個月。教育體系想方設法應對這個完全無法預測的緊急狀況，最普遍的方式便是讓學生遠距學習，課程內容則和平常相同，政府機關向學校下達指示，指導教學如何安排，包括大家都應使用的科技和數位平台及應用程式等。學校關閉將近兩個月、大部分學生都在家上課的芬蘭，也相信學校和地方當局會運用它們的專業知識，來評估在學校關閉時，該採取什麼措施重新調整教學。接下來幾章中會探討的在地化課程、校本評量、系統層級的學校合作等，都在學校關閉時，提供了教師應對的彈性和創意，而不需將學生的健康及學習置於風險中。這便是一個非常好的例子，顯示由教育者和其他專業人士領導的教育體系，是如何找到更好的方式，來處理棘手的問題，例如在全球疫情肆虐下，讓學習不致中斷。

這本書的主題，便是芬蘭與芬蘭人，如何建立一個以信任為基礎的教育文化，並將他們的教育體系，從一九八〇年代表現平庸的系統，轉型為現在這個傑出的均等楷模。根據相關國際指標，芬蘭是現代教育水準最高的國家之一，能夠以平等的方式提供教育機會，並充分運用相關資源。芬蘭教育近來受到許多國際學者的關注，二〇一〇年，達琳—漢蒙德（Linda Darling-Hammond）在《平坦世界與教育》（*The Flat World and Education*）中，從廣泛的角度討論了芬蘭教育。塔克（Marc Tucker）也在二〇一一年的著作《超越上海》（*Surpassing Shanghai*）中，將芬蘭視為能為美國帶來幫助的高效能教育模式之一。哈格里夫斯（Andy Hargreaves）與雪利（Dennis Shirleg）則在《第四條路》（*The Forth Way*）中，將芬蘭視為成功進行教育改革的典範。瑞薇琪（Diane Ravitch）二〇一三年的著作《錯誤的治理》（*Reign of Error*），也以芬蘭為例，向美國人陳述為何保留公立教育，有助於提升整體的教育品質。勞倫斯（Michael Lawrence）二〇二〇年的著作，則是以教師的角度出發，闡述澳洲教育可以從芬蘭借鏡之處。在所有和當代教育思潮及實踐有關的國際書籍或系列叢書中，芬蘭教育必然占有一席之地，國際發展相關機構、諮詢顧問公司與媒體，都將芬蘭視為極佳的教育改革模型，也是公立教育體系成功轉型的「見證人」。[2]澳洲、中國、韓國、日本、法國、斯洛維尼亞、墨西哥、德國及其他不勝枚舉的地區，都已經出版了各式關於芬蘭教育與師資培育的著作及文章，本書的第一版也已譯為二十種語言，可見全世界都對芬蘭經驗非常感興趣。

希樂韋博士（Vilho Hirvi）在一九九〇年代初期帶領芬蘭走向教育改革之路，時任芬蘭國家教育委員會總監的他曾向同仁表示：「『強制』無法創造出有教養的國家。」他認為應該要重視教師與學生的意見，也明白邁向進步的康莊大道勢必需要集體合作。芬蘭的教師與學生都一致主張，課程綱要的目標與時間規畫，在設計時必須更彈性、更自由，希樂韋曾說：「我們正在創造全新的教育文化，而且已經沒辦法回頭了。」這種嶄新教育文化的基礎，建立在培養教育當局與學校之間的相互信任上，正如我們所見證的，這種信賴基礎所創造的教育改革，不僅能夠永續發展，也能讓身為第一線執行者的教師獲得歸屬感。

邁向北方

一九九〇年代初期，芬蘭教育的國際表現沒有任何特別之處。芬蘭年輕人按照一般規定入學，全國的學校教育網絡十分廣泛密集，所有芬蘭人都能夠進入中學求學，而日漸增加的後期中等教育畢業生，也能選擇進入高等教育體系。但若按照國際評估標準而言，芬蘭學生的表現只不過約略趨近於平均，唯一的例外是閱讀，芬蘭學生閱讀的能力比其他國家大多數的同儕更好。然而，那段時間卻突然發生經濟衰退，令人始料未及，還讓芬蘭來到了崩潰邊緣，當局需要採取果敢迅速的方法來改善國庫赤字，並且想辦法復甦自蘇聯一九九〇年瓦解以後，即低迷萎縮的國際貿易市場。有兩個重要的動力，讓芬蘭得以走出這場第二次世界大戰之後最大的經濟衰退，第一是芬蘭最主要的跨國企業諾基亞，第二則是當時還未揚名國際的芬蘭「公立學校」（peruskoulu），或稱九年綜合基礎教育制度，也協助挽救了芬蘭的經濟與社會。

全世界有許多教育領導者，都發現自己國家的教育體系正處在一九九〇年代的芬蘭困境中，全球經濟低迷嚴重打擊了許多中學、大學、教育體系。以愛爾蘭、希臘、英格蘭、美國為例，當知識導向的經濟體系要求投入生產力與創新能力等必要條件，以創造競爭力及永續生活時，當地的學生程度卻與這些要求相去甚遠，學生認為中學與大學提供的教育非常無趣，無法契合急速變遷時代的需求。對那些憂心教育體系是否真能獲得改善的人來說，本書描繪的芬蘭教改故事將帶給他們希望，而對於試圖尋找方法改變教育政策，使其足以復甦當前經濟局勢的朋友來說，本書也提供了思考的素材。芬蘭的教改經驗勢必令人耳目一新，因為其提供的想法與概念，絕非一般談論教育發展的期刊與書籍中常見的陳腔濫調，芬蘭經驗更告訴我們，唯有用智慧與永續發展的概念，設計相關政策與發展策略，並讓教師及學校領導者參與設計、實施及檢視改革過程的各種方面，才有可能真正改善整體國家系統。

但是，即使芬蘭經驗允諾了如此美好的前景，我們仍需保持耐心，在這個凡事追求速成的年代，教育需要迥然不同的思維，教育改革是複雜且緩慢的過程，任何人如果想要加速教改過程，就一定會把事情搞砸。芬蘭教改的故事明明白白地證明了這一點，教改的每一步，都必須在學者、政策制訂者、校長與教師等人的齊心協力下進行探索與實踐。

本書的主題是第二次世界大戰後的芬蘭教改歷程，同時也講述了芬蘭如何建立優質又均等的教育體系，更是第一本為國際讀者撰寫的相關著作。全球許多傑出的新聞媒體都報導過芬蘭奇蹟，例如《紐約時報》、《華盛頓郵報》、CNN、《倫敦時報》、法國《世界報》（*Le Monde*）、西班牙《國家報》（*El Pais*）、全美公共廣播電台（National Public Radio）、美國國家廣播公司（NBC）、德國之聲電視台（Deutsche Welle）、英國國家廣播公司電視台（BBC）等等。導演史柏路克（Morgan Spurlock）也受芬蘭教育吸引，在他的 CNN 節目《專家》（*Inside Man*）中有關教育的一集介紹了芬蘭學校。另一名紀錄片導演摩爾（Michael Moore）也在電影中提到芬蘭教育模式，並將之視為美國應從國外引進的事物之一，以便讓美國再次偉大。數以千計的外國政府代表前來拜訪芬蘭教育當局、學校與社群，希望理解到底是什麼原因，推動了如此卓越的教育制度。然而，時至今日，尚未有專門的作品清楚闡述、連結、解釋芬蘭教改中的眾多參與者、制度以及外在條件如何互動，這些因素在理解芬蘭經驗上必不可少。

本書採取的探索路徑既屬學術研究，也關乎個人。之所以關乎個人，是因為我和芬蘭教育體系的關係非常密切。我出生於芬蘭北部的鄉村，在當地的小學就讀，父母就是學校的老師，我大部分的童年回憶多少也都和學校生活有關。所有人離開學校後，我擁有探索教室祕密的特權，也讓我發現教育世界竟是如此富饒，教育就是我的家，而且相當引人入勝，正因如此，我日後成為教師或許也不意外。我的第一份工作是在赫爾辛基的一所國中教書，我在那裡教了七年數學和物理，在此之後，我陸續擔任教育行政與大學師資培育的工作，為期很長一段時間，長到讓我瞭解學校內外兩種教育之間的差別。而擔任 OECD 的政策分析員、世界銀行的教育政策專家以及歐洲委員會的專家顧問，這三份工作的經驗，則為我帶來全球視野，讓我能更深刻地欣賞芬蘭在教育中的獨特地位。

從事這些不同的職務時，我也需要回答世界各地的同事、朋友與媒體的問題，因而被迫發展出更為敏銳的洞察力，並理解芬蘭的獨特之處。過去二十年間，我以芬蘭教育體系為主題，在全球進行了超過六百場演說，並接受三百五十場以上的訪問，我已經跟上萬人談過芬蘭教育，並從中深深體會教育的複雜及瞬息萬變，我的談話對象也都像我一樣熱愛教育，這讓我在寫作本書的三個版本時受益匪淺。以下是一再出現的幾個問題：「芬蘭教育奇蹟的祕密是什麼？」、「教育在芬蘭為什麼是這麼搶手的工作？」、「缺乏族群多元性和學業成就之間有什麼關係？」、「如果你不讓學生考試也不評鑑學校，又怎麼能夠知道所有的學校都善盡職責？」、「芬蘭的家長和政府，為什麼可以這麼信任教師和學校，甚至讓他們決定如何安排孩子的教育？」我最近常被問到的則是：「為什麼近年芬蘭國際測驗的表現每況愈下？」這些問題與批判都有助於思考，也對本書寫作非常有幫助，要是沒有這些不同的聲音，或許我永遠無法瞭解芬蘭教育的獨特之處何在。

這本書也屬於學術研究取向，因為其內容源自我在過去三十年中擔任作家、學者、政策分析師與批評家時所做的研究。因此，這本書不是從任何研究計畫或單一事件中誕生的典型專書，而是綜合了我二十餘年的政策分析觀點、教師經驗、行政經驗，以及過去與全世界上萬名教育者的對談感觸。我有幸能在芬蘭以外的地方停留如此長久的時間，並與許多外國政府共事，這一切都讓我能更精確地理解芬蘭教育體系的內在精髓與生命歷程。

到了我修訂本書第三版時，我已在美國和芬蘭工作過一段時間，目前則是在澳洲工作，這些經驗讓我擁有更多機會，能跟其他國家的教育者及政策制訂者，談論芬蘭教育及其所能帶來的幫助，從本書初版問世以來，國際教育已經改變了許多，而且如同我不斷提到的，芬蘭本身也改變了很多。因此在新版中，我會從全新的角度來檢視芬蘭教育體系，並回到這個最初的問題：對那些想以公平和包容對待所有學生的國家來說，芬蘭經驗能提供什麼幫助？

我在赫爾辛基大學開設「芬蘭教育體系概論」長達多年，修習這門課的學生來自世界各地，常常會在芬蘭待上一整年，因為他們想要深入瞭解芬蘭教育體系的架構和精髓。在哈佛大學教育研究所開設「成功教育體系的國際經驗」，則讓我認識了對國際教育議題有興趣的美國學生，而在雪梨的新南威爾斯大學教導澳洲學生，也讓我的經驗更為豐富，使我瞭解其他地方的教育者對全球教育體系和芬蘭教育的看法。在這些學術機構教學的經驗，使我對芬蘭教育體系有了更深一層的認識，因此本書第三版的修訂，可說是透過傾聽學生和同僚的經驗，並從中學習而來。

以芬蘭為鏡

全世界有許多地方的公立教育體系都處於危機之中，包括美國、英格蘭、瑞典、澳洲、智利等國的公立教育都在日漸崩壞，因為其無法讓所有孩子都獲得合適的學習機會。於是這些國家提出了非常強硬的解決之道，像是鼓勵學校間的競爭、引進為學校表現帶來負面影響的績效制度、追求預期學習目標的標準化教學、課程走向「回歸基礎」、關閉經營不善的學校等，這些全都是各國政府為了拯救教育體系所採取的措施。但是本書並不認為更激烈的競爭、引進更多數據、廢除教師工會、開設更多特許學校或是用企業模式經營學校等方式，有辦法改善教育危機，這完全是倒行逆施。本書希望提供另一種和前述市場化教改風潮完全不同的改革方法，例如提升教師素質、最低程度的測驗、以責任心與信任取代績效責任制、投資教育均等、將學校或學區的領導權交給教育專業人士。在教育表現良好的國家中，包括芬蘭，這些政策都十分常見，這裡的「教育表現良好」是根據二〇一八年OECD的「國際學生評估計畫」（Programme for International Student Assessment，後文簡稱 PISA）成績（OECD, 2019b, 2019b）。本書將提出五個理由，來解釋芬蘭為何值得其他尋求改善教育體系的國家關注，又如何成為足以效法的對象。

第一，芬蘭的教育體系之所以獨特，是因為它在一九七〇年代末期，只花了大約二十年的時間，就從平庸蛻變為當代教育體系的典範，並且一直以來都「表現非常良好」。芬蘭的獨特性，也源自於其教育體系不僅能帶來良好的學習效果，更讓不同地區、不同學校的學生，在學習成就上幾乎不存在差異，因而可說相當均等，二〇〇〇年後的每一次 PISA 測驗成績，便足以證明這點。透過合理的財務補助，以及比其他國家更低的成本，芬蘭的教育改革在國際上可謂獨樹一格。

第二，透過前述的穩定發展過程，芬蘭證明確實存在另一種締造良好教育體系的方法，而這種教育體系所使用的政策，和世界各地普遍流行的市場導向政策大相逕庭。二〇〇九年時，哈格里夫斯與雪利在《第四條路》中提到，芬蘭的改變之道，是建立在信任、專業以及集體責任上。芬蘭能夠成為教育典範，原因在於其教育體系並不仰賴評鑑、外部數據、標準化課程綱要、高風險學生測驗（high-stakes student assessments）、[3]成績導向的績效主義，而且芬蘭在追尋教育改革時，也摒棄了競爭的心態。

第三，芬蘭的成功，也為美國和英格蘭等地的教育體制宿疾，提供了一些解決方案，例如高輟學率、教師離職風潮以及缺乏特教資源等。對其他尋求成功的教育體系而言，芬蘭降低中輟率、提升教育專業、在校園中妥善運用績效責任制與學生評量系統的方式等，也都能當作榜樣。

第四，芬蘭在商業、科技、永續發展、政府治理、經濟水準、性別平權、兒童福利等層面上，也都具備高度的國際競爭力，因而引發外界不斷探討芬蘭的教育與其他社會領域之間的關聯。在教育政策的長期發展與變遷中，衛生與就業等公共領域顯然扮演相當重要的角色，這個道理也適用於芬蘭國民所得的平均分配、社會流動以及社會信任上，本書在後續章節將一一探討這些議題。

最後，即便芬蘭近年在國際教育評比的排名持續下降，但在總體學習成果上，芬蘭的表現依舊相當強勁，特別是在學生的參與、福祉、學校滿意度上。國際專家應該把眼光放得比 PISA 分數更遠，瞭解芬蘭的政府當局、政治家、教師，是如何因應持續下降的國際教育排名。芬蘭越來越重視學生在學校的福祉和參與、在各級學校開設藝術和音樂課程、鼓勵學校的課程設計放眼未來，不再注重傳統學科，而是把重點放在真實情境的學習上，這便是芬蘭面對下降的國際測驗分數所採取的作法，其他國家連想都不敢想，遑論嘗試。

芬蘭經驗值得人們仔細聆聽，因為它能讓那些對公立教育體系失去信心、質疑是否能夠改變的人再次擁有希望（Sahlberg, 2020b），本書將會證明教育體系的確可能改變，但這一切需要時間、耐心與決心。芬蘭經驗的有趣之處，在於某些關鍵的政策與發展方向，都是由第二次世界大戰以降最險峻的經濟危機孕育，這一切都讓人明白，危機能夠點亮生存的光火，也比承平之時更能哺育處理棘手問題的方法。有些人相信解決教育體系宿疾的最佳方案，是剝奪學校董事會的決策權，並將其移轉給在特許學校、企業化或其他私有化經營模式中更有效率的管理者，本書反對這種概念。芬蘭經驗或許不能完全應用在其他國家，但某些基本經驗，確實可以供其他教育體系參考，例如培養教師專業能力、保障學生能在輕鬆友善的環境學習，以及培養教育體系中的信任等等。

誠如本書所示，教育體系的成敗絕不會是單一原因導致，而是受許多相關因素左右，包括教育、政治、社會、文化領域。二〇一四年十月，本書第二版上市前，我受邀到法蘭克福書展的開幕式上演講，法蘭克福書展是世界上最大的書展，每年參加人數高達二十五萬人，我有幸能和當時的芬蘭總統尼尼斯托（Sauli Niinistö）以及芬蘭當代最知名的作家暨劇作家奧薩寧（Sofi Oksanen）同台演講。我在演講中和來自世界各地的觀眾解釋，芬蘭教育根本沒有什麼奇蹟之處：

芬蘭最著名的建築師暨設計師阿爾托（Alvar Aalto）曾說過一段相當睿智的話，他說我們應該追求簡單、優質、樸素的事物，也就是那些適合市井小民的和諧事物。同樣地，你也可以說芬蘭教師偏好傳統、可靠、冷靜的教學方式，而非我們在電影中看到那類英雄般的誇張教學法。如果有人覺得他們會在芬蘭學校發現一堆像《春風化雨》（*Dead Poets' Society*）裡羅賓·威廉斯（Robin Williams）那樣的老師，那他們肯定會大失所望。芬蘭人不相信靠幾個超厲害的老師就能拯救我們的孩童和學校，培育下一代需要傾全國之力。

話雖如此，我仍要在此提出三個自一九七〇年初期，便開始影響芬蘭教育政策的重要因素，這三個因素的影響力都超越了文化層面。

第一個關鍵因素是提倡良好公立教育的意義。芬蘭早已致力提供每一個孩童政府出資、地方治理的優質基礎教育，這種提倡均等的普遍教育目標，深植於芬蘭的政治與公共服務精神之中，從而能夠在政黨傾軋與政府輪替之下保存良好、絲毫未受損害。芬蘭在一九七〇年代初期導入公立小學制度後，已經歷了二十二次政黨輪替以及二十五任不同教育部長領導的教育改革，芬蘭深信每個孩子都應該擁有屬於自己的優質公立學校，於是「芬蘭夢想」誕生了。「芬蘭夢想」這個名稱，對其他致力推動教改的國家傳遞了一個訊息：你必須擁有自己的夢想，而不是向別的國家「租賃」這個夢想。

本書提出的第二個關鍵因素，則是芬蘭如何看待來自鄰國的建議。芬蘭在一九一七年十二月追尋獨立時，便受到鄰國的諸多鼓舞，特別是瑞典，瑞典的福利國家模式、健康照護系統以及基礎教育概念，都十分值得芬蘭借鏡；芬蘭的教育政策隨後也受到許多國際組織影響，特別是一九六九年加入的 OECD 以及一九九五年加入的歐盟。我將在本書中闡述，儘管芬蘭受到許多國際影響，同時大量學習他國教育理念，卻仍然可以擘畫出屬於自己的教育體系藍圖，而這套教育體系至今仍屹立不墜，我將其稱為「**芬蘭之道**」（*Finnish Way*），完全不同於過去三十年間，主宰世界多數地區教改政策的教育改革運動。芬蘭之道帶來的教育改革，維繫了珍貴的傳統與良好的現代實踐，也揉合了他國經驗中的創新精神。深化信任、增強自主、多元包容等等，便是今日芬蘭教育體系提倡的改革觀念。芬蘭採用的許多教學理念及創新想法都來自其他國家，通常是北美或英國。它們包含來自英格蘭、加州與安大略省的課程模型，取用於美國及以色列兩地的合作學習，從美國引進的「多元智能」，效法英格蘭、美國與澳洲的科學與數學教育，還有加拿大、荷蘭、美國的同儕領導等等。與此同時，教育中的「芬蘭夢想」當然是「芬蘭製造」，專屬芬蘭，絕非租賃而來。

第三個關鍵因素則是系統化發展尊重包容、啟發靈感的工作環境，讓芬蘭教師與領導者能在教育體系裡如沐春風。本書提出一個重要的問題，幾乎所有國家的教育改革都會碰上，那就是我們如何讓最優秀、也最具熱忱的年輕人投身教育工作？

如同本書第三章描繪的芬蘭經驗所示，單單只是建立世界級的師資培育課程，或者單純提升教師薪資，都不足以達成這個目標。芬蘭確實建立了世界一流的師資培育課程，也給予教師十分豐厚的薪酬，但是芬蘭教育真正的獨到之處，在於讓教師在教育體系中，無論是以個別或合作的方式，都能盡情發揮他們的專業知識與判斷。芬蘭教師並非教育當局或政治家，卻能全權處理課綱、學生評量、教育改革及社群參與，這便是教師和教育領導者的專業所在。全世界的教師，同樣都帶著建立社群與傳遞文化的使命投身教育，但和其他國家的同儕相比，芬蘭教師擁有更多的自由與權力。

見賢思齊

芬蘭是否可以成為其他國家進行教育改革時效法的他山之石？許多人都很羨慕芬蘭能擺脫原有教育體制的菁英主義與難以評估、毫無效率等陋習，轉型為均等與效率的典範，在三十七個 OECD 國家中，芬蘭也是少數在國際指標及學生成績評量上，持續擁有良好表現的國家。許多外國訪客得知教育是芬蘭年輕人心中首屈一指的職業，甚至超過醫學與法律時，都非常驚訝；同時，芬蘭大學裡的基礎教育師培課程，也是競爭最激烈的科系。本書在後續章節中，將會繼續探討芬蘭教育的各種方面。

然而，芬蘭的獨特也讓某些人質疑，其教改成果是否能適用在其他教育體系中。最常見的反對論點，便是芬蘭如此特殊，根本很難對美國、英格蘭、澳洲、法國或其他幅員更大的國家提供任何借鑑，或者如富蘭（Michael Fullan, 2010, p. xiv）所言，芬蘭「過於特殊，無法成為北美洲系統層級教育改革的典範」。探討芬蘭教育改革能否成為其他國家的借鏡對象時，往往會有兩個重要的論點。

第一，芬蘭在文化與族群上都具備高度同質性，讓美國等民族多元的國家，難以效法芬蘭的教育改革。這的確言之有理，但也同樣適用於日本、上海、南韓、愛沙尼亞、波蘭等地。二〇一〇年時，出生於國外的芬蘭公民比例大約是百分之四．四，二〇二〇年則是百分之七．七（Statistics Finland, n.d.a）。值得注意的，還有芬蘭擁有三種官方語言：芬蘭語、瑞典語、薩米語（Sami）。[4]芬蘭境內的少數族群和語言則以俄語、愛沙尼亞語與索馬利亞語為大宗。但在一九九〇年代中期之後，芬蘭族群多元的成長速度是全歐最快，二〇一〇年時是百分之八百。我在一九八〇年代中期開始任教時，課堂上幾乎沒有學生的面貌特徵或口音異於同儕，不過在二十一世紀的最初十年，芬蘭的外國出生公民數量成長了將近三倍。芬蘭雖已經不像過去一樣「同質」，但若論及族群多元性，當然還是無法與美國或澳洲這些多元文化大國相提並論。

第二，人們普遍認為規模較小的芬蘭，無法成為北美洲系統層級教育改革的模型。這種批判比較難以回應。一旦我們考慮教育改革的規模，那麼的確有許多聯邦國家、州、省或地區的規模過大，難以完全依照芬蘭模式進行管理與經營，包括美國、加拿大、澳洲、巴西與德國都是如此。芬蘭現在的人口數大約是五百六十萬人，約略等同美國明尼蘇達州或澳洲的維多利亞省，也只不過比加拿大的亞伯達省及法國的北加萊海峽省稍微多一些。但美國也有三十個州左右的人口大約與芬蘭相同，甚至略少一些，包括馬里蘭州、科羅拉多州、奧勒岡州、康乃迪克州、華盛頓州、印第安那州、麻州等；澳洲則只有新南威爾斯的人口比芬蘭多一些，其他地區的規模都比芬蘭還小；法國只有巴黎與周邊地區所形成的大都會地區比芬蘭大；加拿大也只有安大略省的人口與土地面積勝過芬蘭，其他省分的規模都與芬蘭約略相同。如果在與芬蘭相同大小的地區，政府單位都能自主制訂教育政策，也可以執行心中最佳的教育改革方針，那麼芬蘭經驗必然能帶來極為有趣的啟發，並產生相關影響。在前述國家中，法國是唯一教育體系由中央政府管轄的國家，因而法國的教育政策制訂者，或許會主張小規模教育體系的經驗，對他們來說沒有太多參考價值。

最後，也有人質疑國際評比指標的教育意義何在？這些指標宣稱忠實呈現的數字是否真正可靠？一種論點主張，諸如 PISA、「國際數學與科學教育成就趨勢調查」（Trends in International Mathematics and Science Study，簡稱 TIMSS）、「國際閱讀能力調查」（Progress in International Reading Literacy Study，簡稱 PIRLS）等國際指標的評比重點過於狹隘，無法捕捉教育體系的整體表現，並忽略社會技能、道德發展、創意、數位素養等公立教育的重要指標，本書第二章將會詳盡探討這部分。也有越來越多人開始研究國際評比體系對教育政策的影響，甚至形塑出「以數為治」（governing by numbers）的文化（Fischman et al., 2019、Grek, 2009、Meyer & Benavot, 2013、Sellar et al., 2017、Zhao, 2014）。另一些人士則主張，目前盛行的國際評比指標，有許多衡量方式太過偏袒芬蘭，幾乎可說是為芬蘭教育文化量身打造，這群人包含芬蘭本地與國外的科學家和專家。[5] 哈佛大學的嘉納教授（Howard Gardner）也在二〇一〇年拜訪芬蘭時，警惕芬蘭人民必須謹慎看待這些國際評比標準，[6]並質疑這些評比過於強調特定學科的測驗結果以及調查背後的研究方法。此外，這些評比也沒有測量社交、空間、創新技能，但這些技能在當代世界的重要性卻是與日俱增，目前已經有越來越多聲音開始質疑 PISA 的可信度，並抨擊新的教育世界秩序受 PISA 影響甚巨。

雖然芬蘭一直都比其他國家表現得更為傑出，其成就卻往往受某些備受讚譽的國際評比低估。例如在麥肯錫顧問公司近來的報告中（Mourshed et al., 2010），芬蘭教育體系甚至不在「持續進步國家」的名單上，這種風氣誤導了許多來自其他文化脈絡的教育政策制訂者，使他們在發展教改政策時，不會參考芬蘭的策略。近年來各式國家教育策略和政策方針，例如二〇一〇年的英格蘭《教育白皮書》（*Schools White Paper*, Department for Education, 2010）、《PISA 對美教育政策建言》（*Lessons From PISA for the United States*, OECD, 2011）與「二〇二〇年世界銀行教育策略」（World Bank Education Strategy 2020, World Bank, 2011）等，都將高效能的教育體系視為改革的目標。而南韓、新加坡、亞伯達省與芬蘭的教育體系，雖也注重教師效率、校園自主、績效責任與學習數據等事項，處理方式卻各有不同。如同本書一再強調，芬蘭的獨特之處，便在於教育體系制訂這些教育政策的方法。芬蘭經驗顯示，持續關注均等與合作，而非選擇與競爭，可以讓所有孩子在國家教育體系中如魚得水；在芬蘭的教改協奏曲中，絕對不可能同意依據學生的測驗成績發放教師的薪水，也不會讓公立學校私有化，無論是用特許學校或者任何形式。

相較於其他規模更大、更多元的教育體系，芬蘭教改體系在擬定與執行許多相關政策時，確實可能因為人口較少與社會同質性較高而容易許多，但這些因素本身並沒有辦法完全解釋本書描繪的芬蘭教改經驗，更不應該讓人故步自封而不懂得見賢思齊，特別是當我們把目標放在為所有學生改善教育體制時。無論如何，和其他國家相比，芬蘭擁有的價值、文化以及社會凝聚力，都相當獨特，如同查克（André Noël Chaker）在二〇一四年的《芬蘭奇蹟》（*The Finnish Miracle*）中所述。公平、誠信與社會正義深植於芬蘭的生活方式；芬蘭人都擁有強烈的集體責任感，不只是為了自己的生活，也是為了其他人的生活；芬蘭對兒童福利的關心，從他們出生前便開始，並一直持續至他們長大成人；所有的芬蘭孩童在七歲開始上學前都擁有得到日間照護的權利，也享有公共健康服務；芬蘭人認為芬蘭教育是一種公共財，因而是受到憲法保障的基本人權。芬蘭古諺所謂的「小即是美」和「少即是多」，便是芬蘭美好生活與日常文化的最佳注腳。

我在本書中將描繪芬蘭如何透過獨特的方式，建立均等的公立教育體系，並冶煉出這座功能完備、永續經營、重視社會正義的國家。芬蘭國家品牌大使、前諾基亞執行長奧利拉（Jorma Ollila）曾在二〇一〇年時寫道：「在芬蘭，我們不鼓勵有樣學樣，甚至連穿衣與生活都還需要拾人牙慧，芬蘭人只喜歡做自己認為有道理的事情，而不是規行矩步。」（Ministry of Foreign Affairs, 2010, p. 59）每個芬蘭人都擁有非常強烈的個人風格，加上整體社會沒有明顯的階層之分，以及堅持同心協力的傳統信念，共同開拓出一條無盡的創新之道；正是這座創意湖水，孕育了許多靈感與遠見，在社會中創造出優質的教育體系，讓所有人都因而受惠。

二〇二〇年初，芬蘭十五歲學生在閱讀、數學、科學上的表現，仍在大多數 OECD 國家中名列前茅，芬蘭的教育體系同樣較為均等、效率較高，學生對學校生活的滿意度也是世界最高。然而，從二〇一〇年左右開始，芬蘭的 PISA 分數便持續下降，特別是在數學上。有些人開始問芬蘭發生什麼事了？這個世界級的教育體系，是不是因為錯誤的改革或不願改變而開始傾頹，又或者芬蘭只是在學校的教學方式及學生對學習的看法上，淪為和其他國家一樣而已？我將在後續的章節中，回答這些問題，以及芬蘭教育未來將何去何從。

本書的資料來源非常多元，並不局限於單一來源，也不認為任何單一國際研究足以用來評價教育體系的優劣，我引用了許多國際開放資料庫的數據，例如 PISA、TIMSS、各種全球教育指標以及芬蘭官方的統計資料等。

本書概覽

《芬蘭教育這樣改》讓我有機會展開許多和教育改革及芬蘭教育模式有關的豐富對話，因此《芬蘭教改之道》便更新了相關的國際評比數據、更深入描繪芬蘭的教育均等，以及芬蘭教育體系經過二〇一〇年代改革後的新架構。我也會回答二〇一八年的 PISA 結果公布後，許多人心中的疑問，也就是為什麼芬蘭從二〇一二年以後，PISA 分數便逐年下降？

本書內容包含以下十個主要概念，我會在後續章節中詳盡解釋：

一、芬蘭擁有良好的教育體系，年輕學子表現良好，各校之間的表現也幾乎沒有差異，而且這都是建立在合理的金錢和人力成本上。

二、然而，芬蘭的教育體系並非一直如此良好。

三、在芬蘭，教育是社會地位相當高的職業，教師是受到尊重及信任的專業人士，所以許多學子渴望成為教師。

四、因此，芬蘭的師資培育系統是世界上競爭最激烈的，芬蘭教師也因而擁有極大的自主權，並在教職中實現意義十足的生涯發展。

五、芬蘭的教育政策從一九七〇年代起，便著重在為每個孩子提供良好的教育，而非追逐國際評比的排名。

六、經過九年的綜合基礎教育後，芬蘭學生有兩個同樣吸引人，而且都極富教育意義的選擇，就是繼續學術發展或邁向技職教育，而這兩個選項也都提供免費的公立高等教育。

七、特殊教育的範圍囊括主流學校中的大多數學生，而且它本來就是設計給所有學生。近半數的十六歲年輕人進入後期中等教育時，都曾接受過一定程度的特殊教育、量身打造的協助、個人指導。

八、和其他國家的同儕相比，芬蘭教師與學生不管在校內或校外，學習時間都更少，芬蘭也沒有美國和全世界其他國家盛行的高風險標準化測驗、考前準備、補習班或私人家教。

九、芬蘭教育成功背後的所有因素，都與宰制美國及其他國家教育體系的原則背道而馳，例如競爭、測驗導向的績效責任、標準化以及私有化政策。

十、事情發展不如預期時，芬蘭採用的策略也截然不同。學業成績下降時，政府反而是投資在學生參與、教師合作、跨領域課程上，而非加強對學校的控管、回歸基礎，或是引進更多測驗。

本書在概覽之後安排五個章節。第一章探討芬蘭在第二次世界大戰後的政治與歷史概況，以及這些脈絡如何在一九六〇年代末期，孕育出普及的基礎教育。我曾和許多外國訪客聊起芬蘭的教育改革故事，因此瞭解必須將故事開始的時間，提前到一九七〇年代的「公立小學」（peruskoulu，這個芬蘭文字詞在英文中並沒有對應的字詞）誕生之前。第一章將解釋芬蘭舊有教育體系的改革：舊有的教育體系屬於雙軌制，極為仰賴私人建立或合資創辦的文法學校（grammar school），[7]改革後的教育體系則是綜合學校，也就是受到公共管理與補助的新教育系統。本章也將探討一九七〇年代末期的公立學校改革後出現的後期中等教育；另一個主題則是芬蘭著名的國家入學考試（National Matriculation Examination）的特色，這是一種學生在後期中等教育畢業後，所接受的高風險測驗。

本書第二章處理另一個基本問題：芬蘭過去的教育表現是否也一樣傑出？答案一如預期：絕對不是。這個答案自然會引發另一個問題：究竟什麼因素才可以造就一個優質的教育體系？芬蘭又是如何進行教育改革，才能得到這麼令人驚艷的進步？本章的其中一個重點，便是芬蘭教育體系在國際評比的表現能夠如此優秀，至少有一部分可以用悖論解釋，而這個概念已成為另一個教育改革的基本原則：少即是多。第二章也將提供實證案例，解釋這些悖論是如何出現在現代芬蘭教育體系中，這些悖論同樣也能用來解釋，芬蘭從二〇一〇年開始便起起落落的國際評比分數。

第三章的主題是芬蘭的教師與師資培育，本章將探討芬蘭教師扮演的重要角色，並描繪芬蘭教職、師資培育以及教師責任的主要特色。同時，本章也會指出，即便高品質、大學導向的師資培育，以及持續的專業發展，都是吸引最有才華的年輕人投身教職的必要條件，但仍需要其他措施輔助。教育體系必須提供專業的工作環境，讓教師感到備受尊重，如此才能在校園中實現他們的道德義務。本章也將探討教師領導及其對芬蘭教師帶來的影響，我會引用二〇一八年 OECD 最新的教學與學習國際調查（Teaching and Learning International Survey，簡稱 TALIS）數據。

自從芬蘭於一九九〇年代初的嚴峻經濟衰退中復甦，也安然度過二〇〇八年的全球金融危機後，許多人開始注意到芬蘭模式創造的資訊包容社會，以及具備高度競爭力的知識經濟體系（Castells & Himanen, 2002、Dahlman et al., 2006、Halme et al., 2014）。芬蘭經濟復甦的過程中，有一點非常重要，那便是在經濟與公部門因應更為艱困的競爭與挑戰，極力發展優質生產力時，教育體系的表現也在此時穩定成長。第四章探討了芬蘭經濟復甦時期的教育政策，和其他公部門政策之間的關係。本章也描述了新冠肺炎如何影響芬蘭教育體系，教師又是如何因應封城政策，因為各級學校和大學都曾在二〇二〇年春天關閉。此外，本章也認為，芬蘭教育部門的進步與政府革新攜手共進，一同改善了經濟競爭力、政府透明程度以及社會福利政策。

最後，第五章提出了一個外國訪客幾乎不曾想到的驚人問題：芬蘭教育體系的未來會如何發展？事實上，處在全球關注的目光下，讓芬蘭教育體系付出了代價，從二〇〇一年起，芬蘭人招待了數以萬計的外國參訪團，導致已經沒有足夠的時間與能量，去思考自身的未來。結果顯現在二〇〇九年的 PISA 測驗上，接著在二〇一二年的 PISA 中，芬蘭的第一名寶座也由亞洲教育體系取代；在二〇一五年及二〇一八年的 PISA 中，芬蘭的表現也持續下滑，包括學生在閱讀、數學、科學的學習成就及分數。本章的重點，則是主張芬蘭能從自身過去的經驗中學到的重要教訓，便是必須瞭解自己未來將何去何從。我認為成為世界教改討論的中心，讓芬蘭無力思考未來到底需要什麼樣的教育，特別是世界在二〇二〇年受新冠肺炎影響後將產生巨變。儘管芬蘭教育體系目前因為其優秀表現而備受讚揚，運作看起來也頗為良好，本書仍會在結論探討改變的必要性。

請讀者務必記住，我在研究中運用的數據，大都來自 OECD 和芬蘭統計局（Statistics Finland）的資料庫，這些數據都是完全公開的，有興趣的讀者可以自行查閱。我運用這些數據，建構描繪兩個變項之間關聯（或沒有關聯）的圖表，例如不同國家教育成本和學生學習成就之間的關係等。但統計學和社會科學的經驗告訴我們，關聯並不代表因果，這點在閱讀本書時也請務必銘記在心，這表示就算兩個變項間存在關聯，也不必然表示兩者互為因果。話雖如此，若是兩變項為線性相關，那就**必定**有所關聯，確實是由其中一者造成另一者，在圖2.8、2.10、4.1、5.1中，都可以找到這種線性相關。

繼續往下閱讀之前，還有一點也非常重要：如果隨意從芬蘭教育體系中挑出一個面向，並相信可以依此解釋芬蘭教育成功的奧妙，那麼絕對是大錯特錯。因為解釋複雜社會系統的運作方式相當困難，所以要說教育有什麼成功公式也不太可能，就像我們也無法確定是什麼東西讓贏家開始走下坡。我在本書已盡我所能忠實解釋這些複雜的因素，我不想提供讀者任何簡單的答案。

第 1 章

芬蘭夢想：給所有人的好學校

神教化世人。若非如此，我們連第一個字母都不認識。每一位基督教公民的首要之責便是學習閱讀。法律的力量、教會的法律可以強迫我們進行此事，而你知曉國家之眼所凝視的那座刑具，如果我們不順從、不學習閱讀，它便渴望著用下顎撕裂我們。那些畜生在等待我們，兄弟，那些黑色的畜生，牠們殘忍的顎頜寬如黑熊。教長已用恐怖的鉗子發出威脅，除非他親眼看見我們懷抱熱誠，日夜勤勉學習，否則必然實現那些恐嚇。

——奇韋（Aleksis Kivi），《七兄弟》（*Seven Brothers*）

芬蘭的故事是一場攸關生存的故事，清晰而明確地體現在奇韋的偉大著作《七兄弟》中，此書是史上第一本以芬蘭語撰寫而成的小說，於一八七〇年問世，[8]講述一群孤雛兄弟如何明白「識字」乃是獲致幸福與良善人生的關鍵。此書出版之後，「閱讀」漸成芬蘭文化內裡的一部分，教育因而成為建構文明社會與國家的主要策略，芬蘭今日以文化與科技成就聞名於世，而《七兄弟》也名列現代芬蘭教育的重要閱讀文本。

芬蘭是一個相對弱小的國家，在東西強權的夾縫間生存，迫使芬蘭人學會接受現實，並試圖掌握眼前稍縱即逝的各種契機。外交、合作、解決問題、尋求共識，遂成為當代芬蘭文化的重要標誌，也是建立芬蘭教育體系的重要關鍵；芬蘭教育體系更因全國公平分配的教育品質，一舉受到全球矚目。

本章將描述芬蘭如何從一個貧窮、務農、教育程度平庸的國家，搖身一變成為以知識為基礎的現代化社會，並擁有傑出的教育體系及世界級的創新環境。擴大教育機會，從學前教育一路到高等教育及成人教育，一直都是芬蘭社會戮力達成的長期目標。本章首先將探討孕育「芬蘭夢想」的歷史與政治脈絡，隨後描述全國統一的綜合學校，即芬蘭人所說的「公立學校」[9]之沿革演進，以及在芬蘭傑出的教育系統中，扮演重要角色的後期中等教育。[10]最後，本章也將簡略呈現芬蘭教育體系的現有架構與政策。

戰後芬蘭

在人類能想像的所有危機中，戰爭帶給民主國家的挑戰最為險峻。一九三九年十二月至一九四五年春天，芬蘭都處於烽火連天之下，中間只有一小段休戰時刻得以喘息，戰爭讓這個人口少於四百萬、剛獨立不久的年輕國家蒙受了巨大損失，九萬人死亡，六萬人傷殘，更留下兩萬五千名寡婦及五萬名孤兒。一九四四年九月十九日，芬蘭與蘇聯在莫斯科簽訂和平條約，但芬蘭境內要求德軍撤離的軍事動亂，仍持續到一九四五年四月才結束。和平的代價也相當巨大，芬蘭同意簽下極為嚴苛的條款，將百分之十二的領土割讓給蘇聯，這牽涉到四十五萬人的播遷，相當於芬蘭當時總人口的百分之十一，芬蘭對蘇聯的讓步條款與經濟支出，總計占當時國內生產毛額的百分之七。不僅如此，芬蘭還同意蘇聯承租赫爾辛基附近的一座半島當作軍事基地，更被迫釋放政治犯，將戰時領袖送交戰爭法庭審判，數個芬蘭國內政黨遭到查禁，但共產黨卻成為合法的政治團體。這些讓步條款徹底改變了芬蘭的政治、文化、經濟，某些學者甚至將戰後年代視為「芬蘭第二共和」[11]的興起。

最重要的是，芬蘭為了自由不惜一戰，而且成功生存下來。雖然第二次世界大戰與之後的威脅讓芬蘭人團結一心，但一九一八年內戰的傷口卻還在隱隱作痛。第二次世界大戰後的芬蘭面臨政治動盪與經濟轉型，卻也讓新的社會理念與社會政策得到發展空間，特別是教育機會均等的理念。如果不細探第二次世界大戰後芬蘭的政治與社會發展，就難以瞭解為何教育會成為芬蘭的商標。就連在芬蘭本地，都有人主張若要探索芬蘭教育體系成功的關鍵，就必須將時間拉到一九七〇年之前，而一九七〇年是芬蘭教育史的里程碑，本章稍後將解釋原因。

如果能暫時將歷史分為不同時期或發展階段，將會更容易理解整體脈絡，這個原則也適用於芬蘭近代史。有很多不同方式可以解讀芬蘭歷史，端看個別作者的目的和觀點，而我在此將把第二次世界大戰後芬蘭經濟發展的四個階段，和教育體系的發展放在一起檢視（Sahlberg, 2010a）：

- 一九四五年至一九七〇年：芬蘭由北方農業國度轉型為工業化社會時，也提升了教育中的平等。

- 一九六五年至一九九〇年：芬蘭採用北歐福利社會的方式，建立了公立綜合學校系統，此時公共服務部門漸趨完善，科技發展水準與科技創新也蓬勃發展。
- 一九八五年至二〇一〇年：改善基礎教育的品質、強化後期中等教育、拓展高等教育的範疇，使其能符合芬蘭嶄新的自我認同，也就是高科技的知識導向經濟體。
- 二〇一〇年至今：透過將學前教育及照護整併至教育體系，並將所有層級的學校課程關注的焦點從學科內容轉移到素養，來建立更有效率的終身學習系統。

雖然芬蘭早在一九五〇年代時，就已踏入經濟結構急速轉型的階段，其經濟實力卻要到一九六〇年代，才真正開始受到國際認可（Aho et al., 2006、Dahlman et al., 2006）。簡單來說，在一九六〇年代的這十年之間，芬蘭摒棄了許多舊有價值及傳統制度，開始轉型，包含基礎教育在內的公共服務，就是其中一項有目共睹的轉變。當芬蘭開始迎接這種重要轉變，其速度與徹底程度，讓許多芬蘭人都驚訝不已。

第二次世界大戰結束，促使芬蘭的政治、社會、經濟結構發生如此根本的轉變，也帶來了即刻改變教育與其他社會機構的契機。確實，教育很快成為一個載體，承載芬蘭戰後的社經轉型理念。一九五〇年代，芬蘭的教育機會極度不均，只有住在市區或大都會區的人，才能就讀文法學校或中學。大多數年輕人在六、七年的正式基礎教育結束後，就會離開學校。至於在設有私人文法學校的地區，學生可以在完成四、五或六年的公立基礎教育之後，選擇繼續就讀文法學校，但這樣的機會十分有限。舉例而言，一九五〇年代時，十一歲的芬蘭兒童，只有大約百分之二十七能進入提供五年中學教育與三年高中教育的文法學校。七年義務教育之後的另一種升學途徑，則是就讀二至三年的「市民學校」（civic schools），這類學校通常由芬蘭各地市政府提供。此外，基礎教育結束後，芬蘭人也能夠選擇技職教育體系，但也同樣只有大都會與城市才設有這類機構。

一九五〇年代，芬蘭境內有三百三十八間文法學校，提供六年基礎教育後的升學機會（Kiuasmaa, 1982）。在這些文法學校中，屬於國營者有一〇三間，市政府營運另外十八間，剩下將近三分之二的兩百一十七間，則由私人或私立協會創辦及經營。這些私立學校承擔了一份極為重要的任務，即處理基礎教育結束後快速擴張的大量教育需求。芬蘭在一九五〇年代的其中一項重要社會創新，便是立法保障私立學校也能獲得國家補助，這同時也強化了國家對私立學校的控制。這項重大的社會變革，使政府能夠透過輔助更多私立學校，回應日漸興起的大眾教育需求。

芬蘭獨立之初，小學教育非常正式，以教師為中心，強調道德教育而非認知發展。儘管芬蘭最早在一九三〇年時，便已瞭解注重社會利益及健全人際發展的教學法，學校教育卻未受這些概念影響（Koskenniemi, 1944）。直到一九四五年至一九七〇年間，芬蘭傳統的教育模式，才終於因為以下三項重要國家教育政策而有所改變（Aho et al., 2006）：

- 教育體系的架構，必須為每個人提供更優質、更豐富的教育機會。
- 課綱的形式與內容，應注重學童的獨特性與全人發展。
- 師資培育必須因應時代發展現代化，芬蘭的未來夢想奠基於知識與技能，教育因而是打造未來的基石。

正如一九一〇年的瑞典，一九五〇年的芬蘭經濟結構正在轉型，芬蘭的重要產業已從原有的農業與小型企業，轉向工業及科技生產。戰後的嶄新政治環境，也鼓勵了原有的勞工階級家庭，他們堅持孩子應當從擴張後的公立教育體系受益。這樣的背景，讓一九二〇年代初次提出的教育模型再度復甦，並在第二次世界大戰後迅速進入芬蘭教育政策的討論範疇中；這個教育模型的基礎，就是擁有統一課綱、對所有人提供的綜合學校。很顯然，如果芬蘭想要成為西方民主與市場經濟的一員，就必須擁有教育程度更高的人民，這便是當時舉國的願景。

基本教育的普及

芬蘭政治在第二次世界大戰後的二十年間仍相當動盪。一九四四年首次戰後選舉中，共產黨重返執政，同時為了把芬蘭打造為社會主義國家，將教育當成主要策略。一九四八年的選舉中，則是有三個政黨在芬蘭國會取得數量相當的席次：社會民主黨（五十席）、農民中央黨（四十九席）[12]以及共產黨（四十九席）。芬蘭的重建也在此時啟動，改革的前提則是政治共識，包括更新教育體系等。保守黨在一九五〇年代獲得群眾支持，成為芬蘭國會第四大黨。這段期間也設立了幾個政治教育委員會，積極推動提供給所有學生的綜合基礎教育系統，而這個願景也終於在一九七〇年實現。

其中有三個重要的政治教育委員會非常值得探討。首先是在一九四五年設立的「小學課程綱要委員會」（Primary School Curriculum Committee），委員會主委為柯斯肯尼耶米（Matti Koskenniemi，一九〇八—二〇〇一），他在委員會成立不久前才剛發表一部影響深遠的教育著作（Koskenniemi, 1944）。柯氏的貢獻，在於把芬蘭課程的重點，從過去的授課大綱（syllabi，即德語的 lehrplan），轉移到重視學習目標、學習過程以及學習評量三種層面上。這是芬蘭首次以國際評量標準進行課程的現代化改革，迄今仍是重要的思考主軸。

一九四五年的委員會，在芬蘭歷史上如此重要，共有幾個原因。首先，委員會成員致力於制訂嶄新的教育目標，讓芬蘭教育擺脫既有的德國傳統，同時也實現了另一個重要的概念：教育應當教導年輕人，讓他們成為完整的個體，並擁有追求更高深教育的內在動力。為了邁向這個普世目標，當時設置的教育內容共分為五類，每一類都跨越了不同領域，並成為一九七〇年「綜合學校課程綱要委員會」

（Comprehensive School Curriculum Committee）的先驅。

第二，當時芬蘭課綱改革的研究基礎，來自一份整合了三百所學校、一千名教師的實證研究，如此便讓教育政策的制訂過程，納入了相關議題的研究。第三個原因，則是前面兩個原因造就的必然結果，該委員會的政策品質之傑出，可謂史無前例；其最後一份備忘錄出版於一九五二年，蘊含極具意義的幾項特色，包括系統化的教育目標、學生中心的廣泛視野、豐富與現代化的教育內涵、強調教育的首要目標為社會凝聚力。除此之外，芬蘭也在一九五二年完成了數項重要的歷史里程碑，包括赫爾辛基舉辦夏季奧運、芬蘭小姐克斯勒（Armi Kuusela）當選環球小姐、[13]芬蘭完全清償對蘇聯的賠償條款。另一個值得補充的里程碑，也同樣在一九五二年達成，那就是芬蘭的小學教育體系終於擁有嶄新的課程綱要，這份課綱不僅具備完整的國際競爭力，更奠定了芬蘭教育在半個世紀之後的成功基礎。

第二個重要的委員會是「教育體系委員會」（Education System Committee），設立於一九四六年，旨在建立芬蘭的義務教育政策及共同架構，以連結不同教育系統。委員會成員包括當時所有主要政黨的代表，主席則由國家教育委員會的主席魯託（Yrjö Ruutu）擔任，他也是芬蘭共產黨的盟友。教育體系委員會成立不到兩年，便提出芬蘭教育體系的基礎應為八年的義務教育，而且無論任何社經地位的孩童，皆擁有受教權。委員會也建議新的教育體系應該廢除雙軌制，不再像過去把成績好的學生分到「學術」，喜歡學習技藝的學生則分到「職業」。

但是委員會仍保留了一部分過往制度，那就是唯有在基礎教育中學會外語的學生，才有資格進入後期中等教育或普通中學（gymnasium），這是當時唯一的升學管道。雖然此時綜合學校的理念已清楚成形，但由於大學體系與文法學校教師工會（Grammar School Teachers' Union）的嚴厲抨擊，仍舊無法順利實施，儘管如此，委員會的提議，仍激起芬蘭社會內部對社會正義與教育機會均等的熱烈討論；二十年後，這份信念終於實現，也得到保障，並成為芬蘭教育政策的基石。

一九五〇年代，芬蘭的教育部門持續蓬勃發展，第二次世界大戰後的嬰兒潮，促使學校數量急速增加。新的法律規定，義務教育必須包含六年的小學教育，如果有學生未在小學之後就讀文法學校，義務教育必須再提供兩年的市民學校教育。一九五二年實施的新課綱，可謂改變了芬蘭教育的各種面向，技職體系也在此時納入正式教育部門，芬蘭普及教育的夢想看似近在咫尺，但雙軌制在實際上仍然存在。第三個重要的委員會「教育校務規畫委員會」（School Program Committee），隨後在一九五六年成立，旨在統一芬蘭的教育體系，並整合各個教育部門，委員會主席為奧丁南（Reino Henrik Oittinen），他是國家教育委員會主委，也是社會民主黨黨員，他帶領芬蘭朝更遠大的教育夢想前進。

委員會當時的運作，是根據一份前所未有的國際教育政策分析；他們也特別觀察到，北歐各國的教育政策之間，擁有許多共同之處。促進教育機會均等是委員會的重要課題，而當時英美兩國也在著力處理這個議題。一九五六年至一九五九年間，這個廣納各種政治立場的委員會舉辦了將近兩百場會議，這段時期的政經氛圍紛擾不安：全球經濟衰退、芬蘭國內政治局勢動盪、對蘇聯關係緊張，而蘇聯發射人造衛星，也迫使全世界進行教育改革。然而，委員會仍在這種局勢下持續改革，其成果也成為芬蘭教改史上的重要里程碑。

一九五九年夏天，教育校務規畫委員會發表了教育建言書，建議芬蘭未來的義務教育應以九年的市立綜合學校為基礎，並按照下列架構設立：

- 一到四年級的教育必須提供給所有學生。
- 五、六年級屬於過渡期，學生可以選擇是要專注發展實作科目或外國語言。

■七到九年級將有三種類組：技職與實作、一般外語組、進階雙外語組。

然而，委員會當時無法取得有關綜合學校的政治共識，就連在委員會內部，也因主要政策原則發生一些激烈的爭執。不過，委員會提案的新教育體系，將逐漸把私立文法學校與公立市民學校，整合為嶄新的市立學校結構，使私立學校的影響力式微。整體而言，委員會的目標開啟了芬蘭社會內部針對教育的核心價值，非常深入又重要的討論。問題的關鍵在於，是否可以讓所有的學童都接受教育，並且獲得類似的學習成就？大家的回答相當歧異，就連家庭成員間也有不同的立場，小學教師相信所有學生都能學得一樣好，大學通常質疑這個觀點，政治家則莫衷一是。當時，芬蘭渴望能同時在政治與經濟上嶄露頭角，於是別無選擇，唯有摒棄過去的信念，接受眼前的立場，相信只要每個人擁有足夠的機會與協助，就一定可以學會外語，並繼續升學。但對許多政治家來說，他們很難接受當時既有的教育體系，長期來說竟會使芬蘭無法轉型為知識社會；然而，這種教育體系，確實加劇了芬蘭社會的不平等。圖1.1是芬蘭一九七〇年代之前的雙軌制教育體系，會在十一至十二歲左右將學生分流；學生一旦決定自己今後的道路，基本上就沒有機會轉換跑道。

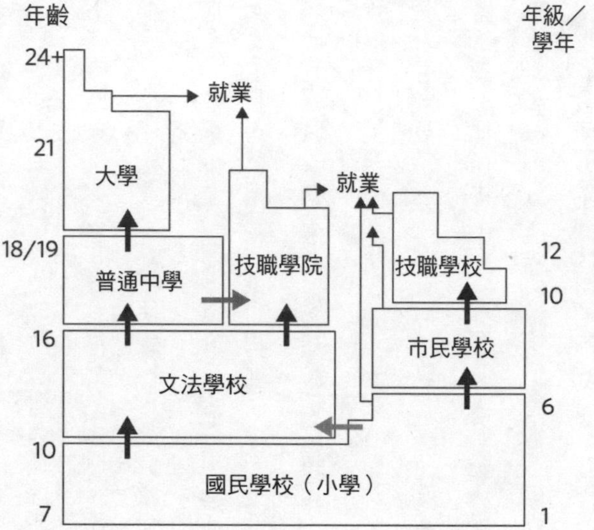

圖1.1　芬蘭一九七〇年代前的教育體系

一九六〇年代初期，「國家普遍教育委員會」（National Board of General Education）按照教育校務規畫委員會一九五九年的提案繼續發展，最終在一九六三年十一月二十二日將提案送進國會，引發激烈辯論。有些人認為，如果這份提案主張的統一普及公立教育體制通過，芬蘭的未來就完了，國家整體知識程度將大幅下降，天賦遭到浪費，也會使芬蘭跟不上國際經濟發展。在最後的國會表決中，新的教育體系法案獲得了一百二十三票同意，六十八票反對，得以順利通過。但當時國會並未因新學校的誕生而歡騰慶祝，因為國會發言人公布了一則震驚全球的消息，幾分鐘前，美國總統甘迺迪（John F. Kenndey）在德州達拉斯遇刺身亡。

認為現已成為芬蘭教育基礎，當時全新的綜合學校體系，或稱公立學校體系的誕生，全都是出自政客和政府之手，絕對是大錯特錯。事實上，教育從業人員及學者等，也都在新體系的創造過程中，貢獻了一己之力。其中最重要的莫過於一些芬蘭社會團體，本章在此無法深入探究它們對芬蘭教育改革的巨大影響，只能簡單帶過，例如「芬蘭小學教師協會」（Finnish Primary School Teachers' Association，簡稱FPSTA）在一九四六年便已表態支持政府統一基礎教育體系。一九五〇年代中期，芬蘭小學教師協會甚至出版了自己的教育發展方案，其中詳盡探討了統一綜合學校體系的改革方案。和其他教師工會組織提出的建議相比，芬蘭小學教師協會的方案更為進步，眼光也放得更遠；這項方案在協會內部廣受支持，代表了全國將近百分之九十的小學教師。他們花了五年時間發展這項方案，並激起了全國討論，著重在芬蘭社會是否需要更均等的教育體系，來增進平等與社會正義。不過，這個方案更為重要的意義，或許就是證明了芬蘭校方與教師，都已經準備好迎接劇烈的變革。

一九五六年，芬蘭文法學校的註冊人數大約是三萬四千人；五年後，註冊人數大舉提升為二十一萬五千人，並一路攀升，於一九六五年達到二十七萬人，一九七〇年時則是三十二萬四千人（Aho et al., 2006）。家長認為孩子需要更完善、更普及的基礎教育，藉以保障未來的美好生活，但芬蘭既有的教育體制無法達成這個目標；這種社會壓力，為教育政策辯論帶來的新的主題，即個人的成長潛力。當時的研究認為，個人的能力與才智絕對可以達到社會的要求，但教育系統卻無力應付這種需求，甚至還會帶來箝制。

新學校的誕生

一九六〇年代後半段，新的立法方案（一九六六）與國家課綱（一九七〇）已經準備就緒，當時的社會政策氛圍，也在社會各個階層間，確立了平等與社會正義的價值。例如知名芬蘭政治學家庫西（Pekka Kussi, 1996）便認為，轉型成社會福利國家所增加的公共支出，應當視為增進國家生產力的投資，而非維持工業社會運作的必要社會成本。新的綜合學校體系則預計在一九七二年開始實施，根據計畫，這波改革將從芬蘭北部開始，一路向南延伸，預計在一九七八年完成。

舊的教育體系堅信**不是每個人都能學會所有事**，換句話說，也就是社會裡的天賦並非平均分配在每個孩子身上，因此每個人應受不同的教育。芬蘭內部也有許多贊同《柯曼報告書》（*Coleman Report*）的聲音，這份報告認為，年輕人的天賦與特質早已在家中成形，無法藉由教育獲得太多改善（Coleman et al., 1966）。新的公立學校體系摒棄了《柯曼報告書》的觀念，並協助建立了一個更公正的社會，讓所有人都能獲得更好的教育，這點非常重要。

如圖 1.2 所示，公立學校的核心理念是將既有的文法學校、市民學校以及小學整合為九年綜合市立學校，這表示過去學生完成四年小學教育以後，就必須選擇進入文法學校或市民學校的分流政策已經終結。所有學生，無論居住地點、社經背景或興趣何在，都會進入由當地教育主管機構提供的九年基礎教育體系。如前所述，這項措施背後的理念並非芬蘭獨特的發明，但其執行與運作確實可說是革命性的突破。而新興教育體系引發的批判，則多半側重於不可能讓來自不同社經與知識背景的孩童，獲得相同的學習成就；反對者主張，為了配合天賦較差的學生，芬蘭整體的教育水準一定會下降，因此危害芬蘭追求成為已開發國家的願景。不過即便對新

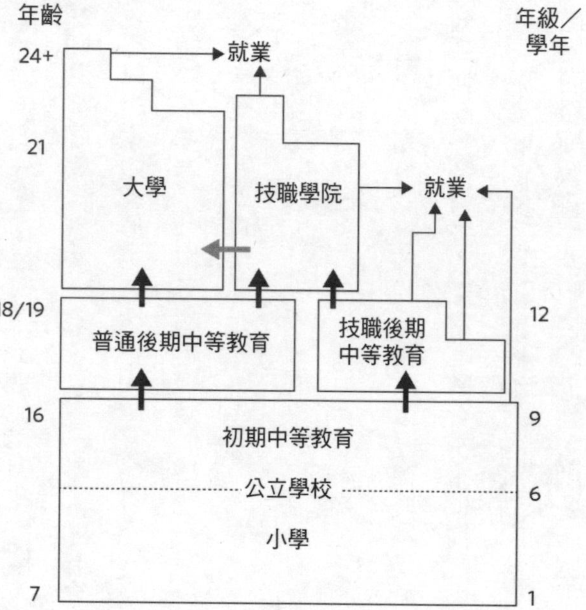

圖1.2　芬蘭一九七〇年代後的教育體系

教育體系的看法有諸多分歧，芬蘭仍然設法達成了必要的共識，決定未來的規畫並加以執行（參見補充資料1.1）。

如同規畫，芬蘭教改於一九七二年從北部展開，「國家綜合學校課程綱要」（National Curriculum for the Comprehensive School）也在此時開始規範全國教育的內容、組織與途徑。雖然對學生而言，每間綜合學校的整體組織並沒有什麼不同，但綜合學校課程綱要仍對不同能力與特質的學生，提供了不同的指導方針，例如針對七到九年級的學生，外語與數學課程便分為三種不同層級：基本、中等與進階。基礎課程的課綱，約莫等同過去市民學校提供的內容，而進階課程則近似文法學校的課程。不同層級課程設立的邏輯，是因為如果所有人都必須接受某些必修課程。那就要針對不同學生設計適當的學習內容。

一九七九年，芬蘭南部最後一所市立學校也成功轉型為新興的綜合學校；一九八五年，芬蘭全國學校都廢除了能力分班。自此之後，所有學生都能根據同一份課綱學習。

綜合學校的改革目標，促進了芬蘭教育體系的三種發展，而這三個發展層面，後來在建立高效能的教育體系上，也扮演了重要角色。首先，要讓背景相當不同的學生在同一個環境中學習，勢必需要發展全新的教學方式，教育機會均等原則保障所有學生都擁有公平的學習機會，並且能夠從此邁向成功、享受學習。我們很早就已經發現，要讓特教學生獲得成功，就必須盡早發現其學習困難與其他障礙，並即時處理；特殊教育因此迅速成為教育系統的一部分，政府有關當局與學校也都盡快找來特教專家，以協助有特殊需求的學生。本書將在後續章節深入探討特殊教育。

補充資料1.1　芬蘭共識是什麼？

一九六三年十一月，芬蘭國會針對綜合學校改革議題達成了共識，但決策過程絕對不是全體一致通過；當時的國會多數派是農民黨與左翼人士。這或許是芬蘭教育史上最重要的決策，如果沒有農民黨以及全國上下對追求共好的共識，很可能無法達成。

長期以來，農民黨一直反對綜合學校體系的理念，但農民黨的青年世代瞭解，芬蘭的經濟結構轉型與都市化，使得當時既有的老舊教育體制必須有所改變，而提供鄉村地區高品質的教育尤為重要，因為鄉村人口大量外移至都市及瑞典。這帶出一個有趣的問題：假如教育改革的基礎理念是建立普及的綜合學校，為什麼農民黨會支持這次改革？某些新生代政治人物與芬蘭小學教師協會的關係非常密切，因而相信所有孩子都可以達成相同的學習成就，也能在同樣的學校接受教育；當時的芬蘭總統、前農民黨黨員柯克南（Urho Kekkonen），也是這場改革的支持者。

早在一八六〇年代的國民學校（Folk School）誕生之際，為所有芬蘭兒童設立普及公立學校的夢想便已萌芽。一九六三年芬蘭國會做出這項重大決策的過程，具有相當的政治意義，確保了芬蘭的政治菁英將會投入綜合學校改革。政治支持對教育改革而言非常重要，能讓整個方案順利進行，不受新政府上任影響。芬蘭教育政策永續發展的基礎因而成形，當年達成的這個共識至今已運作超過數十年。

話雖如此，執行綜合學校改革仍需其他政治妥協，柯特南教授（Pauli Kettunen）認為，北歐盛行的福利國家，是建立在三種政治理念上：自由農民的遺產、資本主義的精神以及社會主義的烏托邦夢想，而平等、效率與團結便是這三種理念的重要原則，互相形成共識，並豐富了彼此的內涵。我認為，這就是芬蘭教育政策扎根的堅實基礎。

——亞霍（Erkki Aho），

前芬蘭國家教育委員會主委（一九七三年至一九九一年）

第二，綜合學校課程綱要要求學校必須提供學生生涯輔導與諮詢。當時普遍認為，學生如果一直就讀同一所學校，直至義務教育結束，那麼一定會需要系統化的諮詢服務，以決定未來將何去何從。此外，設立生涯輔導的用意，也在於讓學生能夠做出對自己未來最有利的決定。原則上，學生畢業後有三種選擇：接受普通體系的後期中等教育、接受技職體系的後期中等教育，或者就業，而在兩種後期中等教育之內，也都還有數種選項。生涯輔導與諮詢服務，很快就成為初期中等教育及後期中等教育的基石，這也是使芬蘭留級率及輟學率都能維持非常低的重要因素（Välijärvi & Sahlberg, 2008）；生涯輔導也是校園生活與職場世界的橋樑，因為當時每位就讀公立學校的學生，都必須在指定的場所進行為期兩週的實習。

第三，新的公立學校要求原先任職於不同學校的教師，包括偏向學術研究性質的文法學校教師，及技職取向的市民學校教師，必須在同一所學校當中，合作教導能力不同的學生。如同法利賈維（Jouni Välijärvi）所說，綜合學校的改革不只是組織與制度的變遷，更孕育了全新的芬蘭教育哲學（Hautamäki et al., 2008、Välijärvi et al., 2007）。新的哲學認為只要擁有足夠的機會與支持，所有學生都能順利學習，同時強調人類的多元性，並將透過多元性的學習視為重要的教育目標，此外，正如杜威（John Dewey）數十年前的理念，學校也應具備小型民主政體的功能。因此，新的公立學校要求教師運用嶄新的教學方法、創造因材施教的學習環境，並將教育視為極為崇高的職業。這些期望後來在一九七九年帶動了大規模的師資培育改革：通過新的教師法、強調師資專業發展，而師資培育也開始著重研究，本書將在第三章詳細討論這個部分。

公立學校誕生帶來的另一個具體結果，則是後期中等教育迅速擴張，家長期待子女擁有更高的教育程度，芬蘭年輕人也希望追求更好的自我發展。芬蘭的後期中等教育究竟是如何促進人力資本升級呢？現在就讓我們一探究竟。

後期中等教育的擴張

在一九八五年前，普通體系後期中等教育學校（普通高中）的組織仍然相當傳統，一直要到新的普通體系後期中等教育法案通過，廢除了舊體制，並且導入單元化的課程綱要結構後，這種情況才終於結束。在新的體制中，舊有的兩學期制度更改為每學年中有五到六個週期，具體數字則根據每個學校的教學情形而定，這代表學校必須在六週或七週的週期之間，按照學生選擇的課程，完成授課與教學。這種制度性的改變，讓學校能夠重新安排課表，同時影響當地的課程規畫，因為學校現在更有彈性，可以在每個週期間安排不同課程（Välijärvi, 2004）。下一個改革發展階段發生在一九九〇年代中期，芬蘭決定放棄舊有的年齡分班制度，改為非班級式的教育結構；這種新的普通體系後期中等教育架構，並不採取既有的班級或年級制度，過去這個階段對應的是十年級、十一年級、十二年級，因此，學生規畫未來學習內容以及安排課程時，將會有更多元的選擇。新課綱強調學生的認知發展，並鼓勵學校發揮各自的校園與社群特色。不過，雖然學生擁有更多自由來安排自己的學習，仍必須完成十八個必修科目，並且至少要在三十八種學習主題中，完成七十五門課程，其中有三分之二屬於必修，剩下的課程則視學生選擇何種學位而定。一般來說，學生完成的課程數目都會超過最低限度的要求，通常是八十到九十門課之間。最新的普通體系後期中等教育核心課綱則在二〇二一年八月實施，會引進學分系統來統計學生的學習，課程則是按照六個跨域素養設計，包括跨科別及創意素養、公民素養、倫理及環境素養、全球及文化素養、幸福素養、社交素養。

影響後期中等教育教學的其他重要因素，還包含學生評量與學校評鑑。教師會在每個週期結束後評量所有學生的成績，大約是六到七週的時間，這代表學生每個學年會接受五到六次的評量。學生順利完成所有必修課程之後，就能夠參與國家入學考試，這個考試屬於高風險的外部測驗，因而對課程及教學影響甚巨。芬蘭教師與校長對國家入學考試的批判，大都著重在該考試造成「為測驗而教育」的現象，進而使課程變得狹隘，同時還讓師生倍感壓力；以我曾擔任數學與自然老師的經驗而言，我相當認同這種觀點。

為了因應新的政治經濟環境，技職體系的後期中等教育也歷經了劇烈的變革。芬蘭重新擬定了技職教育的架構、課綱、教學法，希望能夠契合發展知識經濟的目標，並提供所需的勞力與技能。相關當局也將增進技職體系後期中等教育的吸引力視為重要發展目標。目前進入後期中等教育的新生，約有百分之四十一會選擇技職體系（參見圖1.3）。

技職教育的**架構**經歷了相當程度的簡化，現在所有技職學校的畢業門檻皆為一百二十個學分，相當於三學年的全部課程，四分之一的學習時間則會分配給共同科目或選修課。技職體系的證照資格，則從過去的六百種降低為五十二種，學生必須研讀的課程也降為一百一十三門。原則上，技職體系的學生也可以參加國家入學考試，但不太會有人這麼選擇。此外，後期中等教育也必須確保學生轉換跑道順暢無礙，如果他們想要到別的學校修課，就可以從技職體系轉到普通體系，反之亦然。

為了因應後期中等教育體制的變遷，技職教育的**課綱與課程**也已經過調整，特別是在單元化架構與知識經濟的勞動市場需求上。新課綱的重點是在「普遍知識與技能」和「各個職業所需的專業素養」之間取得平衡，因此，學校、雇主與勞工，三方重要的利害關係人也一同合作，發展專業知識與技能的評量方式。

技職體系後期中等教育的**教學方法與訓練**也逐漸改變。新的課綱規定，學生接受的訓練中，至少必須有六分之一屬於職場實習；工作坊、學徒訓練、實地學習等方式，在技職體系後期中等教育中也十分常見。技職學校的補助系統為成果導向，其中分配了百分之六的優先款項，用於教職員專業發展；技職學校也持續把這筆補助款，投入增進教師的教學知識與技能上。

學生選擇進入後期中等教育時，會受兩個重要因素影響。第一，芬蘭學生進入後期中等教育體系時，還未經歷過任何高風險的標準化測驗，這一點與其他國家的學生截然不同；在其他國家，測驗可說是學校生活的一部分。我們針對身處不同績效責任制之中的教師，進行了一次比較研究，結果顯示，「根據某些教師所言，結構化教學模式以及外部測驗兩者所帶來的壓力，將會產生巨大的影響」（Berry & Sahlberg, 2006, p. 22）。高風險測驗下的學習環境會導致數種結果，包括使學生害怕承擔風險，還會提升學生的無聊程度和恐懼。同一個研究也指出，芬蘭初期中等教育中的大部分教師，教學的目的都是為了幫助學生學習，而不是通過考試；PISA 研究也進一步證實了這個論點，指出和其他國家的學生相比，芬蘭學生在學習數學時比較不會感到壓力（Kupari & Välijärvi, 2005、OECD, 2013c）。

芬蘭學生能夠成功過渡到後期中等教育的第二個重要因素，則來自普遍設立的生涯輔導與諮詢系統，這讓學生在完成義務教育，準備思考未來方向時，能夠擁有更充足的準備。在為期三年的初期中等教育中，所有學生每週都能使用兩個小時的輔導與諮詢服務，這個措施使學生不會在資訊不足的情況下，做出錯誤的未來決策，也讓學生能夠加強他們選擇的後期中等教育體系中所需的重要科目。

現在的芬蘭學生面對初期中等教育和後期中等教育間的分水嶺時，已經比過去的學生擁有更多的知識、技能與態度。芬蘭後期中等教育的改革，也對學校組織產生了根本性的影響，特別是在教學層面。傳統的教學方式倚重一問一答的教學法、按年齡分組、僵化的課表，學習場所也僅限於教室之內；新的教育思維則是重視學生扮演的積極角色，學習環境也逐漸變得更有彈性、更開放並富含互動，因而後期中等教育改革的實施，以及引進新的教學方式，可謂都促進了芬蘭教育的轉變。

改善學業表現

芬蘭的綜合學校改革帶來了非常顯著的結果。畢業生的人數增加，後期中等教育的需求也隨之提高。幾乎所有公立學校的畢業生，都會選擇繼續升學，進入後期中等教育的兩個體系，或是繼續修讀額外的十年級課程。至於未在公立學校義務教育結束後隨即繼續升學的學生，則會選擇就讀另外一些非正式的課程，隨後才回到成人教育之中。圖1.3顯示了二〇〇〇年至二〇一八年間，公立學校畢業生的流向，他們可以選擇繼續就讀普通或技職體系的後期中等教育、十年級課程，[14]或離開正式教育體系。由於技職教育體系的課程設計非常強調普遍導向，加上學生獲得專業認證後，會有更多在高等教育繼續深造的機會，技職體系遂成為許多學生認真考量的選擇。

如圖1.3所示，二〇一八年完成義務教育的畢業生中，約有百分之九十七繼續升學，就讀後期中等教育學校，或是在公立學校多讀一年十年級；普通體系後期中等教育與技職體系後期中等教育的註冊比例，則分別為百分之五十三及百分之四十

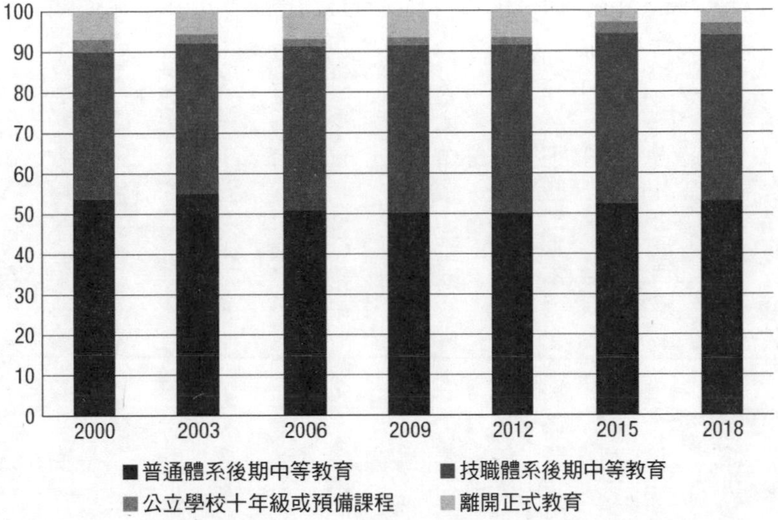

圖1.3　二〇〇〇年至二〇一八年公立學校應屆畢業生流向

資料來源：Statistics Finland, n.d.a

一。在絕對人數方面，若將所有學生納入，在二〇〇九年至二〇一〇年，技職體系的註冊人數首次超越普通體系，本次調查的樣本包含十六歲後才就讀技職學校的人數。二〇一八年，大約有百分之三的畢業生，選擇不繼續升學，也不參加公立學校的十年級課程，這些學生中有一部分選擇修讀其他後期中等教育課程，例如藝術或手工藝。

自義務教育畢業後，不馬上繼續接受正式教育的學生，已成為芬蘭的社會和政治問題。雖然每年這樣的學生人數大約只有一千五百人，但這些離開教育體系的人，長期來說仍會成為社會的經濟負擔。根據估計，每個沒有繼續升學的年輕人，平均將會讓社會多負擔一百五十萬美金的成本，包括少掉的稅收、增加的健康及社會支出、長期失業的情況等。芬蘭政府最近因而通過新政策，讓所有離開義務教育的學生，以及二十五歲以下的年輕人，都能有地方學習或實習，新上任的聯合政府也決定將義務教育的年限從十六歲延長到十八歲，希望能夠藉此降低青年失業率，以及教育程度不足為社會帶來的成本。但這個決定卻遭到各方抨擊，包括反對黨、眾多必須為這項改革買單的地方當局和學校，以及認為強迫沒有學習動機的學生去上學、根本不會帶來幫助的專家。將義務教育延長到後期中等教育結束，或說到學生十八歲為止，每年預計要多花一億五千萬到兩億美金。針對這筆花費的抨擊，認為與其把錢給那些根本不需要輔助購買教科書或其他學習用具的學生，不如投資在學前教育和改善初期中等教育上，以對不想繼續升學的學生提供及時的支持和協助。

另一件值得注意的事，則是在新的教育體系於二〇二〇年代上路前，後期中等教育仍然不屬於義務教育。比起讓後期中等教育成為義務教育，芬蘭教育政策目前仰賴的是發展平等的教育機會，希望讓所有人都能出自個人選擇，繼續接受後期中等教育，同時積極創造一些誘因，讓年輕人在完成義務教育之後，仍然希望繼續升學。自從一九七〇年代導入綜合學校體系以來，芬蘭教育政策的目標，一直是打造良好的教育體系，讓所有學子在義務教育結束後，能夠繼續升學，進入後期中等教育機構（Aho et al., 2006）。現今多數的芬蘭後期中等教育機構，都歸市政府或區域政府管轄，因此當地政府有權決定相關事宜，但這並不代表它們擁有完全的控制權，因為課程綱要、教師的專業水準，以及社會對整體教育環境的期待，這三大要素在全國的標準都相當一致，並為芬蘭教育創造了一種普遍的文化。

要評估後期中等教育的成效，畢業率可說是一項相當重要的指標。作為教育政策的一部分，芬蘭政府會蒐集後期中等教育的相關數據，並進一步分析畢業率。假設理想的後期中等教育畢業時間是三年半，包括普通體系及技職體系，那麼大約有四分之三左右的學生能如期完成。表 1.1 顯示二〇一七至二〇一八學年間，未能完成後期中等教育與高等教育的芬蘭學生人數。整體來說，芬蘭學生的畢業率在國際上相當高，幾乎所有人都透過小學完成了基礎教育，但也有非常少部分的學生，是從學校以外的機構獲得基礎教育文憑，他們可能是住在國外，或是在家自學。二〇一七年芬蘭後期中等教育的畢業率是百分之八十九，加拿大和美國是百分之八十五，

OECD平均則為百分之八十六（OECD, 2019d）。

由於後期中等教育強調的是個人化的學習計畫，而非固定年齡層或班級，某些學生可能會花更多時間完成學業，有些人則可能在沒有得到專業認證或畢業證書的情況下，就離開教育體系，輟學率因而成為另一項評估後期中等教育品質與成效的重要指標。根據表1.1的國家統計數據，近年普通體系後期中等教育的輟學率大約是百分之三，這些人並未轉換到其他後期中等教育體系或職業訓練課程。而從普通體系轉換到技職體系，並在技職體系完成學業的人數也差不多是百分之三。技職體系的情況則較差，二〇一七至二〇一八學年間，大約有百分之八・七的技職體系學生輟學，不過其中有一部分是轉到別的學校或機構繼續接受教育。

表1.1　二〇一七至二〇一八學年間，芬蘭後期中等教育與高等教育學生輟學率

教育類型	二〇一七至二〇一八學年
普通體系後期中等教育	3.2
技職體系後期中等教育	8.7
理工學院	7.1
大學	5.9

資料來源： Statistics Finland, n.d.a

芬蘭正式教育的輟學率正逐漸降低，後期中等教育的輟學率也遠低於其他國家。若將所有的後期中等教育學校納入統計，二〇一七至二〇一八學年間，約有百分之五的學生完全輟學。無論在後期中等教育還是高等技職教育上，防止學生學業失敗與降低輟學率都至關重要。二〇〇〇年代初期，芬蘭政府開始對技職體系後期中等教育提供「成果審查」制的補助款，該制度在二〇一五年時擴及所有後期中等教育；有了補助款，校方因而更有誘因降低輟學率。教育機構一旦開始考量成果審查制度對財務狀況的影響，自然可以降低輟學率並促進畢業率，因為這對爭取預算會帶來正面影響。儘管這筆財務補助只是整體教育預算的冰山一角，但也足以激勵校方與教師急切關注改善的方法，包括盡早發現並避免任何會導致輟學的教育問題、對學生提供更直接的學習協助，以及讓學生擁有良好的校園生活。此外，因為學校的基本補助款與學生人數有直接關係，避免輟學也會對學校預算帶來正面影響。技職體系更特別為某些學生發展出創新的解決方案，因為他們的學習風格需要實務導向的課程，舉例來說，可以讓學生設計並打造實物的實務導向工作坊，就相當受歡迎，因為這可以提升有中輟風險的學生留在學校的意願。

國家入學考試

通過普通體系後期中等教育必修課程的學生，都有資格參加國家入學考試，該考試由入學考試委員會負責組織，於全國各級學校同時辦理；芬蘭沒有專為技職體系畢業生設立的國家考試，而是透過證照評量。無論透過何種方式，只要學生通過測驗，就能申請進入高等教育機構，也就是理工學院或大學，但若仔細分析高等教育的整體註冊情況，技職體系畢業生的比例確實較低。

芬蘭歷史上第一次正式的大學入學考試，可以追溯到一八五二年赫爾辛基大學舉行的入學測驗，學生必須在測驗中展現自己擁有足夠的通識知識及流利的拉丁文。至於現代大學入學考試的目的，則是確認學生是否已融會貫通國家核心課綱要求的知識與技能，並達成後期中等教育的學習目標。學生必須應考至少四門科目。普通體系後期中等教育的畢業生必須通過國家入學考試，才能進入高等教育機構就讀。

國家入學考試由芬蘭教育部指派的外部委員會執行，成員大約四十名，包括大學教授、高中教師、教育政策制訂者等。此外，尚有來自不同學科委員會、將近三百三十名的工作人員，協助出題與閱卷，大部分為現職或退休教師。委員會的祕書處則負責處理技術細節，例如徵人、列印試卷與配送考題等，該單位共有二十二名職員。每名學生報考五科的花費約為兩百美金，考試的年度總成本則大約是一千萬美元，將全數由學生繳交的費用支應。

那麼國家入學考試的架構以及評量標準又是如何呢？要獲得國家入學考試通過證書，學生必須通過至少四門考科，第一門必考科目是母語（芬蘭語、瑞典語或薩米語），接著再從以下領域選取三門考科：第二本國語（例如瑞典語）、外國語（通常是英文）、數學，以及通論研究（包含人文與自然科學）。考生亦可額外選考以下科目：各類外國語言、歷史、公民、生物、地理、物理、化學、衛教、心理學、哲學、倫理學、宗教研究，每一科的考試時間最多可長達六小時。

國家入學考試一年舉行兩次，分別在每年九月與三月到四月間，考生必須在三次入學考試之內完成所有必考科目，也就是在第一科考試開始後的一年內。此外，除了第二本國語和外國語言的聽力及閱讀理解之外的所有科目，都需要撰寫申論題。芬蘭的國家入學考試在二〇一九年的數學科考試後全面數位化，也使考試題目的媒材更為多樣化，包括影片、音檔、動態圖表等，學生也可以帶自己的電腦去考試。根據入學考試委員會二〇二〇年的說法，「考生應試時並不是使用只會記錄他們答案的瀏覽器。他們使用的電腦，擁有很多平常上課時也會使用的程式，比如考題可能會包含表單資料，他們必須先用數據工具進行分析，才能回答問題」。如果想知道更多有關國家入學考試的架構、測驗、運作的相關資料，可以參見 https://www.ylioppilastutkinto.fi./。

入學考試委員會負責評閱所有考生的試卷。在校考試學生的試卷，會先交給教師進行初步評閱，再送到委員會，接著由學科委員會的審查員進行最後評分，和初步評閱的結果完全無關。這個過程最後會產生一個根據各學科標準換算而來的分數，所有學生都評量完之後，委員會會決定分數如何換算成等第，結果可能會根據每次考試而有所不同。

國家入學考試的等第分為七等，屬於常態分布，這代表成績最好以及沒有通過考試的人數都大約落在百分之五。如果其他科目表現良好，學生可以有一科沒過沒關係。成功通過必考科目，並完成後期中等教育學習的學生，會得到一紙國家入學考試通過證書，證書上會記錄學生的考科及等第。

芬蘭國家入學考試的目的，是要測驗學生整體的學習成果，包括他們是否準備好繼續接受高等教育。國家入學考試的良好表現，將會成為學生申請大學的利器。

各個考科的目的，則是為了測驗學生處理突發狀況的能力。和加州高中離校測驗（California High School Exit Examination，CAHSEE）[15]避免在出題時觸及充滿偏見、敏感、爭議的議題相比，芬蘭的國家入學考試完全反其道而行，鼓勵學生針對多元議題表達意見，包括演化論、失業、飲食方式、政治議題、戰爭、運動家精神、垃圾食物、性愛、毒品、流行音樂等，這些議題通常橫跨多個學科領域，可以測驗學生是否具備跨領域知識和技能。

以下幾道題目取自二〇一四年春季的芬蘭國家入學考試，不過這時所有學生都還是使用紙筆應試。

母語科申論題參考試題：

政治家、運動員、名人都常常公開為他們的言論或行為道歉。請簡述這類道歉的意義，以及接受這類道歉的社會意義及個人意義為何。

炫耀身體已經變成一種嗜好了嗎？

媒體為了博取觀眾的注意力無所不用其極，這會帶來什麼影響？

請挑選三個世界性宗教，並比較神聖圖像在其中扮演的角色及功能之差異。

二〇二〇年，芬蘭國家入學考試全面數位化，因而大大改變了其架構。以芬蘭語、瑞典語、薩米語進行的母語科考試，分為閱讀技巧測驗及申論題兩個部分，兩者的分數比重相當，也都會提供參考資料給考生。

衛教科參考試題：

芬蘭飲食建議的標準及目的為何？

請比較披衣菌和濕疣的異同。

心理學參考試題：

請設計一個研究，找出人格如何影響個體在臉書或其他社群媒體的行為，並討論這類研究的倫理議題。

歷史科參考試題：

馬克思（Karl Marx）和恩格斯（Friedrich Engels）原本預測社會主義革命會先在英國這類國家出現，他們為什麼會做出這種假設？社會主義革命又為什麼是先在俄國出現？

二〇一八年芬蘭國家入學測驗歷史科的某一題則是和「美國在全球政治扮演的角色」有關，學生必須根據以下兩份參考資料作答，第一份是一九九九年十一月十九日，時任德州州長的小布希（George W. Bush）在加州雷根總統圖書館發表的演說〈獨特的美國國際主義〉（A Distinctly American Internationalism），第二份則是二〇一三年九月十一日，俄羅斯總統普丁（Vladimir Putin）在《紐約時報》發表的專欄文章〈來自俄羅斯的警告〉（A Plea for Caution from Russia）。學生要回答以下問題：一、美國「世界警察」的稱號，背後代表什麼意義？二、根據兩份參考資料，比較美國在全球政治上扮演角色的轉變。三、從布希和普丁對世界強權扮演角色的看法，檢視二十一世紀發生的重大事件。

哲學科參考試題：

快樂、美好人生、幸福，在倫理學上的意義為何？

倫理科參考試題：

中學生營養午餐的菜色常常有許多限制，原因可能是出於健康、宗教或倫理道德。請簡述這些規定及背後的原因，並論述這樣的限制是否具備正當性？

技職體系學生沒有國家入學考試，他們擁有的是學校層級的學習成果與技能評量。其基本原則是促進學生正面的自我形象以及適性發展；評量方式包含學生自評及教師面談，學生的實習指導者也會參與工作場所評估；評分標準從一分（滿意）到三分（優秀）。另外，由於技職體系沒有國家層級的考試，而是由各校自行進行測驗，芬蘭國家教育局因而發布了相關準則，以確保這類評量的公平公正。

但這種制度設計仍然引起爭議，每間學校所定義的「合格」是否都具備相當程度的品質？針對這個議題，芬蘭國會於二〇〇五年通過了一項法案，規定所有的合格證書都必須包含教師評量及學生的技能展示，如此才能證明學生確實達到課綱規定的技職水準。技能展示將會盡可能在工作場所進行，通常會配合學生實習的時間，該場所的雇主與員工代表也都會參與評量。根據學習計畫的不同，學生在實習期間，可能需要進行四到十次的技能展示。

教育改革的四個階段

有關芬蘭教改的相關研究不多，因此運用一些變革理論和模式，來幫助我們思考芬蘭教改的歷程及原因，不失為一個好方法。一九七〇年代的綜合學校改革後，芬蘭的教改可以分為以下四個階段（Sahlberg, 2009）：

- 一九八〇年代：重新思考教育理論與教學法的基礎。
- 一九九〇年代：藉由專業社群、教師領導與自主管理進行改革。
- 二〇〇〇年代：加強教育架構與行政管理效能。
- 二〇一〇年代：教育國際化及數位化

圖 1.4 描繪了這些發展階段，每個階段都承載了特定的政策邏輯與行動理論。一九八〇年代初期，公立學校改革終於完成，改革焦點轉向探討教學實務上的知識及學習為何，這兩個概念因而深植於公立學校的教育哲學中。第二階段來自芬蘭教育治理的自由化，這段時期的特色包括自主導向的學校社群和教師間的合作。提高公部門生產力的需求引發了第三階段，而二〇〇一年首次 PISA 結果出爐與二〇〇八年的金融海嘯，則加速了其發展，這個階段非常強調教育架構與管理的改革，小心翼翼維護這個優質教育體系的運作，同時追求效能。第四階段則是著重在讓教育發展

跟上勞動市場及知識經濟的需求。

第一階段：重新思考教育理論與教學法的基礎（一九八〇年代）

一九七〇年代末期及一九八〇年代初期，幾份針對綜合學校體系的研究與發展計畫問世，引起了對既有教學法的批判聲浪，特別是當時盛行的教師中心教學法。芬蘭新興教育體系的建立宗旨，是以特定的哲學與教育理念為基礎，強調公立教育的存在，是為了培養公民的批判能力及獨立思考。當時學校發展的其中一個重要主題，便是拓展**知識的概念**，教師因而相信嶄新的教學法能帶來充滿意義的學習與理解（Aho, 1996）。學校內部的資通訊科技進步，是推動這種轉變的主要動力。但也有一些人認為，教室內電腦設備的擴張，必定會造成問題，包括讓學生遠離真正的知識、過多沒必要的資訊、

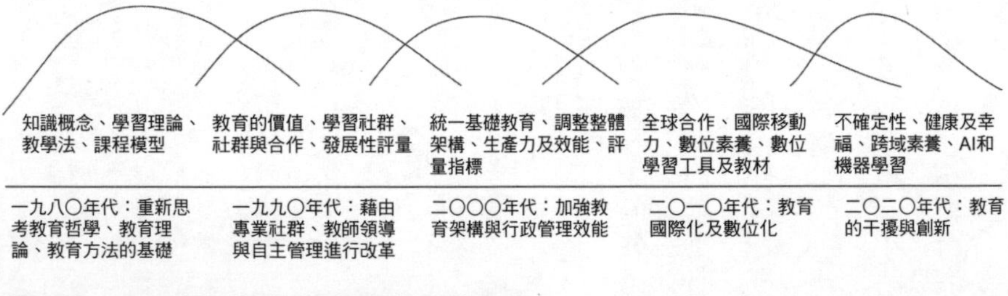

圖1.4　一九八〇年代起芬蘭教改的發展

學習淪為科技決定論等。今日看來，這些擔憂確實擲地有聲。

科技發展呼應了學習科學的革命。認知心理學的盛行、建構式學習的出現與腦神經科學的演進，促使芬蘭的教育學者進一步分析當時針對知識及學習的概念。當時出現了不少影響深遠的著作，內容對教師非常友善，因而在學校間廣為流傳，包括《知識的概念》（*Conception of Knowledge*, 1989）、《學習的概念》（*Conception of Learning*, 1989）與《論教育改革的可能性》（*About Possibilities of School Change*, 1990）。「什麼是知識？」、「學生如何學習？」以及「如何進行教育改革？」等問題，都是教師專業發展與學校改革中相當常見的議題，這股風潮一直持續到一九九〇年代末期。

從國際觀點來看，芬蘭教育改革的第一階段可謂成就斐然。當英國、德國、法國及美國的教育體系，都深受越來越多的學校評鑑、備受爭議的外部學習標準，以及導致某些教師轉換跑道的激烈競爭等種種事項困擾時，芬蘭的教師已經開始在探索知識與學習的理論基礎，並依此重新設計課綱；相較之下，在英國和美國，對教育知識的深入分析以及和學習相關的最新研究等，都還只是在學者之間流行，或是只能觸及資深教師與教育領導者。一九九〇年代，市場導向的教育政策在許多

OECD 國家都相當盛行，或許正是因為芬蘭的教育改革哲學觀，才使其倖免於難。

雖然這個階段的教育發展特色都是「芬蘭製造」，我們仍不應忽略有些知識與概念是從國外經驗借鏡，特別是美國、加拿大、英國以及其他北歐國家。其中特別重要的便包括教學的角色以及學生評量方式，尤其是由「監督與課程發展協會」（Association for Supervision and Curriculum Development，簡稱 ASCD）提出的相關理念，都是先在美國蓬勃發展，再由芬蘭文化與教育實踐採用。兩個例子特別值得關注。第一，芬蘭是最早大規模採用合作學習的國家，最初是在幾間選定的大學實施，隨後則擴展至各級學校。在根據前述芬蘭教育著作中的教育哲學原則改變芬蘭的教學上，以下學者的研究都扮演重要角色，包括明尼蘇達大學的大衛．強森（David Johnson）與羅傑．強森（Roger Johnson）、史丹佛大學的孔亨（Elizabeth Cohen）、約翰．霍普金斯大學的史拉文（Robert Slavin）以及以色列台拉維夫大學的習羅摩．敘朗（Shlomo Sharan）與亞耶爾．敘朗（Yael Sharan）等。第二，一九八○年代末期，國家教育委員會發起了一項全國計畫，試圖讓科學教育的教學法變得更多元，這項計畫便是受喬伊斯與維爾（Bruce Joyce & Marsha Weil, 1986）的著作《教學的模型》（*The Models of Teaching*，偕同作者還有後來的雪爾斯〔Beverly

Showers〕）啟發。喬伊斯曾在一九八〇年代末期造訪芬蘭，他的著作對芬蘭教育體系的改革帶來極為深遠的影響；時至今日，仍有數以百計的學校教學法受其影響。此外，從一九七〇年代起，柏林納（David Berliner）的教育心理學理論、達琳－漢蒙德的師資培育觀點、哈格里夫斯與富蘭的教育改革理念，在芬蘭也相當盛行；學者深入研究這些概念，並在實務上採用。這些來自美國、英國、加拿大等地的教育理念，之所以能夠成功帶來影響，是因為芬蘭學校對這些實務改革模型來說，本身便是相當富饒的土地。有趣的是，芬蘭自身卻沒有發展出太多在國際上如此盛行的創新教學理念。

令人驚訝的還有，目前並沒有太多可靠的研究，探討芬蘭教育改革的第一階段為整體教學帶來什麼影響。當時芬蘭教育界的重要人士、同時也是上述某些著作的作者雷丁南（Erno Lehtinen, 2004, p. 54），對教改帶來的影響，態度相當保留：

> 探索知識與學習的概念，很明顯已影響到教師談論學習與教學的方式。早期教育論述的特色是社會化的傳統價值、教導事實以及機械化的精通理念。現在，理解、批判性思考、問題解決以及後設學習，已經取代了原先的概念。知識與

學習概念的拓展，同樣反映在一九九〇年代中期所有層級學校實施的新課綱上，這個全新十年的國家課綱改革也是。

芬蘭教育改革第一階段的特色是挑戰傳統信念、追尋創新、促進學校中的信任與其提升學生學習品質的能力。此外，由於對知識與學習有更深入的理解，也提升了學校的道德基礎。近來針對芬蘭綜合學校的教育評鑑指出：「教師十分注重教學法與學習環境的多元化，並且普遍認為對課程規畫與教學工作而言，採取多樣化的教學方式非常重要。」（Atjonen et al., 2008, p. 197）這表示芬蘭教育在教學上已經有了些許進展。

第二階段：藉由專業社群、教師領導與自主管理進行改革（一九九〇年代）

一般認為，一九九四年的國家課程綱要改革是芬蘭最重要的教育改革，如同一九七〇年代的綜合學校改革。這次改革的重點，在於地方主管機關及學校在課程設計及實施上扮演的積極角色。芬蘭政府相當鼓勵學校和其他學校合作，並和家長、企業及非政府組織共同形成合作社群。從中央政府的行政管理角度來看，這波嶄新合作模式與自我導向風潮的高峰便是「水族館計畫」（Aquarium Project），這是芬蘭國家層級的教育改革計畫，旨在讓所有芬蘭學校、校長與教師建立合作網絡，[16]並將學校轉變為積極的學習社群。根據赫爾史東（Martti Hellstrom, 2004, p. 179）的看法，這項計畫「是自我導向的獨特教育改革網絡，歡迎所有主動積極的教育者」。這種實踐方式不僅在芬蘭教育行政的歷史上前所未聞，在其他地方也十分罕見。

水族館計畫提供學校教育改革的嶄新脈絡，結合傳統的社群方式以及現代的社群網絡及教師領導，概念近似「亞伯達學校改革計畫」（Alberta Initiative for School Improvement，簡稱 AISI），這是加拿大亞伯達省的長期發展計畫，由政府出資補助學校及教師專業發展（Hargreaves et al., 2009）。研究顯示，芬蘭和亞伯達省都透過這種社群與自我管理導向的改革，促進了學校的參與程度；特別重要的，還有大多數參與這些計畫的學校，都回報即便是在經濟衰退、預算縮減的時期，教師仍相信他們成功改變了自己的學校。雖然水族館計畫與亞伯達學校改革計畫是在不同教育行政體系下運作，但都在各校校長與教師間，激起了一股在地的創新與研究熱潮，校長與教師會到大學進行更深入的教育研究。這兩個計畫也證明了，學校才是能夠真正進行教育管理的場所，而非在系統層面，赫爾史東（Hellstrom, 2004）與穆戈特羅德（Murgatroyd, 2007）的研究也證明了這點。話雖如此，二〇一三年，亞伯達省政府仍因財政結構調整，終止了亞伯達學校改革計畫。

一九九七年年初，共有七百所學校、一百六十三個當地機關參與了水族館計畫，相關的子計畫則超過一千個；根據最樂觀的估計，這代表大約有五千名教師與五百名校長直接參與了這項學校改革計畫。水族館計畫的理念也相當契合一九九〇年代的新興教育理念，包括去中央化、增進學校自主以及促進教師領導等。作為教育改革策略，這項計畫也強調各校的共同責任、個人化與集體合作，以提升教育品質。從這個角度而言，水族館計畫的特色和新自由主義教育政策相當雷同，而在某些情況下，這些特色其實代表教育部門中的學校競爭加劇，各校的不同決策確實會創造競爭環境，但芬蘭打造的教育改革網絡，讓嚴峻的競爭變成各校彼此砥礪，尋求進步。水族館計畫強烈的社會觀點，強調共享價值與合作解決問題，得以避免各校將彼此視為競爭者。從這個層面來說，這項計畫仰賴的是早期的教育機會均等與社會正義價值，而不是競爭與行政管理的績效責任。但或許這種政治的二元性正是水族館計畫的弱點；一九九九年初，芬蘭開始著重增進行政管理效能與教育結構轉型，水族館計畫也因為政治決策而終止。

第三階段：加強教育架構與行政管理效能（二〇〇〇年代）

二〇〇一年十二月四日，OECD 公布首次 PISA 測驗結果，讓所有人都跌破眼鏡。芬蘭在閱讀、數學、科學三個領域的表現，在 OECD 國家間皆名列前茅。這項全新的國際測驗，也顯示歐洲國家早年與日本、南韓之間的學習成就差距已不復存在。芬蘭學生在測驗中展現了所學知識與技能，而且不需要仰賴東亞相當盛行的私人家教、補習班或大量的家庭作業。芬蘭甚至能將各校之間學業成就的差異，縮小到史無前例的地步。

首次 PISA 結果公布後，全球教育社群起初無不感到非常困惑。某些芬蘭教育家還懷疑這個 OECD 的新測驗是不是哪邊出錯了，因為芬蘭在學科表現的成績非常高。自從一九七〇年代起，芬蘭教育重視音樂、美術、工藝、社會科學、生活技能的程度，其實不下閱讀、數學、科學。全世界媒體都想知道芬蘭教育的祕密何在，PISA 結果公布的十八個月內，數以百計的外國代表前來參訪芬蘭，學習芬蘭各校的運作模式及教師的教學方式。針對 PISA 描述的「芬蘭奇蹟」，外國訪客最常提出的問題，往往連芬蘭人都還沒想出可靠的答案。二〇〇三年、二〇〇六年的接下來兩次PISA，進一步鞏固了芬蘭教育的美名，也讓全世界媒體對芬蘭教育興致勃勃。不過在二〇〇九年和二〇一二年的PISA中，芬蘭學生的學業表現就已開始下降，類似的趨勢也持續出現在二〇一五年和二〇一八年的PISA中，我會在下一章詳細探討這些趨勢背後可能的原因。整體來說，直到二〇一八年為止的PISA結果，都顯示在愛沙尼亞、芬蘭、加拿大、日本、南韓等國，無論學生的社經地位為何，皆維持良好表現（OECD, 2019b），而英格蘭、德國、澳洲、丹麥、法國、美國及其他國家學生的表現則是較為平庸，落差也較大。

PISA結果整體顯現的是，根據教育機會均等原則設計、讓教師積極參與改革的教育政策，對教育品質有非常正面的影響。進一步的分析也指出，學生居住的環境及社經背景，在評估學習成果及未來職涯發展時，也會造成影響（Välijärvi, 2008）。此外，由於學生社經背景造成的學習成就差異非常明顯，這也引發芬蘭教師與學者質疑，國際評量在衡量所謂的學習表現與成就時，是否有什麼局限之處？

如果同時將PISA結果、其他全球教育指標以及教育滿意度納入考量，那麼按照這些國際標準來說，應該可以得到芬蘭教育體系相當優質的結論；但這對芬蘭的教育政策制訂者以及教育改革社群而言，卻帶來了另一個挑戰，畢竟要改革如此傑出的教育系統，的確不是一件易事。這或許也解釋了芬蘭近來在改革基礎與中等教育時的保守立場，結構性的改革開始注重法規層面，包括延長義務教育的年限、調整後期中等教育的行政、改善整體教育體系的效能。自從二〇〇〇年後，芬蘭教育體系的主要發展，便著重在多元文化、特殊教育，以及消弭基礎教育與初期中等教育間的界限。另一個重要的改變則始於二〇一三年初，政府將學前教育從社會福利部門移出，使其成為教育體系的一部分。此外，雖然二〇〇〇年代初期也修訂了「基礎教育國家核心課綱」及「普通體系後期中等教育國家核心課綱」，實際上卻沒有太多重大調整。

二〇一四年，芬蘭政府修訂了「基礎教育國家核心課綱」，並於二〇一六至二〇一七學年開始實施。「基礎教育國家核心課綱」為學校改革提供了大方向與基礎，以下便是這份課綱如何實踐的基礎。

首先，學校會根據「基礎教育國家核心課綱」規畫在地課程和年度計畫，學校會負責規畫課程，並由地方當局監督。再來，「基礎教育國家核心課綱」針對課程內容、安排方式、預期結果，其實都只有寬鬆的規範，因而學校在課程設計上擁有很大的彈性與自主，不同學校間的課程也可能會有頗大的差異。最後，因為芬蘭教育體系這種去中心化的特質，芬蘭的學校可以擁有不同的樣貌與實務安排，使其課程模型在世界上獨樹一格；你很難按照其中一兩間學校的模式，來評判整個芬蘭教育。

芬蘭近期的課程改革目標，和每三年在世界各地為十五歲學生舉辦 PISA 的 OECD，以及許多政府和學生的需求相符，那就是發展友善、充滿合作氛圍的學校文化，並推動能夠促進學生整體發展的教學。「基礎教育國家核心課綱」也指出學校層級的發展目標便是學生應能：

- 瞭解不同學習內容間的關係和連結。
- 以有意義的方式結合從不同領域學到的知識和技能。
- 在合作學習的情境中應用所學的知識。

芬蘭的各級學校，都必須根據這個新的國家架構調整它們的課程；某些學校不用花太多力氣就能調整完畢，有些則是設計了更大膽的計畫，這些不同的實施方式，都受到教育當局准許，也獲得家長和教師的接受。芬蘭教育的邏輯認為，與其為所有人在每間學校都提供一模一樣的教育，不如用不同的方式教導不同的學生，同時確保所有人都擁有同樣的教育機會和選擇。

注重提升效能及生產力的結果，使芬蘭許多學校的預算縮減，導致它們必須運用比過去更為匱乏的資源，達成與過去相同的目標，甚至是遠勝預期的成果。許多教育實務工作者，包括校長與教師，都引頸期盼教育改革會有新的發展方向，以彌補因預算縮減造成的影響。在第五章，我將會繼續探討芬蘭的基礎教育和中等教育未來可能的發展方向。

第四階段：教育國際化及數位化（二〇一〇年代）

二〇〇八年金融海嘯造成的全球經濟衰退，對芬蘭政府的預算造成了嚴重的影響，特別是在公部門的支出上。雖然和一九九〇年代初期相比，二〇〇八年時芬蘭的銀行和其他金融機構已經更為健全，但芬蘭經濟仍受衰退的國際貿易和歐洲窘迫的財政狀況重創。強調效率、產能、用更少的資源做更多事的教育政策，讓許多人想起一九九〇年代那段同樣拮据的日子。這一次，在這段資源稀少的時期，出現了兩個全新的主題，以提升教育機構的品質，那就是積極推動學校及大學的國際化以及加快採用數位科技，以協助增進行政和教學效能。

芬蘭教育的國際化有兩種主要方式，一是增加芬蘭教育機構和其他國家之間的合作及交流，另一方面則是積極向世界教育市場輸出芬蘭的教育產品、專業、服務。促進國際合作及學生流動的主要措施，便是透過一系列目前隸屬新伊拉斯莫斯計畫（Erasmus+）的歐盟計畫，因而在促進學校和大學的國際合作及交流上，芬蘭可說是最成功的歐洲國家之一。

對芬蘭人來說，輸出教育產品則較為困難。要在其他國家讓芬蘭式學校生根，是件複雜的事，即便某些芬蘭教育家、專家、學者提出的新概念，已成功打入全球教育市場，但距離政府和某些企業家期待的真正突破，還有很長一段路要走。

二〇一七年八月生效的新法律，規定歐盟或歐洲經濟區以外的學生，若要在芬蘭就讀大學，每年必須支付一千七百美金的最低學費；而芬蘭大學對外國學生提供的研究所學位，學費平均則約為一萬三千五百美金。二〇一六年，在新法律廢除為許多外國學生提供的免費高等教育服務之前，芬蘭高等教育中的外國學生總數約為兩萬人；到了二〇一九年，芬蘭大學中付費的國際學生總數則為四千六百人，不過這些學生大部分都有獎學金，能夠用來支付部分學費。

芬蘭公共政策的走向是由每任政府的政策決定。二〇一一年六月，由保守黨總理卡泰寧（Jyrki Katainen）領導的新聯合政府，提出的政策是促進國際合作及教育，並將其視為穩定經濟成長的重要動力，目標是在二〇二〇年以前，使芬蘭成為世界上教育程度最高的國家，而在改善教育、還有學校及大學的效率上，科技都扮演重要角色。下一任中間偏右的政府也遵循前一任政府的方向，目標則是讓芬蘭成為世界上教育程度最高、技能最好的國家，並成為現代學習的帶領者，這任政府也繼續維持前一任的預算刪減，特別是在技職教育和高等教育，其政策倡議則是「為學校提供新的學習環境和數位學習教材」。二〇一三年，在 OECD 第一次舉辦的 TALIS 中，芬蘭教師在採用數位教具上，算是相對保守；當時只有五分之一的教師表示，他們允許學生在進行學校活動或課堂作業時，使用科技產品進行資訊查找和溝通。而到了二〇一八年的下一次 TALIS，初期中等教育教師贊同的比例，則是提升了百分之五十（OECD, 2019f）。

我撰寫第三版時，芬蘭聯合政府是由社會民主黨的馬林（Sanna Marin）領導，而政府中最重要的幾個職務，也都是由年輕女性政治家擔任。新政府有一項政策稱為「包容又有素養的芬蘭——社會、經濟、生態三方面永續發展的社會」，而在教育方面，也採取了和先前三任政府截然不同的途徑，認為「一個平等的社會，將會尋求為所有公民提供學習機會，以發揮自身所有的潛能」，並擁有四個主要目標（Finnish Government, 2020）：

一、在所有層級的教育體系中，人民的教育程度和素養都會提升，學習成果的差異將會減少，教育平等將會提升。

二、孩童和年輕人會很快樂。

三、教育和訓練將促進社會的性別平等和反歧視。

四、芬蘭將成為其他國家前來學習、研究、投資的熱門地點。

新政府明確表示，為了讓芬蘭社會更為進步，它對教育扮演的角色所抱持的看法，和二〇一〇年代的政府相比，可謂非常不同。

二〇二〇年的芬蘭教育體系

本書想要傳達的重要訊息是，芬蘭教育體系不像其他國家一樣深受市場導向教育改革模式荼毒，包括學校間的招生競爭和教學的標準化，還有以高風險測驗來衡量學校的表現，並當作績效責任的參考。這是因為芬蘭的教育社群，並不相信這些國際流行的教改政策，能夠讓芬蘭教育變得更好。高風險測驗政策唯一能帶來幫助的方式，便是能夠對學生的學習產生積極正面的影響，而非學生在特定測驗的分數進步了多少（Amrein & Berliner, 2002），倘若測驗沒有提升學習成果，甚至讓教學失去平衡，如同現今許多國家上演的情況，那麼就應該質疑高風險測驗政策的效果。芬蘭的教育當局和教師都不相信，頻繁的外部測驗和績效責任制等政策，能對學生及其學習帶來幫助。

教育政策必須配合其他社會政策一同運作，並融入整個國家的政治文化。芬蘭之所以能成為擁有良好政府治理及優質教育體系的知識經濟體，關鍵是每當在探討和國家未來方向有關的重大議題時，多數時候都能達成共識。因此，本章初步的結論認為，芬蘭在執行及維持各種政策與實踐方針，以創造**永續領導與改革**時，表現可謂特別良好（Hargreaves & Fink, 2006）。無論是什麼政黨執政，教育在芬蘭都屬於公共財，因而具備了強烈的國家建構功能。

芬蘭設計的教育政策，目的在於提升學生的學習成就，因此非常強調教學，並鼓勵各校積極建立良好的學習環境和優質的教學內容，以讓學生達成教育的目的。這樣的政策方向，和其他國家都不一樣，許多國家的學校都受到外部標準宰制，像是美國的「各州共同核心標準」（Common Core State Standards）、紐西蘭的「國家標準」或德國的「新教育標準」等。芬蘭教改在初期就已經強調，教師和教學才是改變學生學習成果的關鍵因素，而不是任何形式的標準、評量或其他課程計畫。隨著一九九〇年代芬蘭的教師專業逐漸提升，整體教育環境也開始注重更有效率的教學法和相應的教室與校園設計。芬蘭教育體系嶄新的彈性，讓各校得以見賢思齊，並透過採用創新的教學法，讓最好的教學方式普及；這也鼓勵了教師與學校持續創新教學方法，並以個人化的教學滿足所有學生的需求。圖1.5便描繪了芬蘭教育體系的架構及其內部的動能。

二〇一三年初起，芬蘭教育體系開始納入學前教育及照護；在此之前，這部分

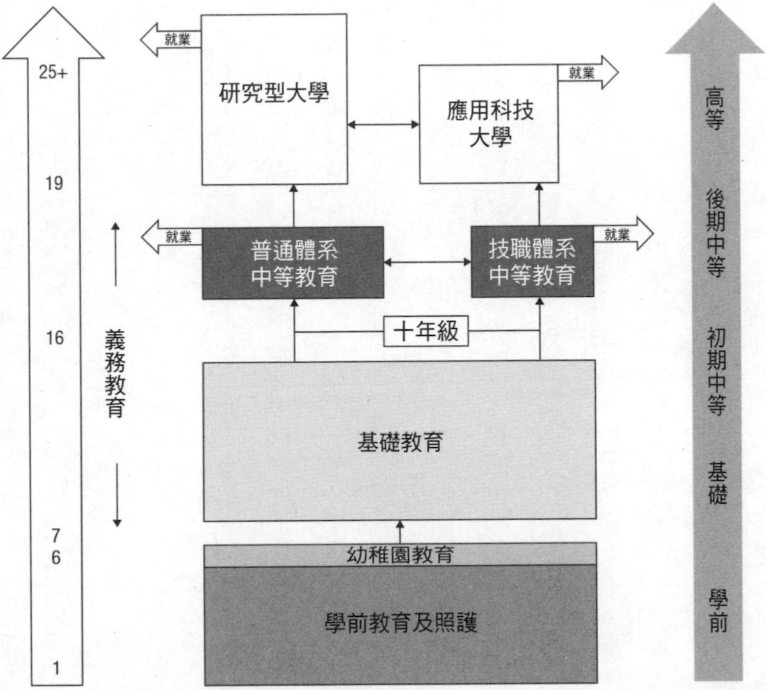

圖1.5　二〇二〇年的芬蘭教育體系

都屬於社會及健康照護體系管轄。芬蘭的學前教育指的是孩童在七歲進入小學前，所獲得的教育及照護；在正式上學前，所有孩童都擁有享有日間照護的權利，包括在家中或幼稚園。不過在近年政府的預算緊縮下，如果家中有一名家長在家，不管是因為什麼理由，學前教育及照護的時間就必須限縮至半天。目前的政府則是恢復最初的規範，從二〇二〇年八月一日起，提供所有孩童享有全天學前教育及照護的權利。現在就讓我們來看看，芬蘭小孩進入小學前，都在做些什麼。

芬蘭的社會福利系統，提供新生兒的家長請育嬰假在家陪伴孩童的權利。母親通常會在預產期的兩個月前開始請產假，可以持續請到小孩出生後大約五個月；接在產假之後的則是家長雙方共享的育嬰假，時間大約可以持續八個月。請假期間，原本就有工作的家長依然可以領全薪，由芬蘭國家保險部（State Insurance Institution of Finland，簡稱 Kela）支付，同時國家也鼓勵父親積極請育嬰假或陪產假陪伴家人，時間長達九週。根據二〇一九年的數據，全芬蘭的育嬰假只有百分之十一是父親請的，這個比例和丹麥相同，挪威則是百分之十九、瑞典百分之二十八、冰島百分之二十九（Statistics Finland, n.b.d）。

絕大多數的孩童在出生後第一年都會待在家中，一歲以下的孩童只有不到百分之一會進入日間照護系統（參見表1.2）。孩童享有的日間照護，表示當地政府必須提供幼稚園或家庭式日間照護的場所。日間照護共分三種：公立日間照護、私人日間照護、私人家庭式日間照護。根據芬蘭國家衛生及福利署（National Institute for

Health and Welfare，簡稱 THL）[17]二〇二〇年初的數據（參見表1.2），一至二歲的孩童有一半進入日間照護系統，三到五歲的比例則是百分之八十。所有孩童六歲時都必須就讀幼稚園，而根據現任政府的政策，強制就讀幼稚園的年齡未來還會下修到五歲。幼稚園通常只有早上上課，不過大部分的六歲孩童下午仍會繼續待在日間照護機構。二〇二〇年，芬蘭一到六歲的兒童共有百分之七十四進入學前教育及照護系統，其中百分之八十三就讀公立幼稚園或家庭式日間照護，百分之六就讀公家輔助的私人日間照護，另外百分之十一兒童的家

表1.2　二〇二〇年芬蘭學前教育及照護兒童人數表

年齡	兒童人數	該年齡層占比
0	434	0.9
1	17,907	37.2
2	35,405	69.1
3	45,724	84.5
4	49,988	88.2
5	53,683	90.9
6	49,303	82.1
7	1,283	2.1

數據來源：National Institute for Health and Welfare, 2020

長，則是獲得當地政府輔助，可以用來支付私人日間照護的費用。

制訂將學前教育納入芬蘭教育體系的全新行政系統，將協助提供兒童及家庭高度整合的優質服務。不過，最重要的一點或許是，對那些有特殊需求的兒童來說，現在更容易從學前教育無縫接軌到幼稚園和小學。目前芬蘭幼稚園的教職員有三分之一擁有高等教育學位，其中大部分都畢業自培育芬蘭其他教師的師資培育系統。由於芬蘭現在短缺合格的幼稚園教師，因此負責管控大學新生數量的芬蘭教育文化部，目前暫時增加幼教相關科系的員額。芬蘭幼稚園和學前教育的狀況，是由學前教育及幼教的國家架構所管控，而芬蘭學前教育及照護（early childhood education and care，簡稱 ECEC）的主要原則，就是要按照兒童的最佳利益安排；ECEC 的相關法律，則透過規定每個孩童都有獲得幸福、照護、保護的權利，以及在制訂教育及照護相關政策時，必須重視孩童的意見，更進一步落實這項原則。二〇一八年的芬蘭「ECEC 國家核心課綱」中，也列出了學前教育及照護的基本價值（Finnish National Agency for Education, 2018），包括：

■ 童年的內在價值

- ■ 身為人類的成長
- ■ 孩童的權利
- ■ 均等、平等及多元
- ■ 家庭多元性
- ■ 健康永續的生活方式

「ECEC 國家核心課綱」為芬蘭的終身學習體系打下了基礎。它連結了六歲的幼稚園課程及為期九年的基礎教育，建立了秩序井然的體系，不僅讓不同教育階段間的轉換相當順暢，也幫助所有學生能夠依據自身的需求、興趣、能力，來學習及成長。幼稚園會按照「ECEC 國家核心課綱」，以及自身的社群特色，來設計它們的在地化課程及學習計畫；這類在地計畫是在考量孩童的早期經驗及學習後產生，同時孩童也必須按照他們自身的能力，參與計畫、實施、評量。世界上沒有幾個國家將 ECEC 視為孩童的權利，並提供他們機會，讓孩子可以在自己的教育安排上發表意見。

那麼這些理想又該怎麼實踐？最重要的機制便是每個孩子都必須擁有的個人教

育計畫，這個計畫會在幼稚園時由孩子和家長或監護人共同發想，通常會包含孩子自己感興趣的領域、優勢、可能的特殊教育需求，同時也會包括相關的教學指引，以便達成計畫中的學習目標，以及教師、家長、孩童的定期評量紀錄。設計這種過程的目的，是讓家長能夠更積極參與孩子的幼稚園教育，同時也讓孩子本身更理解自己的學習目標及該負的責任。

現今芬蘭的教育哲學是建立在知識、技能、價值、態度等跨域素養的組合上。學前教育及學校教育的宗旨便是發展這類素養，使個體能夠在真實生活的情境中，應用他們學會的知識和技能。高品質的 ECEC，能夠確保所有的孩童都打下這類素養的堅實基礎，同時也不是透過傳統的教學方式，而是透過從玩樂中學習（Sahlberg & Doyle, 2019）。ECEC 中的跨域素養包括：

一、**思考及後設學習**。這類素養可以透過根據孩童興趣設計的活動、探索、玩樂來培養，鼓勵他們成為好奇寶寶發問。務必要給予孩童足夠的時間，讓他們在情感豐沛的安全環境中，找到自己的學習方式；成人則是可以透過引導孩童反思自己的學習，藉以協助他們。

二、人際互動、自我表達、文化理解。這類素養在孩童以小組方式合作，或是共同參與活動及慶祝時，最容易培養。非結構性的玩樂、音樂、藝術、戲劇等，都是相當常見的方法。

三、生活技能及自我照護。這類素養最容易在孩童和家人密切互動及合作時培養，應該制訂日常守則，如此孩童便有時間能夠學習生活技能，並從成人獲得回饋，瞭解自己有沒有進步。孩童也很常從玩樂中學會這類技巧。

四、多元素養和科技素養。這類素養需要孩童具備運用多媒體和不同數位科技的能力，同時還要能夠運用數位設備創造新的想法和成品。只要孩童能運用科技講述故事和彼此教導，那他們的多元素養就有機會發展。

五、參與和影響。這類素養可以透過成人真誠對待孩童，並認真看待他們的與趣和意見來學習。教導孩童這些重要素養時，讓孩童參與計畫和決策過程，並定期反思，可謂非常重要。

玩樂在芬蘭的 ECEC 中扮演重要角色，政府將其視為孩童的基本權利，每間幼稚園都必須加以保護。芬蘭國家教育局（Finnish National Agency for Education）[18]就表示在 ECEC 中，「玩樂對孩童的重要性，以及玩樂在教育上促進福祉及學習的可能性，都已受到瞭解。玩樂能夠激發孩童的動機，並帶來快樂，也讓他們能夠學習新的技巧，以及創造自身及周遭世界的意義。孩童的社會關係必須受到支撐，所有人參與玩樂及共同活動的機會也必須確保」。

六歲孩童的幼稚園教育也一樣由「幼稚園教育國家核心課綱」規範，其中規定了幼稚園教育的共同目標及特定的學習目標。因為現在幼稚園教育已成為義務教育的一部分，每個孩童都必須到幼稚園或小學註冊，這些地方通常都會提供學前課程，不然孩童就必須在升小一前，參與符合幼稚園教育學習目標的其他活動達一年。芬蘭的幼稚園受《基本教育法》（Basic Education Act）規範，完全免費。

可想而知，芬蘭幼稚園教育的目標也不僅是和其他許多國家一樣，只「為上學做準備」，而是要促進孩童成長、發展、學習的狀況。幼稚園教育應該要從孩童的觀點設計，並促進孩童自我認知及個人概念的正向發展。芬蘭幼稚園教育的首要原則便是包容，這表示當地社區的學校歡迎所有孩童，而且這些學校也應準備好支持並幫助所有孩童發展（Finnish National Agency for Education, 2014）。

芬蘭的國家核心課綱強調培養思考、語言和溝通、數學、倫理和宗教、環境議題、體育、藝術與文化這七大面向。這七個領域必須以支持孩童全面發展的方式處理，還要先和家長討論。「為上學做準備」這件事，在芬蘭代表所有的學校都必須準備好接受所有孩童原本的樣子。這便是為什麼芬蘭的學前教育，包括幼稚園等，並不會把閱讀、寫作、數學當成核心技能，甚至將其當作小學入學標準的其中一個原因。

圖1.5的架構無法顯示的，則是今日在芬蘭學校相當常見的適性教育原則，以及針對所有孩童的系統性關懷，例如學校需要維持健全的教學支持系統，包括提供給所有人的免費營養餐點、健康服務、心理諮商，學生輔導在學校也相當普遍。在我看來，正是這些原則讓芬蘭的教育體系，成為世界上最能發揮適性理念，也最具彈性的教育體系。

芬蘭夢想的挑戰

如果認為一九七〇年代建立芬蘭公立學校體系的教育改革，在當時受到各界的商業領袖、政治家、教育者支持，那可是大錯特錯。反對公立學校的聲浪，在商界的某些群體中尤其嚴重；芬蘭的商業領袖，可說緊盯公立學校建立的過程。大部分的私立文法學校都併入了當地的公立學校網絡，從此免除所有學費；當時一個注重政策層面、贊同教育市場化的智庫，芬蘭商業與政策論壇（Finnish Business and Policy Forum，簡稱 EVA），就出資建立了基金會，反對正在進行的教育改革，想要看到新的公立學校和私立學校並存。同時國會的保守右派也抨擊公立學校的支持者是社會主義者，警告這樣的模式將危害芬蘭社會穩定的經濟成長和繁榮；另一方面，支持改革者則認為，公立學校能為所有芬蘭孩童提供更好的教育，因此能促進芬蘭社會的福祉和繁榮。一九七〇年代也出現一場辯論，探討新建立的公立學校，是否能夠趕上國際培養高知識及技能勞動力的風潮，批評者擔心公立學校會讓能力最好的人，沒辦法在學校中獲得應有的進步。

一九八〇年代末期，反對教改的風氣正盛，某些家長、政治家、商業領袖都大肆批評公立學校，抒發他們的不滿，因為幾年前廢除了原有的能力分班制度。根據這些批評者的說法，強調社會正義將使個體性遭到壓抑，而且這樣的擔憂，更是出自總理之口，他在一九八七年十一月的芬蘭校長年度會議（Finnish School Principals' Annual Meeting）上表示：

> 如果相信任何人都能學會所有事，那麼綜合學校的目標就太好高騖遠了，試著讓所有人達到不可能達到的綜合學校教育水準，一個小國的財政和教育資源，就是浪費在一個不可能達成的任務上。同樣的教育資源，應該投注在那些證明自己在不同領域擁有天賦，能夠達到國際高水準的人身上。只有透過這種方式，我們才能在國際間競爭激烈的科學和經濟領域，維持芬蘭的一席之地。
>
> （Aho et al., 2006）

受到政界領袖上述的想法驅動，芬蘭的商界領袖在一九八八年進行了一項調查，試圖找出公立學校身為芬蘭的主要教育媒介，實際的運作狀況究竟如何。殘酷的調查結果，顯示公立學校正在扼殺天賦；用另一種方式來說，公立學校無法讓有才能且充滿天賦的學生，發揮自身全部的潛能，因為公立學校透過採用統一的課程，來維持社會正義。這段時期又恰好跟芬蘭經濟自由化的時間重疊，因而教育體系應該要能協助芬蘭社會過渡到更自由也更競爭的市場經濟體系。有一派人的說法，包括當時的芬蘭總理，認為從後工業化社會過渡到知識經濟體系，需要提供有才能和天賦的學生合適的發展機會，任其自由發展，而不是「等待平庸的學生」，特別是在數學和科學領域。

這股根據風起雲湧的新公共管理運動（New Public Management Movement）模式，改革芬蘭教育體系的呼聲，一直持續到一九九〇年代。當時的某些芬蘭人，都將英格蘭一九八八年提出世上第一個國家課綱和所有學生共同學習目標的《教育改革法案》（*The Education Reform Act*）、紐西蘭的學習成果導向教育政策、美國的標準導向模式等，視為建立全新「芬蘭之道」教育的可行替代方案；提高選擇、競爭、專業等，都是改善教育的方法。此外，國家規模的測驗和學生學習成就的定期評量，當時也是必要的方式，以便讓芬蘭教育體系追上看似已遙遙拉開差距的其他教育體系。

即便研究並未證實公立學校體系使學生的學業成就降低（Linnakylä & Saari, 1993），批評的聲浪仍越演越烈，一直持續到一九九〇年代末期。政府在一九九〇年代中期，將課程設計、學校改革、學生評量的責任，下放給地方政府和學校，讓教師和校長獲得更多支持，能夠自主發展芬蘭教育體系，而不必採用市場管理的模式。因而二〇〇一年十二月初，全球媒體公布第一屆 PISA 的結果，顯示自公立學校畢業的芬蘭學生，在閱讀、數學、科學上的表現，都贏過其他 OECD 國家時，這些批評的聲音便瞬間消失。「芬蘭之道」真的有用，而且就像很多人認為的，PISA 可謂從全球教育改革運動的有害影響中，拯救了芬蘭的公立學校，這部分我會在第四章詳細討論。

OECD 的教育總監，負責 PISA 的史萊契（Andreas Schleicher），在分析芬蘭教育後，認為芬蘭之所以「在整個教育體系中都擁有穩定的高學習成就，而且不同學校間學生的表現差異小於百分之五」（OECE, 2006, p. 9），仰賴的是在學校間建立社群，以激發和傳播創意。問題在於：芬蘭是一直都擁有這麼表現這麼好的教育體系嗎？如果答案是否定的，那我們就可以繼續問下一個問題：是什麼原因造就了芬蘭的教育改變？

第 2 章

芬蘭悖論：少即是多

如果所有人都用同樣的方式思考，就沒有辦法思考更多事情。

——我的祖母，關於成功人生的建議

現今芬蘭備受讚譽，是世界上政治最穩定、社會最平等、經濟最發達、人民最自由、教育程度最高的國家。芬蘭的人口數不多，也從來不曾想過有朝一日能成為世界教育的帶領者。芬蘭人喜歡競爭，但合作才是這個國家更為典型的特質。一九九〇年代中期，芬蘭教育的國際表現只能稱得上平庸時，教育部長拜訪了鄰國瑞典，並聽聞瑞典將在十年之內擁有全球頂尖的教育體系，那時 OECD 舉辦的第一次 PISA 結果將會出爐，而瑞典不過才剛引進教育券制度，並將他們均等的公立學校系統對私人的營利組織開放而已。芬蘭部長對此的回應，則是表示芬蘭人的目標沒那麼遠大，她說：「對我們而言，只要能夠贏過瑞典就好了。」這段小小的插曲，以幽默的方式精準詮釋了芬蘭與瑞典之間，宛如血親的緊密關係。事實上，北歐國家之間的關係更像是合作，而不是敵對，他們在教育體系與社會系統上，共享了許多價值與原則。

本章將回答以下問題：芬蘭教育系統向來如此傑出嗎？什麼是成功的教育體系？同質社會或文化能夠解釋芬蘭優異的教育表現嗎？本章也描述了芬蘭人如何用更少的成本，改善教育參與，創造所有人都能享受的平等教育機會，並使大多數的學校和教室，都擁有高品質的教學。

如同本章所述，相較於國際主流的教育方式，像是增加上課時數、更頻繁的測驗、強調學生必須更用功寫作業，芬蘭人卻是反其道而行。這便是芬蘭提供的重要教訓，也就是在世界主流的教育政策之外，仍有另一條獨樹一格的康莊大道。

從邊陲走向鎂光燈

一九八〇年代，芬蘭教育體系尚未擁有能夠吸引國際教育學者注意的特質。當時芬蘭仍有許多教育政策，是效法西邊富庶的鄰居瑞典。在各種國際教育指標中，芬蘭只有在一個項目上表現出眾，即十歲兒童擁有全世界最好的閱讀能力（Allerup & Medjing, 2003、Elley, 1992）；除此之外，芬蘭在各項國際教育指標中，都落於各個傳統教育強權之後，例如瑞典、英格蘭、美國與德國。但仍有一件事特別值得我們關注，那就是芬蘭此後在相對短暫的時間內，就讓原本表現平庸的教育系統擠身國際頂尖之林，並成功完成人力資本升級。芬蘭之所以能夠成功，是因為採用與其他國家完全不同的教育政策。乍看之下，芬蘭某些教育政策似乎是自相矛盾的悖論，因為它與全球教育改革的主流思維背道而馳，後者包括高度控制、更多標準化測驗、績效責任制、督促學生更加用功等。

一九九〇年代中期，OECD 會員國初次討論建立新的國際標準，用來評比多數已開發國家的教育表現時，芬蘭政府便已開始質疑這是不是個好主意（Sahlberg, 2018）；政府質疑要用一個單一的指標，來衡量這麼多不同的國家和經濟體，像是美國、日本、義大利、芬蘭等，究竟可不可能。政府也擔心這個新的學生評量計畫，會變成國際排行榜，運用單一標準，來為世界上所有教育體系排名，從好到壞一個不漏。然而，這些質疑都遭到駁回，第一次 PISA 最終仍預計於二〇〇〇年舉辦。不過因為處理來自二十八個 OECD 會員國及四個合作國家的巨量數據，花了一些時間，所以第一次 PISA 的結果遲至二〇〇一年十二月才公布。

PISA 是一個標準化測驗，評量對象為完成初期中等教育的學生，測驗他們能否在真實情境中應用所學的知識，以及他們是否準備好進入社會，OECD 稱 PISA 的宗旨為（參見https://www.oecd.org/pisa/）：

> 從二〇〇〇年起，每隔三年，將從世界各地的學校中，隨機挑選十五歲學生，進行重要領域的測驗，包括閱讀、數學、科學，而且每次 PISA 都會輪流挑選其

中一個領域當成測驗重點。學生將會進行為期兩小時的考試，考題包括開放式題型和選擇題，並且會根據一段描述真實情境的文章配置成題組。

二〇一八年的 PISA 共有七十九個國家和地區參與，本次 PISA 強調的是閱讀領域；二〇二二年下一輪 PISA 強調的則是數學，參與國家和地區總數則會提高到八十八個，包含三十七個 OECD 會員國。有一點務必記住，那就是 PISA 是一個以樣本為基礎的評量，會運用統計方法分析蒐集到的資料，並歸納出結果。PISA 在研究方法上和其他國際學生評量類似，例如 TIMSS 或 PIRLS，只是測驗的領域不同。

在二〇〇〇年第一次 PISA 舉辦之前，許多國家都認為自己擁有世界級的教育體系，也自信本國學子比其他國家的學生更為優秀。教育成就、教育支出、大學畢業率等教育指標，以及在某些學術競賽上的表現，如數學、物理與化學領域的國際奧林匹亞競賽，和之後出現的電腦科學、生物與哲學等項目，都讓這些國家為自身的教育體系感到自豪。高中左右年齡的學生，在各種學術競賽中相互競逐，展現自己擁有特定領域的精深知識；可想而知，這些國家的教育系統也建立了高效的遴選系統，能夠盡早找出具備天賦與資質的學生，並提供他們更優質的學習機會，因而在

表2.1 芬蘭後期中等教育學生與特定國家於一九五九年至二〇一九年間的國際數學奧林匹亞競賽成績比較表

	獎牌數量				參與學生
排名/國家	金牌	銀牌	銅牌	參與次數	人數
1.中國	157	35	6	34	200
2.美國	130	112	29	45	282
3.俄羅斯	99	57	12	28	168
4.匈牙利	82	167	99	59	390
5.南韓	79	70	27	32	192
6.羅馬尼亞	77	144	105	60	398
7.蘇聯	77	67	45	29	204
8.越南	62	108	73	43	258
9.保加利亞	54	119	109	60	402
10.德國	51	100	79	42	258
11.英國	48	109	125	52	338
12.伊朗	45	97	43	34	199
21.澳洲	22	70	92	39	218
23.新加坡	21	55	69	32	192
35.荷蘭	8	32	79	49	316
36.瑞典	7	31	79	52	337
52.挪威	2	14	35	36	208
60.紐西蘭	1	11	54	32	192
62.芬蘭	1	9	52	46	290
66.丹麥	1	6	33	29	168

資料來源：國際數學奧林匹亞競賽官方網站（https://www.imo-official.org/）

各種競賽中的表現當然也非常傑出。許多人口眾多、學生數量驚人的國家，例如中國、美國與前蘇聯，皆在國際奧林匹亞競賽中贏得了教育大國的美名。有趣的是，有些中東歐國家，例如匈牙利、羅馬尼亞、保加利亞等，在國際奧林匹亞競賽中，也獲得相當高的排名。表 2.1 包含國際數學奧林匹亞競賽表現前二十名的國家，以及芬蘭和其他北歐國家的排名，統計時間為一九五九年至二〇一九年；如其所示，在過去半世紀中，芬蘭在國際數學競賽獲得的成就其實算不上非常優秀。

奧林匹亞競賽的優異成績，往往象徵一國的教育品質。即使考慮到人口規模，做出相對應的加權調整，芬蘭學生的數學表現排名，仍大約只在世界第二十五至三十五名之間浮動。直到二〇〇一年，芬蘭終於發覺自家學生的數理與科學能力，在國際上頂多只能說是非常平庸，至於其他領域，芬蘭甚至更晚才覺悟到這件事。但正如前述，諸如國際奧林匹亞競賽的高中學生學術競賽，其實並無法告訴我們參與國家的整體教學或學習品質究竟如何。

二〇〇八年，OECD 舉辦了首次的 TALIS 評比，檢視教學的各種面向，共有二十四國參與；第二次 TALIS 於二〇一三年舉辦，三十四國參與；第三次則是在二〇一八年舉辦，參與國家總計四十八國；芬蘭和美國並沒有參加第一次，不過都參加了後續兩次。TALIS 會隨機訪問各國的教師和學校領導者，瞭解他們的工作狀況和學校的環境。根據 OECD 的說法，TALIS 的宗旨為「提供有效、即時、可供比較的資訊，協助各國檢視及改善教育政策，並促進高品質的教師專業發展」（OECD, 2014b, p. 26）。OECD 表示 TALIS 能讓教師及學校領導者，在考量教育政策及發展重要領域時，擁有更多參考資料；但由於 TALIS 的結果是來自教師和校長的意見、觀點、想法，因而可說是相當主觀，雖廣納教師和校長的聲音，有時卻會和客觀的研究結果衝突。我會在後續章節繼續討論 TALIS 的某些發現。

OECD 的教育總監，負責 PISA 的史萊契，便曾表示「舉例來說，在芬蘭這個第一次 PISA 測驗整體表現都相當優異的國家中，不管家長選擇送小孩去哪所學校，都能確保他們受到高品質的教育」（Schleicher, 2018）。既然全球對芬蘭的關注都聚焦在傑出的教育體系，那麼本書也必須探索芬蘭學生的表現，在一九七〇年代後，是否真的有所進步。假設我們能夠精準找出這樣的進步，我們就可以繼續追問下面這個問題：教育改革成功的原因為何？當全世界開始進行教育體系的國際比較，本書也將提出比學習成就更為廣闊的觀察角度，這個觀察的重點，在於芬蘭教育體系在過去三十年間，於以下四個領域取得的穩定發展：

一、成人教育程度逐漸提高。
二、更為均等的學習成就與各校表現。
三、學生的國際評比成績穩定進步。
四、有效運用人力及財政資源，支出幾乎全數來自公部門。

本書將在以下章節一一檢視相關細節。

教育程度的提高

一九六〇年代之前，芬蘭的教育水準非常普通，當時唯有經濟能夠負擔，而且生活在文法學校或大學周遭的人，才能接受中等及高等教育。一九七〇年代初期推廣公立學校時，四分之三的芬蘭人教育水準只有基礎教育程度，真正擁有學位的人非常少，大約只有百分之七的人擁有大學學歷。圖 2.1 是一九六〇年代後，芬蘭成年人口（十五歲以上）的教育程度情況。芬蘭目前也出現了已開發國家常見的人力資源金字塔圖像，擁有高等教育學位的人數約為百分之三十，後期中等教育畢業的人

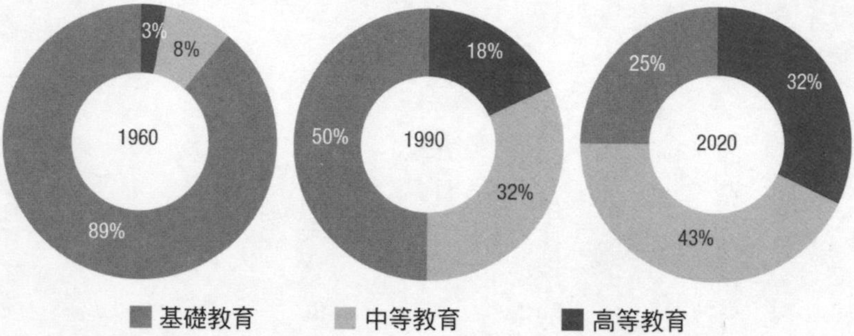

圖2.1　一九六〇年後芬蘭成人（十五歲以上）的教育程度

資料來源：Statistics Finland, n.d.a

數則約為百分之四十。

圖2.1也顯示芬蘭各層級的教育都在一九七〇年後開始穩定成長，一九八〇年代以後的後期中等教育，以及一九九〇年代迄今的高等教育與成人教育都成長得特別迅速。一九七〇年後的教育政策，推動了芬蘭教改浪潮，首要目標是為所有學生創造平等優質的學習機會，提高教育品質以及公民參與各層級教育的程度。這個政策讓超過百分之九十九的適齡學童完成了公立學校義務教育，其中也有百分之九十七會在畢業後繼續接受後期中等教育，或是就讀公立學校的十年級（百分之二），而在升學至後期中等教育的學生之中，有百分之九十最後順利取得畢業證書，具備進入高等教育的資格（Statistics Finland, n.d.a）。

根據 OECD 的數據，二〇一六年，共有超過百分之五十四的芬蘭成人（二十五歲至六十四歲）參與正式或非正式的成人教育課程，OECD 國家的平均則是百分之四十七（OECD, 2019a）。此外，芬蘭提高成人教育參與的過程中，並未增加學生或家長的教育成本負擔，這點非常重要；根據近年的全球教育指標，二〇一六年時，芬蘭只有大約百分之三的教育支出（含所有層級）來自私人資源，OECD 國家的平均是百分之十七（OECD, 2019a）、美國百分之三十二、澳洲百分之三十二，加拿大則是百分之二十五。

二〇一二年，OECD 舉辦了第一次的成人能力國際測驗（Programme for the International Assessment of Adult Competencies，簡稱 PIAAC），共有二十四國參與，包含芬蘭（OECD, 2013c）。這個測驗測試了成人在不同的日常生活或工作情境中，需要運用的特定基本技能，主要領域包括閱讀、數學、高科技情境的問題解決技巧。PIAAC 為芬蘭成人的教育程度，以及身為公民的問題解決能力，提供了更多資訊。

那麼，針對芬蘭人在日常生活上擁有的知識和技能，二〇一二年的 PIAAC 提供了我們什麼資訊？結果顯示，芬蘭人的閱讀能力非常傑出，僅次日本；三分之二的芬蘭人閱讀技巧都相當良好，這個比例在加拿大只有略為過半，美國則是接近一半。芬蘭人的數學能力在國際上也名列前茅，有百分之五十七的芬蘭人表現優異，同樣只僅次於日本；加拿大和美國成人的數學能力則是低於 OECD 平均，表現優異的比例分別為百分之四十五和百分之三十四。而在高科技情境的問題解決技巧上，有百分之四十一的芬蘭人表現優秀，加拿大和美國的比例則分別為百分之三十六及百分之三十一，芬蘭在這個項目表現僅遜於瑞典。芬蘭在二〇一二年 PIAAC 的優異表現，有很大程度要歸功於二十歲到三十九歲間的年輕人，數據顯示，在參與本次測驗的所有國家中，包括芬蘭，閱讀能力、數學能力、問題解決技巧，都和教育程度有著強烈相關。

根據聯合國教科文組織的永續發展目標教育資料庫，二〇一八年時，芬蘭學生的平均教育時間長達十九年以上，是全世界最長的教育週期之一，教育週期是指公民從五歲開始接受正式教育的持續時間。芬蘭能夠維持這麼長的教育週期，主因在於教育體系背後良好的公共財務補助，因此所有人都能享受，也因為芬蘭文化相當重視教育，大約有五分之三的適齡學生會接受兩種不同的後期中等教育（參見圖1.5）。此外，由於芬蘭大學與理工學院幾乎免費對所有學生開放，也包括歐盟和歐洲經濟區的學生，因此學生只要完成後期中等教育，就可前來申請，可謂相當平等。芬蘭政府也已實施新的輔助辦法，鼓勵學生準時畢業，高等教育學生每個月平均可以獲得的輔助總計大約為一千美元，其中有百分之六十五是由政府擔保向銀行貸款，剩下百分之三十五則來自獎學金，準時畢業的學生，還可以用所得稅抵扣就學貸款的利息。

均等的教育成果

人們有時常常會誤會，認為平等和教育均等是一樣的東西，也就是所有學生在學校中必須受到一視同仁的對待，學習一樣的課程，獲得同樣程度的指導，或是得到同樣的學習成果；而從一九七〇年代初期發起平等的教育改革以來，這種想法也在芬蘭盛行了很長一段時間。然而，教育均等代表的，其實是學生在學校中的學習成就，並非由他們的家庭背景決定，即財富、職業、地位或是家長及監護人的權勢等，因此要達成教育機會均等的第一步，便是無論學生住在哪裡或是上哪所學校，所有人都可以擁有高品質的課程及教育。在這樣的脈絡下，更均等的學校或教育體系，便能確保學生家庭背景的差異，不會造成教育成就的差異。

在國際教育政策中，教育機會均等是個非常熱門的議題。這股熱潮的其中一個原因，是因為來自世界各地的研究顯示，採用促進平等的公共政策，能夠創造促進社會流動的教育環境，並使更多學生成功。另一個原因則是，現今已有許多方式，可以透過比較學生的學習成就，以及家庭背景之間的關係，來衡量教育體系的均等程度，而這也是許多國際學生評比目前採用的方式。OECD便運用包含學生的經濟、社會、文化背景的指標，還有家長的教育程度、職業、經濟狀況以及其他社經背景因素，來計算學生的均等程度。在均等程度較高的教育體系中，學生的學習成就受家庭背景的影響較小，但學生學習成就和家庭背景間的關聯程度，在世界各國都不盡相同，一如這些國家的學生在閱讀、數學、科學上的表現也都不同。目前衡量教育均等時，也開始納入學業回復力、教育體系的資源分配、移民和本地學生的學習成就差異、男女間的學習成就差異等量化指標（OECD, 2019b）。

教育機會平等原則及學習成果的均等，是北歐福利國家的重要特質。在芬蘭，這不只是讓每個人都可以上學而已，更是打造一座兼具社會正義與包容的教育體系，提供所有人機會，讓他們能夠透過教育追求自己的志向及夢想。一九七〇年代初期開始推動綜合學校改革時，芬蘭學生的學習成就落差仍十分巨大，主因在於舊有的雙軌制教育之間不同的教育理念（參見圖1.1），而這個巨大的落差，也顯示芬蘭內部的社經差異。儘管學習成就的落差在一九八〇年代中期之後逐漸縮小，但當時在數學和外文上的能力分班制度，仍讓整體落差非常懸殊。

直到一九八〇年代中期，綜合學校摒棄了能力分班制度，為所有學生制訂相同的預期成果，才逐漸消弭了學生之間的學習成就落差，這代表無論社經背景或興趣，所有學生都會在同一個班級裡學習數學與外語。原先這些科目是分成三種程度，校方會依據學生過去的表現，也很常因為家長和同儕的影響，將他們編入不同班級之中。

直到二〇〇〇年首次PISA結果公布之前，都沒有人能確定平等的教育政策，以及促進均等的大量投資，在系統層級上，能否為改善學習品質帶來幫助。當時許多人都認為，把均等當成國家教育政策的主軸，將會扼殺擁有天賦的人才，遑論提升整體教育品質。但前三次PISA測驗的結果，卻讓人跌破眼鏡，因為大部分表現優異的教育體系，也都是最均等的教育體系。此後的PISA測驗結果，也顯示芬蘭所有學校之間，在閱讀、數學、科學表現上的差異，都是所有OECD國家中最小的

（OECD, 2018, 2019b）。

計算校內和跨校之間的學生成就差異，也能為教育體系的均等提供另一個參考觀點。跨校的學生成就差異，會顯示同一個國家中，不同學校的表現落差。例如在荷蘭和以色列，學生成就的跨校差異，就比校內差異還大，這代表學校之間的表現，擁有很大的落差。圖2.2描繪了二〇一八年參與PISA的OECD各國，各校之間閱讀能力表現差距的情況，也包含校內的差距（OECD, 2019b）；結果顯示，跨校差異為百分之二十九，校內差異則為百分之七十一。

根據圖2.2，芬蘭在二〇一八年PISA的校際閱讀能力差距僅有百分之六．七，加拿大為百分之十二．八、美國百分之十八．四，英國則是百分之十九．七；芬蘭二〇一八年的結果和前面幾次PISA的結果相去不遠。圖2.2顯示，芬蘭的教育成就差異幾乎都來自單一學校內部，但這個差異其實起因於學生天賦的不同；而真正能展現出社會不平等的因素，則是各校差異，芬蘭的各校差距十分微小，象徵其教育體系確實已妥善處理家庭背景和同儕因素造成的社會不平等。正如格魯伯（Norton Grubb）在檢視芬蘭教育均等情況時所言，芬蘭教育改革在相對短暫的時間內，成功打造了一座均等的教育體系，這正是一九七〇年代初期芬蘭教改的主要目標

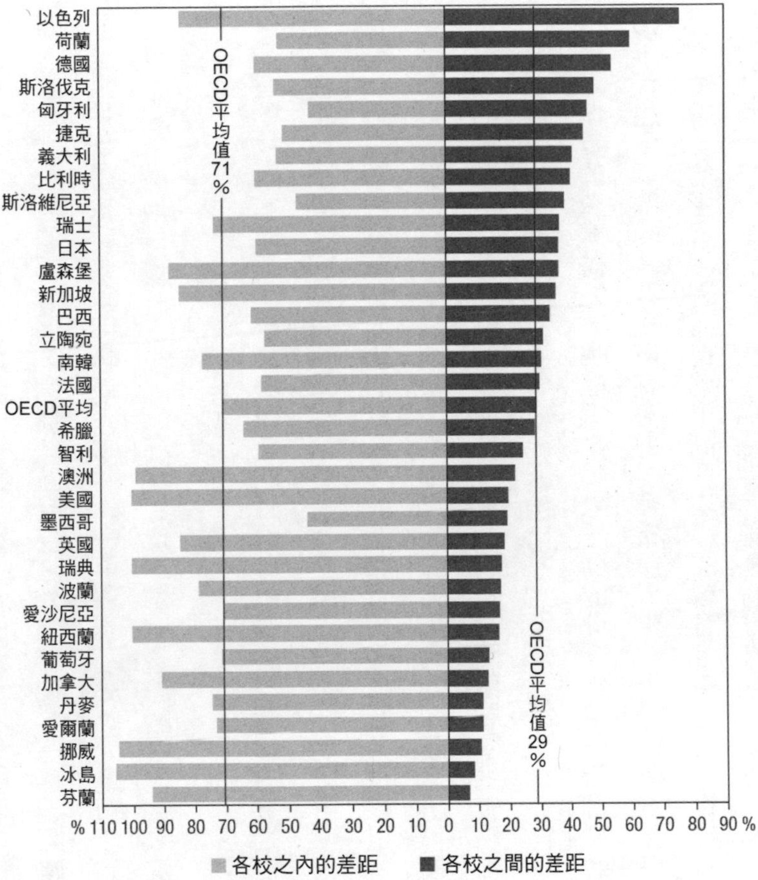

圖2.2　二〇一八年PISA參與國的各校閱讀能力表現差距情況

資料來源：OECD, 2019b

（Grubb, 2007、OECD, 2005）。校際差異較小代表芬蘭家長不怎麼需要擔心社區學校的品質，雖然在較大的都會區，選擇社區學校之外的學校，已經越來越常見，但大部分的家長挑選學校時，找的仍是普通、安全的學校。OECD 的分析也指出，成功的教育體系，常會把目標設在讓社區的公立學校成為最好的學校上（Schleicher, 2018）。

強調教育的均等，賦予了**學生表現**新的意義，也改變了衡量的方式。在世界許多國家，標準化測驗已成為衡量學生表現最普遍的方式，而測驗導向的績效責任制，也正是依賴這類測驗蒐集而來的資料，教師和行政人員必須根據這些數據，為學生的學習負責，但在芬蘭不是這樣。芬蘭沒有標準化測驗，而是讓學校自行決定如何評量學生的表現，芬蘭所謂的高成就學校，就是一間**所有**學生表現都超出預期的學校，也就是說，根據芬蘭的標準，學校越均等，就等於越好。

一個均等優質的教育體系，也能抵銷更大層面的社經不平等所帶來的影響。從一九七〇年代起，芬蘭的教育政策就努力提升整體學生的學習成就，並降低學生背景對學習成就帶來的影響，因而造就了高度均等的教育。有些人會疑惑為什麼芬蘭人這麼重視均等，將教育體系的不均等視為特別嚴重的問題，原因在於這代表學生的天賦無法完全發揮，因為芬蘭是個小國，不能讓任何孩子落後，相關研究也顯示，促進教育上的均等，可以帶來很多好處。OECD 在檢視過去的 PISA 結果後，也認為在所有 OECD 國家中，表現最好的教育體系，必定是結合了高品質的教育和均等（OECD, 2012, 2018）。其他研究也指出，盡早為所有學生投資高品質的教育，同時將額外的資源分配給最弱勢的學生，是個非常有效率的策略，能夠為提升整體學習成就，帶來莫大的正面影響（Cunha & Heckman, 2010、Hausstätter & Takala, 2010）。

那麼芬蘭又是如何將這些研究成果化為實務，並提升教育均等？除了讓所有芬蘭兒童都有權享受高品質的學前教育外，在主流教育中接納有特殊需求的學生，也同樣重要，這也是芬蘭教育的重要原則之一。所有學校都必須聘請特教老師和助理教師，以協助擁有特殊需求的學生；芬蘭對特殊教育的定義和處遇方式，都和其他國家相當不同，包括美國。最重要的是，芬蘭的特殊教育是為所有學生提供，背後的假設是所有人在人生中的某個時刻，可能都需要支持和幫助，才能擁有繼續向前的動力。

首先，芬蘭特殊教育的主要定義，便是處理和學習有關的各種困難，包括閱讀、寫作、數學、演講等，近年也多了語言，但在美國和其他許多國家中，擁有特殊教育需求的學生，通常是真的身心障礙，包括感官、語言、智能、行為上的障礙等。

第二，芬蘭教育會盡早發現及處遇特殊教育需求，**預防**便是相當普遍的策略。這代表和美國或其他國家相比，芬蘭擁有特殊教育需求的學生人數較多，特別是在基礎教育階段中。二〇一二年，在和美國 K-9 教育階段相當的芬蘭綜合學校中，幾乎有將近三分之一的學生都在接受特殊教育，包含特定時段和全天（Statistics Finland, n.d.a）；二〇一九年，這個比例因為二〇一〇年和二〇一一年的特殊教育改革，而下降到百分之二十，這部分可以參見艾蒂艾寧（Raisa Ahtiainen, 2017）的博士論文。

最後，芬蘭全新的特殊教育體系也改稱為「**學習支持系統**」，並且逐漸讓所有特殊生回歸一般的教室中。針對這些擁有特殊需求的學生，芬蘭提供了三種形式的協助：（一）一般協助、（二）密集協助、（三）特殊協助。一般協助包括來自一般教師的特別關照，以及學校應對多元學生的措施。密集協助包括補救教學、特教老師的共同教學，以及和兼任特教老師進行的個人或小組學習。特殊協助則是包含各類特殊教育服務，從全天的一般教育，到轉介至特殊教育機構等。所有需要特殊協助的學生，都會擁有個人化的學習計畫，按照個人特質量身打造，以便按照個人能力規畫學習。全新的特殊教育政策實施後，需要密集協助的學生數量增加，特殊協助則下降。根據二〇一九至二〇二〇學年的公立學校資料，共有百分之十一・六的學生接受密集協助，接受特殊協助的人數則是百分之八・五（Statistic Finland, n.d.a）；這代表在該學年中，接受某種個人化協助的公立學校學生人數，約占總數的五分之一。

世界各地的教改近年開始納入「包容教育」相關的原則，即在主流的學校和教室中接納所有學生，因而降低了特殊教育學生的診斷率。按照兩個不同法案，也就是二〇一〇年的《特殊教育預算法》及二〇一一年的《基礎教育法案》，所實施的芬蘭特殊教育改革，也遵循這樣的原則。這次改革的目的，是要讓學校不再把擁有特殊教育需求的學生，轉介到全天的特殊教育，而是透過早期介入找出這些學生，並以特定時段的特殊教育安排來支持他們。近期一份和特殊教育改革相關的研究便指出，「預算改革促使地方當局降低特教學生的診斷率，並縮減他們提供的特殊教育服務」（Pulkkinen et al., 2020）；最新的數據則顯示，芬蘭公立學校中，經診斷擁有特殊需求的學生人數，自二〇一〇年起，降低了十個百分點。但現今有許多教師認為，芬蘭的特殊教育資源相當匱乏，特別是在比較偏遠的地區，因此許多學生都無法獲得妥善的支持。

姑且不論芬蘭特殊教育近年的發展趨勢，許多人都認為芬蘭的特殊教育體系，是芬蘭教育能在國際評比中，獲得世界級成就及均等的重要原因。而根據我和上百所芬蘭學校的合作及拜訪經驗，和其他學生相比，大部分的學校其實都特別關注需要更多協助才能成功的孩子。許多到芬蘭學校拜訪的外國教師和學校領導者，也都和我有同樣的看法，但他們卻仍因自己國家的外部績效要求和規定，陷在「**教育品質與均等不可兼得**」的迷思中。對學習成就定義相當狹隘的標準化測驗，以及運用測驗結果來比較學生和學校之間的成就，都會使大部分推動均等的教學失去效用，而芬蘭學校則不存在這類因素。

公立學校改革推行之初，針對擁有特教需求的學生，芬蘭採取了早期介入與預防的協助措施；這代表在進入正式教育前的學前教育及照護階段，就可以檢測出兒童的學習與發展問題。若芬蘭兒童在小學低年級階段，在學習閱讀、寫字、算數等相關科目時出現各種特教需求，無論程度為何，也都能立刻獲得密集的特教協助方案，因此，芬蘭小學的低年級特教學生人數比其他國家還高。圖2.3便顯示，芬蘭的

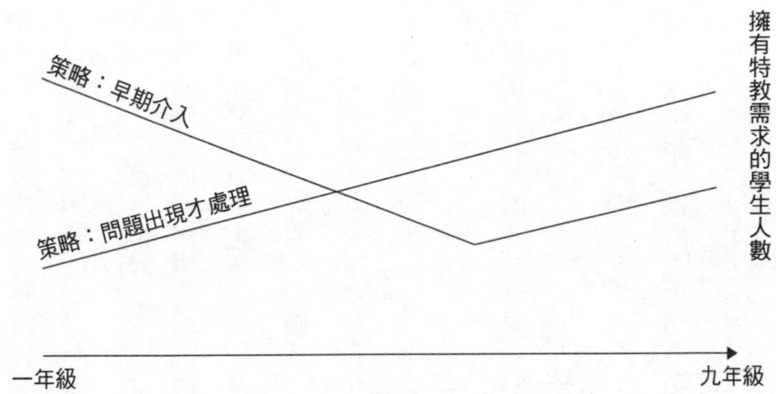

圖2.3　基礎教育階段採用不同特教策略的學生比例預測

特教學生人數在小學畢業時銳減，但在初期中等教育階段又會略微增加；之所以會有這個現象，是因為統一的課綱對所有學生設定了相同的預期學習成果，而未考量到不同的個人能力與優先學習順序。國際上常見的特教策略，是在基礎教育與初期中等教育階段出現問題時處理，而非事前做好應對機制（Itkonen & Jahnukainen, 2007）；採取這種策略的國家，在整個基礎教育與初期中等教育階段，特教學生的人數會越來越多，如同圖 2.3 所示。

芬蘭教育體系的高度均等，不只來自教育制度本身，福利國家的基礎也扮演重要角色，這讓芬蘭所有的學童及其家庭，在七歲時都能享有均等的教育機會，也就是小學。無論出生背景或經濟狀況為何，芬蘭人都擁有延長的育嬰假、為所有嬰兒與母親提供的預防性健康照護、針對孩童生理與心理發展的系統性監測，所有兒童也都可以享受高品質的學前教育及照護、六歲時的義務幼稚園、完整的健康服務，以及入學前的學習與發展困難檢測服務。無論學生的社經狀況如何，芬蘭學校也都提供免費的營養午餐，表2.2便簡介了芬蘭針對教育均等所採取的系統性策略。

評論芬蘭教育的外國人，常常認為在更為平等的社會中，建立高品質的教育體系比較容易，而美國則是反例，因為收入不均和貧窮的情況更為普遍。這點非常正確，而且也正是為什麼，芬蘭和其他北歐國家在數十年前就決定要建立平等的社會，使所有人的生活都能受到保障，對兒童的保障甚至在出生前便開始；北歐國家的兒童貧窮狀況非常罕見，只占全體兒童人數不到百分之五，美國則是超過百分之二十（參見第五章）。此外，為了避免在小學時，便將學生按照受社經背景影響甚巨的學業成就排名，芬蘭的公立學校在前四年，也不會採用成績評量系統，這點在建立芬蘭基礎教育的正向氛圍上相當重要，造成學生失敗的結構性因素不應存在於學校中。

霸凌可說是校園中讓人最頭痛的問題，全世界都非常重視，芬蘭也不例外；因而學校擁有許多介入措施可以防止霸凌，即便霸凌真的發生，也能妥善處理後果，最常見的便是所謂的「KiVa」，這在芬蘭語中是很棒的意思。[19] KiVa 是一個以實證研究為基礎的反霸凌計畫，由芬蘭土庫大學（University of Turku）的學者設計，資金來自芬蘭教育與文化部，KiVa 同時也是世界上最多人研究的反霸凌計畫，不僅能夠預防霸凌，也能從結構上解決霸凌問題。針對超過一千所芬蘭學校的研究顯示，KiVa 能夠有效減少各種形式的霸凌（Kärnä et al., 2011）；而且它對學生與學校的連結、學習動機、學習，都有正面影響，還能減少焦慮和憂鬱的情況，並改善學生對同儕的看法。二〇一九年的芬蘭全國學校健康調查（National School Health Survey, 2019）顯示，約有百分之六的八年級和九年級生，認為他們每個星期在學校至少會被霸凌一次；同一份調查也顯示，芬蘭學校的霸凌情況，從二〇一〇年起便開始略為減少。

表 2.2　促進芬蘭教育均等的重要因素

均等因素	芬蘭之道
所有人都學得會 如果擁有妥善的支持和幫助，那麼所有孩子都能學會學校期待他們學會的東西。	孩子是獨立的個體，會用自己專屬的方式成長和學習，如果能夠盡早滿足他們的個人需求，那麼所有孩子都有能力可以學會應該學會的東西。師資培育則讓教師可以用正面的方式，看待孩子和他們的個人能力。
學前教育的權利 在接受基礎教育前，所有孩子都享有獲得高品質學前教育及照護的權利。	芬蘭的所有孩子，都有權享受高品質的學前教育及照護，主要由政府出資，宗旨為促進孩童的全人發展，以及和家長一同合作學習。從玩樂中學習相當重要，學前教育及照護的基礎，便是瞭解玩樂的力量，以及它在教育上的可能性，這可以促進孩子的福祉及學習。
充裕的資金和資源 提供給學校的資金，是根據學生的需求以及當地社群的社經特色決定。	充裕的資金，表示學校能夠根據學生和社群的需求規畫預算，芬蘭政府提供學校資金的原則為「正向差別待遇」（positive discrimination），這代表政府發給學校的資金及輔助，是根據學生家長的社經地位、該地區的移民家庭數量以及其他特殊教育需求決定。相關研究顯示，這樣的作法能夠有效防止社會隔絕，並降低輟學率（Silliman, 2017）。
學校的健康教育及照護 孩子能夠學會如何生活得健康快樂，學校也會提供基本的健康照護服務。	無論學生和社群的組成為何，芬蘭的各級學校都會提供所有學生基本的健康照護、牙醫、心理諮商、生涯輔導、預防性照護。每年的例行健康檢查是學校生活的一部分，每間學校也都會提供免費、健康、親切的營養午餐給學生。

平衡的課程 芬蘭的課程關注學生發展及學習的各種方面，包括學科及非學科。	芬蘭所有層級的國家核心課綱中，都會規範學校的目標及指導原則。其中一項重要的原則，便是所有學生都應擁有相同的機會，能夠體驗各式各樣不同的學習，從傳統的學科到跨學科主題，以及音樂、美術、體育、玩樂等。
多元的特殊教育 芬蘭會運用各式各樣的標準，來界定學生的特殊教育需求，包括發展、行為、社會、醫療標準等。	芬蘭特殊教育的基本假設，是所有學生都擁有特殊教育需求，可能有些人不需要沒錯，但很多人都需要。特殊教育的涵蓋範圍非常廣，依賴的是早期介入、教師之間的跨部門合作、健康照護人員、社工，並由素質優良的教師在每所學校中提供。
國家青年政策 涵蓋年輕人生活各種方面的跨部門政策，包括就業、住居、教育、健康、休閒、文化、影響等。	芬蘭以尊重年輕人權利的法律聞名，能夠促進社會融合、提供參與決策討論的機會、發展個人志向、改善生活條件、利於休閒活動、輔導青年就業等。芬蘭的國家青年政策屬於教育文化部的管轄範疇。
學生和教師的幸福 要建立高品質的教學，生理、心理、社會三方面的幸福可謂不可或缺。	快樂、幸福、健康是教育的重要目標，不管是在教學或是學生的學習與發展上都是如此。芬蘭的上課時數經過設計，這樣學生和教師就有足夠的私人時間，可以暫時從學習和工作中喘口氣，也可以陪陪朋友。學校的課程也透過體育活動和非學科學習的安排，在學業和運動之間，取得健康的平衡。在芬蘭的各級學校中，玩樂都非常重要。

良好的學生學習表現

判斷一國教育體系品質的最終標準，在於學生的學習情況達到預期目標的程度。然而，現今盛行的國際教育指標，大多強調學生的標準化測驗成績，如同表2.3所示。雖然現在的學生成績與一九八〇年代的學生成績之間，無法進行直接的比較，但運用國際教育成就評鑑協會（International Association for the Evaluation of Educational Achievement，簡稱 IEA）的數據，與一九七〇年代起的相關研究，仍可讓我們一窺芬蘭學生學習成就的發展狀況（Kupari & Välijärvi, 2005、Martin et al., 2000、Robitaille & Garden, 1989）。縱使我們不可能判斷整體學習成就是否有所成長，不過還是可以一一檢視各個學科的情況。

數學科是評估整體教育表現的常見標準，目前能夠取得的資料包括一九八一年的「第二次國際數學能力調查」（Second International Mathematic Study，簡稱 SIMS，針對二十個國家的八年級學生），一九九九年、二〇一一年、二〇一五年的 TIMSS（針對四年級和八年級學生），以及二〇〇〇年後的七次 PISA（針對十五歲的學生），芬蘭參與過的各式國際學生評比可參見表 2.3。不過因為參與各次國際調查的國家都不一樣，IEA 和 OECD 的研究方法也都不同，所以單純以國際平均表現當成評比標準，恐無法提供完整的比較基礎，亦難以呈現清晰的整體圖像。

表 2.3 顯示芬蘭自「第一次國際數學能力調查」（First International Mathematic Study）於一九六〇年代初期開辦以來，在各種主要國際學生評量中的表現。這類研究通常會在以下三個時間點，比較學生的閱讀理解、數學、科學能力，包括小學畢業（十歲）、初期中等教育畢業（十四歲）、後期中等教育畢業（十七歲）。一九八一年出版的第二次國際數學能力調查報告中，芬蘭學生於各種數學領域的表現，大約接近國際平均水準，而初期及後期中等教育的整體表現水準，則明顯落後匈牙利、荷蘭與日本。一九九九年的第三次國際數學與科學能力調查中，芬蘭在數學領域名列第十、科學領域則名列第十四，當時共有三十八國參與調查。二〇一一年的 TIMSS 中，芬蘭的四年級生和八年級生在所有參加國家中名列第八，是東亞以外表現最好的國家。

在一九八〇年代初期的第二次國際科學能力調查中，也能看出芬蘭的類似進步。另一個值得注意的面向，則是芬蘭學生的閱讀能力向來在國際上表現良好，根據一九八〇年代末期的「閱讀能力調查」（Reading Literacy Study）結果，芬蘭的四年級生擁有世界最好的閱讀能力；此外，芬蘭十五歲學生的閱讀能力，也在前四次的 PISA 中奪冠。

IEA 在二〇一二年十二月，公布了二〇一一年針對四年級和八年級生舉辦的 PIRLS 及 TIMSS 結果；這是芬蘭的四年級生自一九八八年 IEA 的閱讀能力調查以來，第一次參加閱讀相關調查。芬蘭在一九九九年後便退出 TIMSS，並在二〇〇〇年時加入 PISA。在一九八〇年代末期的閱讀能力調查中，芬蘭的四年級生在參與的三十二個國家中奪冠。一九九九年的 TIMSS，則是將測驗對象改為七年級生，和先前 IEA 選擇的四年級生和八年級生不同；此次測驗的結果顯示，在三十八個參與國家中，芬蘭學生的表現都遠超國際平均，而在參與的 OECD 國家中，芬蘭則是接近 OECD 平均。

和二〇一三年公布的 PISA 成績相比，[20] 芬蘭在二〇一二年公布的二〇一一年 TIMSS 和 PIRLS 表現上，並沒有獲得太多媒體關注。這兩種國際學生評比的重要差異在於，所有 OECD 國家都參加了 PISA，但只有其中一些參加了 TIMSS 和 PIRLS。二〇一一年，參與 PIRLS 的國家和地區達四十八個，TIMSS 則達六十三個，芬蘭學生在該年度兩項測驗的整體表現皆接近頂尖，芬蘭的四年級生在閱讀上是第二名，科學是第三名，四年級生和八年級生的數學表現則是第八名。IEA 二〇一一年 PIRLS 及 TIMSS 的結果，顯示芬蘭學生在測驗的所有項目中，表現都接近世界頂尖水準。然而，這類測驗也顯示芬蘭學生的學習動機與參與程度相當低落，這讓人非常擔憂。二〇一五年的 TIMSS 只針對四年級生舉辦，在參與的四十七個國家及地區中，芬蘭學生的表現僅僅略高於平均；不過到了二〇一六年的 PIRLS，芬蘭學生的表現又回到接近頂尖水準。

芬蘭學生在一九八〇年代迄今的國際學生評比中，表現先盛後衰的原因是什麼？許多早期的研究都與此有關，但目前的結果大多停留在推測與質化分析階段，尚未出現可靠的答案（Hautamäki et al., 2008、Linnakylä, 2004、Ministry of Education, 2019、Ofsted, 2010、Rautopuro & Juuti, 2018、Väljärvi at al., 2007）。本書在此為芬蘭學生在一九八〇年代到二〇一〇年前後的穩定進步，提出三種可能的解釋。

第一，數學教育在芬蘭基礎教育課程設計及相關師資培育中，都相當重要。例如在赫爾辛基大學的小學教育學程中，每年會有百分之十五的學生專精數學教育。因此大多數的芬蘭小學都擁有專業的數學師資，也非常瞭解如何評量學生。

國際評比名稱	測驗學生類型	參與國家數目	芬蘭表現情況
IEA 第三次國際數學與科學能力調查（後改制為 TIMSS）	四年級與八年級學生	2007：59	未參加
		2011：63	接近頂尖
		2015：47	略高於平均*
IEA 國際閱讀能力進展調查	四年級	2001：35	未參加
		2006：45	未參加
		2011：48	頂尖
		2016：50	接近頂尖
IEA 國際公民教育與素養調查研究	八年級	1999：31	頂尖
		2009：38	頂尖
		2016：24	接近頂尖
PISA	年滿十五歲	2000：43	頂尖
		2003：41	頂尖
		2006：57	頂尖
		2009：65	頂尖
		2012：65	OECD 國家頂尖
		2015：72	接近 OECD 國家頂尖
		2018：79	接近 OECD 國家頂尖

*僅四年級學生

表2.3　芬蘭學生自一九六〇年代初期起在國際教育評比上的表現情況

國際評比名稱	測驗學生類型	參與國家數目	芬蘭表現情況
IEA 第一次國際數學能力調查（1962-1967）	年滿十三歲以及完成中學教育者	12	平均
IEA 第一次國際科學能力調查（1967-1973）	年滿十歲至十四歲以及完成中學教育者	18	平均
IEA 國際閱讀理解能力調查（1967-1973）	年滿十歲至十四歲以及完成中學教育者	14	平均
IEA 第二次國際數學能力調查（1977-1981）	年滿十三歲以及完成中學教育者	十三歲以上學生：19；中學：15	平均
IEA 第二次國際科學能力調查（1980-1987）	小學、中學、高中畢業者	23	年滿十歲學生：優秀；年滿十四歲學生：平均
IEA 寫作能力調查（1980-1988）	小學、中學、高中畢業者	14	平均
IEA 閱讀能力調查（1988-1994）	年滿九歲及年滿十四歲者	32	頂尖
IEA 第三次國際數學與科學能力調查（後改制為 TIMSS）	四年級與八年級學生	1995：45	未參加
		1999：38	略高於平均
		2003：50	未參加

第二，芬蘭的師資培育和數學課綱都非常強調問題解決能力，讓數學和真實生活連結；而 PISA 的數學測驗，正是按照問題解決原則設計，並強調在遭遇突發狀況時，能夠應用數學，而不是要學生展現精熟的數學技巧。

第三，芬蘭數學師資培育強調主題教學法，而數學教師與教育學專業教師之間，也會保持緊密的合作關係。在這些運作原則下，可以讓剛剛獲得碩士學位的新進教師，也能擁有系統化的數學教育知識，並理解數學教育的運作方式。數學與教育學共享師資培育的責任，也增強了數學教師的專業素養（可參見第三章）。

PISA 逐漸成為衡量完成初期中等教育學生學習表現的全球標準。OECD 全部三十七個會員國，都會參加這個評量十五歲學生閱讀、數學、科學能力的測驗，同時也有越來越多的其他國家與地區，例如東亞，加入 PISA 的行列。PISA 調查的主要目的，是測量年輕學子如何應用所學知識與技能，處理現實生活中的挑戰。PISA 在使用「能力」這個概念時，指稱的是「學生應用重要領域知識及技能的能力，以及他們在各式情境下，找出、詮釋、解決問題時所做的分析、判斷、溝通」（OECD, 2013a, p. 24）。值得注意的是，PISA 的測驗對象是參加國家隨機抽取的十五歲學生，而非該國所有的十五歲學生，因而 PISA 的結果，可說是經歷一連串複雜的統計後才產生，可以參閱 PISA 網站（https://www.oecd.org/pisa/）上的相關技術文件。

芬蘭在二〇〇〇年及二〇〇三年的 PISA 測驗中都拔得頭籌，同時也是唯一能持續進步的國家。在二〇〇六年的 PISA 中，芬蘭仍在所有項目上維持高水準表現，科學領域是該年度的重點科目，芬蘭的表現也持續領先其他五十六個國家（OECD, 2007）。在二〇〇九年的 PISA 中，芬蘭的教育表現持續位居 OECD 之首，除了傑出的整體表現外，也能繼續保持平等的教育成果以及相對低廉的教育成本。這次調查報告的重點在於，芬蘭獲得最佳表現（等級六）的學生人數相對較多，表現較差者（等級二以下）則非常少，超過半數的芬蘭學生評比都達到等級四以上的水準，優於美國，美國只有大約四分之一的學生擁有相同水準。加拿大的亞伯達省、卑詩省、安大略省、魁北克省也都有大約百分之四十的學生至少達到等級四。

二〇一二年的第五次 PISA，則證實了先前幾次 PISA 向芬蘭人傳遞的隱約訊息，也就是芬蘭學生在這個國際評比的表現正在持續下降。芬蘭學生二〇〇九年的 PISA 閱讀分數比二〇〇六年少了十一分，從五百四十七分降到五百三十六分；數學少了七分，從五百四十八分降到五百四十一分；科學則是少了九分，從五百六十三分降到五百五十四分（OECD, 2010）。在二〇一二年的 PISA 結果公布之前，芬蘭國內針對國際學生評比的研究便已發現，學生在閱讀及數學上的表現已不若以往，赫爾辛基大學一份比較二〇〇一年和二〇一二年公立學校學生學習成果的研究也指出，十五歲學生的「後設學習」技巧大幅衰退（Hautamäki et al., 2013）。因而二〇一二年的 PISA 結果，對芬蘭人來說其實不太意外，和三年前的上一次 PISA 相比，芬蘭學生這次的閱讀成績下降了十二分，從五百三十六分降到五百二十四分；數學下降了二十二分，從五百四十一分降到五百一十九分；科學則下降了九分，從五百五十四分降到五百四十五分（OECD, 2013a）。

二〇一六年十二月，二〇一五年 PISA 的成績公布，二〇一二年以降的趨勢仍然持續，芬蘭學生在三個科目的表現越來越差（Rautopuro & Juuti, 2018）。芬蘭國內的學生成就評量早已顯示，低成就學生的數量越來越多，情況在青少年男孩身上最為嚴重，他們不像以前那麼喜愛閱讀，而且常常學習動機低落。話雖如此，芬蘭仍以以下的成績，在 OECD 國家中名列前茅：科學五百三十一分、閱讀五百二十六分、數學五百一十一分（OECD, 2016）。不過芬蘭政府特別擔心低成就學生持續增長的數量，以及男女之間巨大的表現差異；二〇一五年，芬蘭女孩在三個科目上都贏過男孩，這種情況在其他國家相當罕見。

根據二〇一八年最新的 PISA 結果，芬蘭的教育體系是 OECD 國家中的前三名，另外兩國是加拿大和愛沙尼亞，但芬蘭學生在三個科目上的表現，和二〇一五年相比，仍然持續下降（Ministry of Education, 2019、OECD, 2019a），芬蘭的三科平均在二〇一五年時是五百二十七分，二〇一八年則是降到五百一十九分。同時，和二〇一五年的數據相同，芬蘭未達到最低表現水準的學生數量，和二〇〇〇年代初期相比，可謂增加許多，而芬蘭女孩的各科表現也持續超越男孩。令人擔憂的是，芬蘭曾經身為世界上最均等的教育系統，來自不同背景的學生擁有同樣的成功機會，但現在卻開始失去這種優勢。那麼有什麼好消息嗎？還是有的，芬蘭是唯一一個閱讀的優異表現和學生的生活滿意度呈正相關的國家。

考慮到芬蘭教育表現下滑的趨勢，還有一點也相當值得注意，那就是其他三十六個 OECD 國家在二〇一八年 PISA 的平均表現，也不若往年。確實，在 PISA 測量的三個科目上，許多國家的學生表現都開始下滑，OECD 對此的結論則是：「即便教育預算在過去十年間成長了超過百分之十五，學生的表現仍然沒有什麼實質的進步。」（OECD, 2019c）

另一個衡量教育成果的重要指標，便是 PISA 測驗分數的均等程度。教育成果的均等程度，代表學生家庭背景，也就是經濟、社會、文化地位指標，和閱讀、數學、科學測驗分數之間的關聯。芬蘭一直都是教育最均等的國家，代表和其他多數國家不同，學生的家庭背景不太會影響他們的學習成就；此外，芬蘭各所學校的學生表現也沒什麼差異，這也和其他國家不同，其他國家學生之間的表現歧異非常大，這也會影響整體的教育表現。

要解釋為什麼芬蘭的 PISA 分數持續下滑，就和解釋芬蘭世界級的優質表現一開始從何而來一樣困難。但是，可以問芬蘭學校是不是發生了什麼事，使得教學品質下降？或是芬蘭是不是從二〇一〇年代開始實施了錯誤的教育政策，使得教學品質和學生學習成就下降？

目前還沒有太多研究和系統性分析可以回答上述問題，不過只要深入檢視數據，包括 OECD 和芬蘭自己的數據，就能找到以下三個，可能直接或間接影響學生學習及參與的因素。

首先，芬蘭經濟在二〇〇八年金融海嘯後受到重創；這使得地方政府受到影響，教育預算因而減少，結果造成班級規模擴大，教師參與專業發展的機會減少，許多學校也因縮減的預算，被迫減少重要的學習支持服務，包括課堂中的助教等。

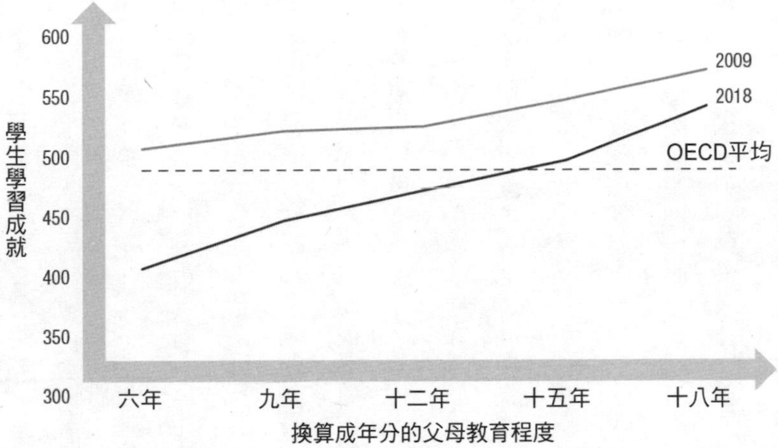

圖2.4　二〇〇九年及二〇一八年芬蘭學生 PISA 平均分數和父母教育程度之間的關聯

資料來源：OECD 資料庫

這很明顯就是為什麼二〇一〇年後，芬蘭校際表現及學生表現的差距越來越大的重要原因。或許從最近三次 PISA 中，我們得到最重要的教訓便是，學生的家庭背景對學習成就的影響越來越大，父母的教育程度尤為重要，能夠解釋芬蘭學生的學習成就差異。圖2.4便顯示了二〇〇九年及二〇一八年時，芬蘭父母教育程度和學生學習成就之間的關聯，數據顯示學生社經背景和學習成就間的關聯越來越強，尤其在低成就學生身上最為明顯

（Kirjavainen & Pulkkinen, 2017）。

第二，芬蘭新的特教政策讓更多先前待在小班或小組中，擁有專家協助的學生，回歸主流的教室，這便是上述班級規模擴大的原因。一個現在已經變得相當普遍的現象，是一名教師負責的二十五名學生中，會有四或五名幾年前擁有特殊協助，或至少每天會有一段時間進行小組學習，獲得個人化關照的學生。在這個趨勢發生的同時，芬蘭學校也張開雙臂，大舉歡迎不會講芬蘭語或瑞典語的學生，這些學生上課時常常沒辦法瞭解課堂的情況，不過必須強調的是，這個現象在芬蘭不同地區的差異相當大。

最後，芬蘭的青少年也受影響世界各地其他同儕的因素荼毒，花越來越多的時間使用電子設備，並沉迷社群軟體及娛樂。和其他國家相同，芬蘭青少年一天中有很多時間都花在螢幕前，包括電視、電動、手機上的社群媒體、運用網路學習或進行娛樂；這些增加出來的科技時間，常常壓縮到其他活動，包括閱讀、體育、睡眠等。芬蘭的國家健康數據同時也顯示，有越來越多年輕人擁有嚴重的心理健康問題，而且也開始服藥以維持日常生活，因此我們可以合理推論，學校裡有越來越多的學生，還沒準備好學習，或是覺得很難專注在學習上。不過無論芬蘭學生表現略微下滑的原因為何，都沒有任何跡象顯示教師失去信心，也沒有人質疑學校解決這些問題的專業能力。

認為芬蘭的教育體系是因為課綱政策、教學方法、缺少績效責任制或考試制度，而開始走下坡的人，可以再好好想想，因為並沒有任何證據證實，芬蘭學生降低的閱讀、數學、科學分數，和這些校內因素有關。比較可信的解釋，來自從 OECD 資料庫數據及國內研究中抽絲剝繭的學者，例如于韋斯屈萊大學（University of Jyväskylä）和奧盧大學（University of Oulu）的大型研究團隊，便根據二〇一八年的 PISA 數據，得出了一個結論，認為影響學生學習的主要因素有二（Ministry of Education, 2019）。第一，從二〇〇九年以來，三個科目的低成就學生人數便不斷提高，而低成就學生人數相當少，便是芬蘭在二〇〇〇年至二〇〇六年間的 PISA 中，能夠成功的其中一個原因。第二，從均等的觀點看來，二〇一八年學生社經背景和學習表現之間的關聯，仍是和二〇一五年時一樣非常相關，當時是芬蘭在 PISA 史上，第一次在均等程度這個項目，落在 OECD 平均值，在前面幾次的 PISA 中，芬蘭教育的均等程度都遠高於 OECD 平均。該研究的結論為「在最弱勢的學生中，這種關聯最為明顯，社經背景不利的學生平均表現非常差（特別是男生），而來自富裕家庭學生的表現仍持續維持高檔（特別是女生）」（Ministry of Education, 2019, p. 125）。此外，芬蘭本地學生和移民學生之間的表現落差也沒有縮小，仍是 OECD 國家中最大，雖然這不能解釋芬蘭的表現為何下滑，卻是教育體系衰敗非常重要的警訊。

有些解釋則更進一步，認為不只芬蘭，許多 OECD 國家學生表現都下滑的原因，是學生下降的動機，因為他們不願認真看待低風險測驗，而 OECD 的 PISA 便屬於低風險測驗，測驗分數並不會對學生造成任何影響，不像芬蘭的國家入學考試屬於高風險測驗。芬蘭 PISA 研究團隊的領導者，同時也是赫爾辛基大學教育評量中心創辦人的郝塔馬基名譽教授（Jarkko Hautamäki），便支持這種解釋，他認為雖然芬蘭學生的 PISA 分數持續下滑是不爭的事實，卻沒有證據能夠顯示，他們實際擁有的知識和技能因而減少或降低。他在和赫爾辛基大學學術期刊《大學》（*Yliopisto*, 2018）的訪談中便提到：「真正的原因是學生參與考試的動機低落，我相信如果學生真的想要，他們會和先前的學生表現得一樣好。」郝塔馬基的看法很可能是對的，OECD 自己的數據便顯示，參與二〇一八年 PISA 的芬蘭學生，有百分之七十表示，他們沒有盡全力考試，也就是說，他們並沒有完全發揮自己的能力；OECD 學生沒有盡全力的平均比例則是百分之六十八（OECD, 2019a），這很可能也是其他國家的 PISA 表現同樣下滑的原因之一。

但是不管這個趨勢背後的理由為何，芬蘭都必須採用更聰明的策略，以避免倉促錯誤的後果，我們必須再次分析過去的數據，並從其他國家的經驗學習，不管是成功的故事或失敗的改革，都有值得參考之處。另一個嚴重的問題，便是芬蘭男孩和女孩之間的學習成就差異。在二〇一八年的 PISA 中，芬蘭女生的數學成績比男生還高了六分，在三十七個 OECD 國家中，只有挪威和冰島的女生贏過男生更多。芬蘭女生的科學成績則是比男生高了二十四分，是所有 OECD 國家中最高。此外，女生在閱讀上通常也比男生還高分，OECD 國家的女生閱讀分數平均比男生高三十分（OECD, 2019a），芬蘭女生則是比男生還高了五十二分之多，可說是徹底碾壓，是所有國家之冠。

圖 2.5 便是二〇一八年 PISA 芬蘭女孩和男孩的閱讀能力分布，顯示芬蘭學習表現下滑的其中一個潛在原因，可能和男孩的表現有關，特別是男生在閱讀、數學、科學三個科目中，水準低落的人數越來越多。

而芬蘭至今對國際學生評比表現下滑的回應，則是讓人相當驚訝。在大多數面

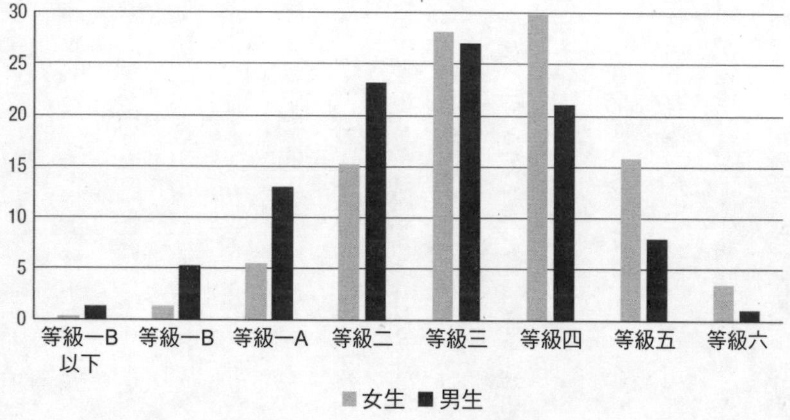

圖2.5　芬蘭二〇一八年PISA閱讀能力表現性別分布

資料來源：OECD, 2019a

臨同樣問題的國家中，政策的走向都是增加教學時數，以及在上學時間外加上更多學習時間；如同圖2.6顯示，OECD 國家的十五歲學生，平均每週花四十四小時學習，包括上學時及放學後，芬蘭學生的每週平均學習時數則是少了八小時之多。因為芬蘭大部分的教育專家認為，比起讓學生花很多時間學習，更好的方法應該是找到更具效率的教學、探索、學習方式，所以本應分配到更長教學時數的資源，改成拿來讓教學變得更有趣，並讓學生更積極參與，包括重視跨領域課程、讓學生對學習擁有更多自主

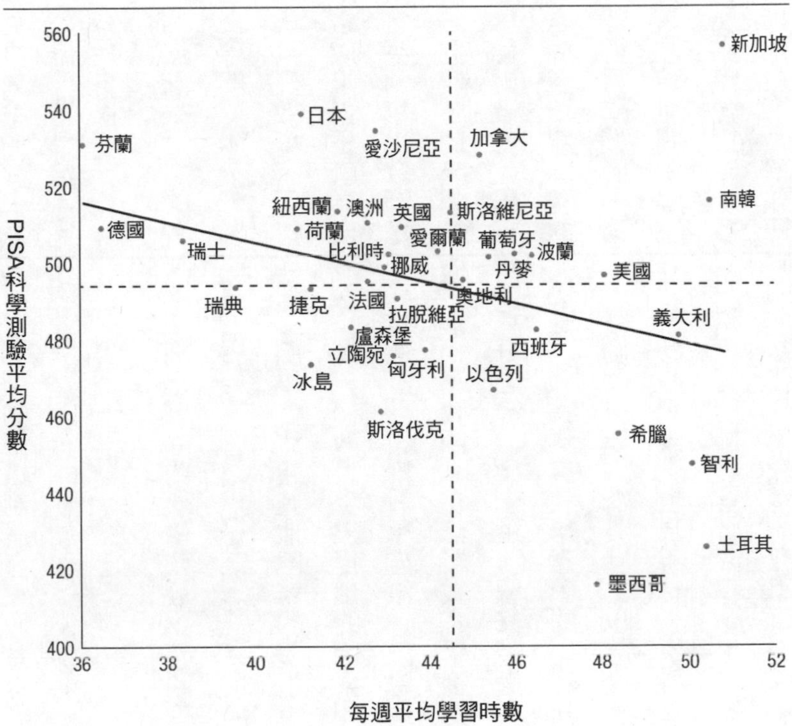

圖2.6　二〇一五年 OECD 國家的科學成績及每週平均學習時數

資料來源：OECD, 2016、OECD 資料庫

權、發展更具效率的教學方式等。芬蘭的政策制訂者和教育專家，不是為了獲得更高的 PISA 分數而調整教育政策和國家課綱，也不是要讓芬蘭在國際教育評比上重返榮耀。

另一個從圖 2.6 衍生的有趣問題則是，芬蘭學生花最少時間學習科學，為什麼能獲得這麼優秀的成果？芬蘭教育的優勢，如果也把芬蘭在 PISA 的成功納入考量，便是教學方式具備效率，所以即便芬蘭學生比起其他國家的學生，花較少時間學習，他們的學習成果仍是較為優秀。芬蘭科學教育專家提出的因素如下：首先，在過去二十年來，芬蘭小學教師專注於重新設計科學教學方法，讓學生擁有實驗與實際操作的機會。同時，越來越多的新進小學教師，在修習教育學程期間，研究的是科學相關議題；赫爾辛基大學有超過百分之十的碩士生，曾修習過科學相關課程，這類研究課程是師資培育課程的一部分，強調具有教學意義的內容知識，並以知識創造的角度，理解科學發展。第二，芬蘭的科學課綱設計，也已從過去傳統的學術知識導向，轉為實驗與問題解決導向，而芬蘭政府也為所有小學科學教師，提供大規模的專業發展支持。第三，芬蘭大學所有的師資培育課程，也已經根據新課綱進行調整，這點我會在第三章詳細說明。當代科學教育的教學原則受英美等國的創新概念啟發甚深，而芬蘭的科學師資培育也已跟上這股發展潮流。

部分國際學生評比調查的不是學生的閱讀、數學與科學能力，像是「國際公民教育與素養調查研究」（International Civic and Citizenship Education Study，簡稱ICCS），這是 IEA 為了評估公民教育與素養的環境與成果，所設計的第三次研究（Schulz et al., 2018）。二〇一六年的 ICCS 是根據一九九九年 IEA 的公民教育調查及二〇〇九年的ICCS調整而來，調查對象為初期中等教育的學生，通常是八年級，調查主題則是中學教育如何為學生做好成為公民的準備，範圍包含歐洲、拉丁美洲、亞太地區等地的二十四個國家。這份調查的核心目標，在於評估學生對各式公民相關議題所擁有的知識；在這個研究中，所謂的**公民知識**，係指成為公民的努力，以及認識公民身分內涵的認知過程；它的詞義寬廣，包括認識、理解與論理；它是公民教育的重要成果，也是促進積極公民參與的重要因素。

在二〇一六年的 ICCS 中，芬蘭八年級學生的平均分數為世界第三高，僅次丹麥和瑞典（見圖 2.7）；同時，和 PISA 及 TIMSS 結果一樣，芬蘭在二〇一六年 ICCS 的校際差異也是參與國家中最低。二〇一六年的 ICCS 調查，顯示了一個重要事實，即在國家層級上，人類發展指數（Human Development Index，HDI）與國家公民知識

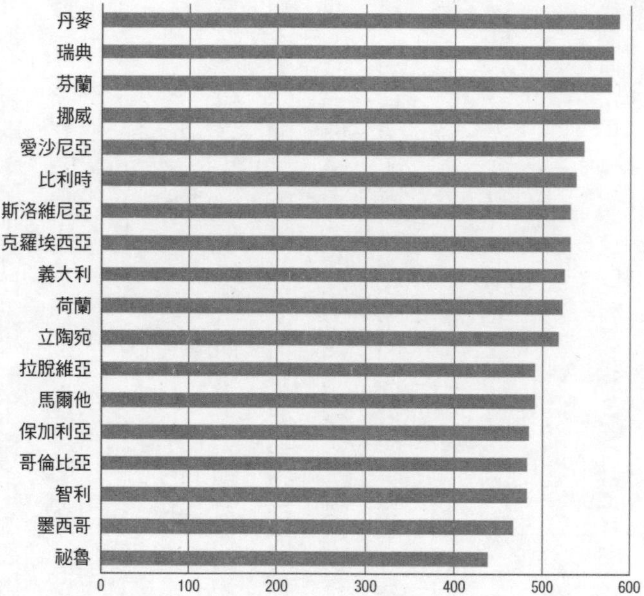

圖2.7　二〇一六年 ICCS 各國八年級生公民知識成績

資料來源：Schulz et al., 2018

呈高度相關，人類發展指數是各式重要人類發展層面的平均分數，包括預期壽命、教育程度、生活水準等。這代表各國公民知識的表現，和反映國家整體發展及幸福程度的因素相關，其他國際教育評比也有類似發現，不過這仍無法證明公民知識和國家的整體發展存在因果關係。矛盾的是，ICCS 也發現芬蘭年輕人在日常生活中對政治與公民議題的參與感極低，即便擁有良好的公民知識和素養，青少年對於自身推動社會改變的力量，卻非常沒有信心，而這也正是芬蘭自二〇一〇年以來，試圖在教育領域發展的重點。

總而言之，芬蘭的教育改革有兩項獨特的趨勢。首先，從一九七〇年代初期開始，芬蘭的公立教育品質和均等度在國際評比中便呈現穩定成長，直到二〇一〇年左右。這些國際評比，提供了我們一個很好的機會，能夠從長期趨勢的角度，檢視學生在閱讀、數學、科學上學到多少知識，以及他們能否應用這些知識。第二，自從二〇一二年起，芬蘭學生在國際評比上的排名便逐漸下降，一直持續到二〇一八年的最近一次 PISA，不過即便芬蘭學生的平均分數從二〇一二年便不斷下降，特別是在數學，如圖 2.8 所示，芬蘭的整體表現和其他 OECD 國家相比，仍是位在前段班。但最新的 PISA 結果確實也對芬蘭提出了一個警訊，即相較於十年前，現在的芬蘭年輕人，特別是男生，為休閒娛樂而閱讀的比例已大幅下降，超過半數的十五歲芬蘭男孩表示自己不會為了娛樂與休閒而閱讀；這個趨勢也顯現在芬蘭自行舉辦的閱讀能力與習慣調查之中。芬蘭教育表現的下滑，可能和芬蘭男孩衰退的表現有關。

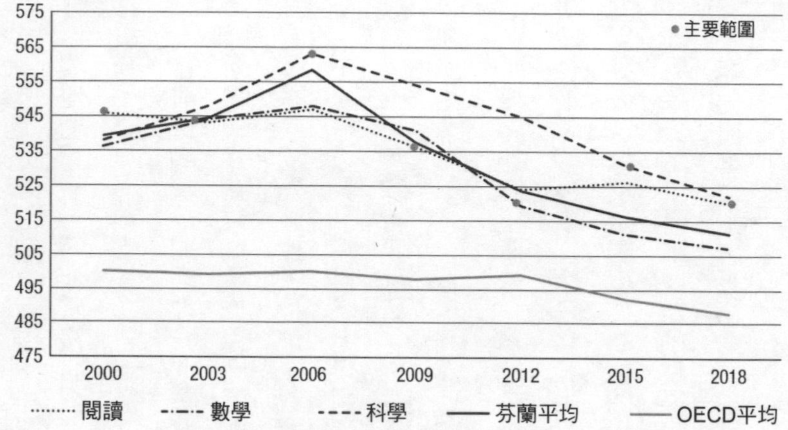

圖2.8　芬蘭學生的 PISA 表現趨勢（2000-2018）

資料來源：OECD 之 PISA 資料庫

二〇〇九年的 PISA 結束後，OECD 曾表示：「芬蘭在中學生的學業表現上，可說是全世界的帶領者，芬蘭已占據這個地位十年，而且芬蘭各校的表現都相當優異。無論學生來自何種家庭背景、社經地位、擁有何種能力，學校都會把學生照顧得很好。」（OECD, 2011a, p. 117）對大多數家長來說，這代表不管他們選擇把小孩送到哪所學校，都不用擔心學校的教學品質；在國際上來說，芬蘭教育體系的優勢，則是學生優異的學習成果，而且全國各校的學生表現得都一樣好。

教育成本

芬蘭採取三種方式同步進行教育改革，促進所有教育層級的參與、讓更多人可以獲得優質的公立教育、使全國學生擁有優質的教育表現，而且校際差異非常小。這一切的成就，都是來自公家資源的教育補助，補助範圍也包括高等教育與成人教育在內。另一個和芬蘭傑出教育表現有關的問題則是，芬蘭的家長和納稅人究竟為了教育付出多少成本？

根據 OECD 會員國所有教育層級成本的相關數據，在一九九五年至二〇〇四年間，芬蘭的公共與私人教育投資實質成長了百分之三十四，OECD 國家在同一時期的成長平均值則是百分之四十二。二〇一一年，芬蘭所有層級的公共教育支出占 GDP 的百分之六．五（OECD, 2014a），二〇一六年則因政府從二〇一〇年代起的教育預算緊縮，降至百分之五．五（OECD, 2019c）。OECD 國家二〇一六年所有層級的公共教育支出平均則占 GDP 百分之五，美國百分之六，加拿大百分之五．九。而在芬蘭所有層級的教育支出中，私人投資的比例僅占百分之三，約為 GDP 的百分之〇・一。

教育成本與學生表現的關係

圖2.9顯示了OECD國家六歲至十五歲學生，二〇一五年的PISA科學成績與累積教育成本（包括公部門與私人資源）之間的關係，貨幣單位為美元，並已根據購買力指數校正。這些資料指出，首先，PISA成績和教育成本之間沒有直接關聯。其次，芬蘭和其他幾個國家用合理的支出，達成了相當不錯的教育表現，像是盧森堡和挪威的教育支出就非常高，但他們的學生表現相當普通。不過這些數據當然不是表示教育成本與學習成就之間具有因果關係，雖然根據迴歸分析顯示兩者之間呈低度相關（R^2=0.27）。因此，在良好的教育體系中，效率遠比成本支出還重要，也就是說，金錢不是教育體系問題的唯一答案，但在建立一個更包容、更公平的教育體系上，卻是必需。

留級的成本

留級是教育的其中一種成本。由於學生無法在初次修讀某些科目時順利通過，

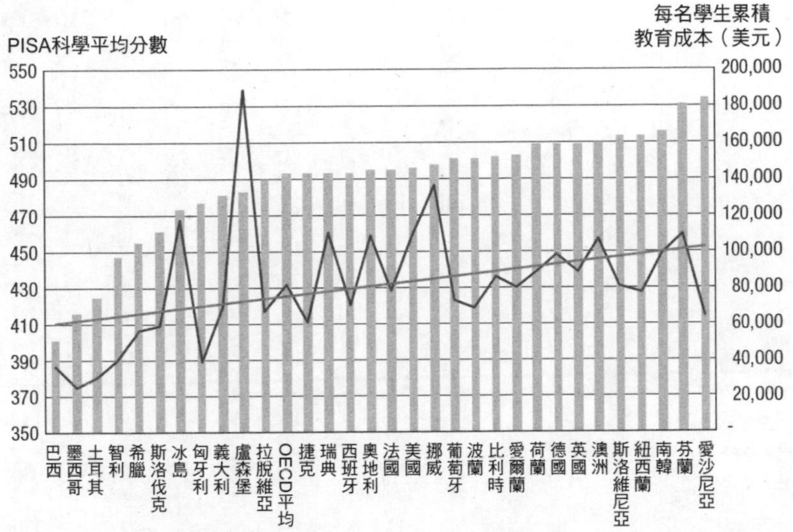

圖2.9　二〇一五年 OECD 國家六歲至十五歲學生之 PISA 科學成績與教育成本關係圖

資料來源：OECD, 2016, 2019d

因此必須重複修讀某個年級的所有課程內容。留級通常用於處理學生的學習困難與問題，但留級不僅無法有效幫助學生，還會讓教育體系付出昂貴的代價。留級已經成為全球普遍的教育現象，本書將在以下段落介紹芬蘭處理這個問題的方法。

留級在過去芬蘭雙軌制教育體系的基礎教育中相當常見，更是文法學校的教育原則之一。在某些情況下，為了讓學生可以順利通過四年級結束後的知識技能測驗，文法學校會要求學生重讀三年級。當新的九年制教育開始實施時，每間文法學校大約有百分之十二的學生遭到留級，當時各校、各年級的留級比例分配情形不太平均，例如在普通體系的後期中等教育中，大約有六分之一的學生留級。根據我們的評估，在後期中等教育的文法學校中，大約有接近半數的學生在求學過程中都留級過一次或更多次（Välijärvi & Sahlberg, 2008）。此外，學生的輟學率也相當高，通常都是因為無法升上另一個年級。數學與瑞典語（第二語言）科目的學習情況是常見的留級原因，不過有些學生則是因為行為或出席率等問題留級。

公立學校的基本價值是均等的社會理念，旨在讓每個學生在高年級階段都能自由選擇未來方向，並獲得普遍的學力和達成社會目標。在舊的教育體系中，留級是教師進行差異化教學的方法。芬蘭在一九七〇年代初期實施新的教育體系時，留級已是常見的問題。如果學生遭到留級，並跟年紀更小的人一起上學，這件事本身就已經很羞恥，當然也無法如預期般改善學習成就（Brophy, 2006、Jimerson, 2001）。總之，重新修讀一整個學年的課程，絕非有效提升學習效率的方法，因為無法聚焦在學生需要幫助的特定課程內容上。留級只是讓學生再讀一次早已讀過的各種科目，根本無法鼓勵學生與教師，學生只是被送回同一個班級，卻沒有任何專門的改善計畫，遑論能有效改善知識與技能的學習方法。

在綜合學校改革初期，留級通常不是有效處理個人學習或社會障礙的方法，甚至是一種錯誤的途徑。基礎教育的留級生可能只有一、兩科學不好，卻必須背負「失敗」學生的標籤，也必須承擔行為或人格問題等惡名。這種教育污名將對學生的自尊心產生嚴重的負面影響，減少其學習動機與努力，也同時降低教師對於學生學習能力的期望；因此，留級會讓許多年輕人陷入惡性循環，並且背負這種負面陰影長大。失敗的教育經歷往往會投射在個人的社會角色上，讓人討厭學習，也沒有進一步接受教育的動力。唯有當年輕人擁有強烈的自我認同，而且身邊的朋友、教師與家長也形成豐碩的社會資本時，才能讓年輕人脫離這種惡性循環。芬蘭經驗告訴我們的，便是在大多數情況下，留級只會造成不平等，也完全無法協助學生克服任何學業與社會問題。

因此，公立學校迅速改變了留級政策與實踐方針。雖然新的教育系統還沒有完全消滅留級問題，但留級人數已大幅減少。為學生設計個人化的學習計畫以及不同的學習方式，成為當時社會盛行的觀念；另一個常見的理念則是認為，如果可以根據學生不同的特質與需求，制訂不同的學習方法，那麼每個學生都可以達成普遍的學習目標。留級與能力分班制度完全違背了這些理念，來自不同背景的學生應該在同一個班級裡跟著同學一起學習，校方打造學習環境、挑選教學法時的依據，也應該考量學生的人格、能力與志向等多元的層面，這種理念隨即成為教師最迫切的專業挑戰。時至今日，芬蘭教育仍然為了持續發展的多元特質，而不斷尋求理想的教育與經濟解決方案。

芬蘭能減少留級率的主因，在於特殊教育已經成為教育體系的一部分，每個學童都有權在早期學習階段獲得專業的個人化協助，這是芬蘭教育內建的機制。現今芬蘭已發展出各種不同的特教協助方案。如前所述，芬蘭的特殊教育已融入主流教育之中，並在改善教育不均等與打擊教育失敗上，扮演重要角色。圖2.10顯示二〇一五年芬蘭和 OECD 國家的十五歲學生在參加 PISA 前，曾經留級過的比例。

芬蘭的後期中等教育採用單元化的課程模型，而非年齡級別制度，無論普通體系或技職體系皆是如此，因此得以消弭過去的留級問題。現代的芬蘭學生可以從學校或其他教育機構提供的課程中，量身訂做一套屬於自己的個人教育規畫，後期中等教育因而具備了非常好的學習彈性，學生可以根據自身不同的能力與狀況，依照不同步調完成各種課程。如果他們不滿意某些課程的成績，也只需要重新選修該門

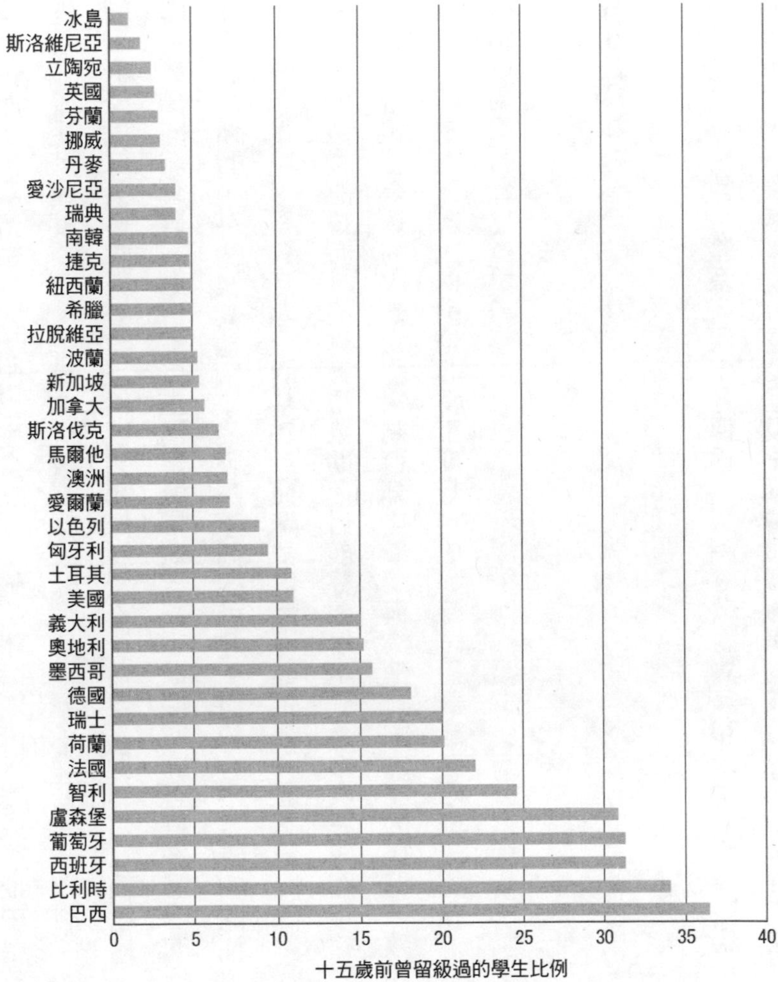

圖2.10　二〇一五年OECD國家學生十五歲前曾留級過的比例

資料來源：OECD, 2016

課程，而不需要留級。大多數學生會在預定的三年時間內，完成後期中等教育，不過每個學生的速度不一。這種非班級制的設計，也拆解了常見的班級制度，不再是同一群學生從一個課程進階到另一個課程，或者從一個年級升到另一個年級。

芬蘭的教育政策融合了自主學習與早期干預，以協助擁有特殊需求的學生，正如格魯伯所說，芬蘭與其他國家最大的不同，就在於對教育不平等的關注（Grubb, 2007）。實現芬蘭教育理念的基礎，便是提供輔導與生涯發展服務，讓年輕人在思考未來的教育選擇時，能夠獲得協助。目前芬蘭學生於十六歲完成九年綜合學校教育時，曾經留級過的人數大約只剩百分之二，與其他北歐國家的比例大致相同；歐洲其他國家的留級比例則是非常不理想，比利時、葡萄牙、西班牙約為三分之一，荷蘭與瑞士為五分之一。

芬蘭教育悖論

由於芬蘭教育體系表現十分優異，讓不少教育專家和政策制訂者開始探討芬蘭成功的原因。許多來訪芬蘭的朋友，都會發現優美的校園建築中，四處可見平靜的學生與極為專業的教師；他們也開始瞭解芬蘭教育擁有的高度自主性：芬蘭中央政府很少干預校園，學校能夠使用系統化的方法，處理學生在校園生活遭遇的問題，並為需要的學生提供專業協助。這些現象都能幫助訪客從芬蘭這種教育大國汲取成功經驗，不過在芬蘭成功的教育體系背後，仍有許多尚待探索的祕密，包括：

- 教育改革的發展過程究竟是什麼模樣？
- 建立卓越的教育體系時，其他公部門政策扮演什麼角色？
- 文化和其他隱藏因素的角色是什麼？
- 創造自身獨特的教學方法時，芬蘭教育家是如何理解全球教育改革運動（見第四章）？
- 表現良好的教育體系，又是如何應對逐漸下滑的國際學生評比表現？

從許多層面來看，芬蘭都是充滿奇異悖論的國家。身為資通訊產業的帶領者，芬蘭擁有世上最高的手機密度，芬蘭人卻非常寡言、甚至到了喜好沉默的地步，這個國家的人民同樣以喜好獨處、不愛社交聞名，但非常熱愛探戈，還會舉辦年度探戈嘉年華，在舞會中選出芬蘭探戈皇后與國王。不僅如此，生活在典型的北方艱困氣候，芬蘭人卻能名列全球最快樂的民族，也是最富庶的國家。芬蘭語裡有個著名的文化字詞「sisu」（習俗），意指芬蘭人堅強的意志、決心、面對挑戰時的果敢，也同時表達了他們心中的冷靜與溫柔（Chaker, 2014、Lewis, 2005、Panzar, 2018）。此外，和其他北歐國家相同，芬蘭也成功在競爭的全球市場經濟中，打造了一座均等的社會福利國度（Sahlberg, 2016b）。由此可知，在理解芬蘭教育的某些重要特質時，從「悖論」出發，的確是比邏輯演繹更合適的角度。

以下的小故事顯示了芬蘭人不喜歡「閒扯」的文化特色：兩個許久不見的老友不期而遇，他們從孩童時期就一直是好朋友，所以決定喝兩杯，慶祝這次開心的巧遇。他們很快找到一間酒吧，挑選一處安靜的位置，並點了第一輪的酒，兩人不發一語，很快把第一輪的酒喝完，第二輪的酒也來了，他們非常享受地喝下這些酒，還是沒開口說話。第三輪的酒也在沉默之中喝完了，隨後，當第四輪的酒即將入喉之際，其中一個人開心地舉起杯子說：「Kippis。」（乾杯的意思）他的朋友忽然帶著困惑的眼神，回答道：「我們是來這裡喝酒還是聊天的？」

這種「極簡主義」同樣盛行於芬蘭人生活的其他領域，無論藝術、音樂、設計或建築，都可以看見芬蘭人受到小巧、清晰、簡潔等概念的深刻影響。芬蘭人認為「小即是美」。他們在商業、政治、外交領域，都喜歡採取直接的對話及簡單的程序；他們想要解決問題，而不是「談論問題」；芬蘭人創新思維方式的背後，往往蘊藏著「小思維帶來大不同」的想法。因此，當芬蘭進行教育改革時，當然也毫不意外地採取了相同的原則與信念：教育與學習必須成為最重要的價值，這就是芬蘭對教育政策與教育改革的想法。最重要的是，芬蘭人不相信一直在教育上重蹈覆轍，還能夠帶來改變；他們認為，用聰明的方式改進，而非盲目地努力，才是取得成功的最佳方式。

悖論一：教越少，學越多

教育改革的傳統理念相信，只要延長教育年限、增加授課時間和學生的作業份量，原先表現不如預期的學生，就能夠有所成長，但芬蘭經驗挑戰了這個傳統理念。舉例而言，當學生的數學表現不佳時，傳統教育方式會修改課程大綱，增加更多的授課時間與家庭作業，在大多數的教育體系中，這代表教師必須付出更多的教學時間；以下兩個重要的國際指標，清晰顯示出各國學生上課時數與教師授課時數的差異。

首先，如同圖2.11所示，OECD國家的公立基礎教育及初期中等教育時數，有非常大的差異；從PISA成績來看，可以發現授課時數與學習表現之間，沒有任何顯著的關連。有趣的是，高成就的國家，包括芬蘭和愛沙尼亞，其實並沒有將授課時間當成提升學習成就的主要解方，但是諸如美國、以色列與墨西哥等表現較為遜色的國家，則經常要求提高學生的學習時數。若將授課時間換算為學年，則澳洲十五歲學生的學習時間，多了芬蘭學生足足將近五個學年，而且芬蘭兒童七歲才開始上小學，但許多澳洲兒童五歲就開始上學（OECD, 2019a）。這些數據甚至還沒有加上學生課後接受家教或參加補習班的時間，這在東亞大部分高成就的教育體系中，是個相當常見的現象。如同先前的圖2.6所示，芬蘭學生不管是在學校或放學後的學習時間，整體來說都比其他國家還低很多。

此外，根據OECD的數據，和其他所有國家相比，芬蘭十五歲學生花費在家庭作業的時間也更少。這又是另一個芬蘭與其他國家的驚人不同，其他國家透過「家庭作業時間底線」（minimum homework minutes）的原則和其他措施，想方設法讓學生在放學之後仍然持續學習。而芬蘭則是遵循教育家米特拉（Sugata Mitra）提出的

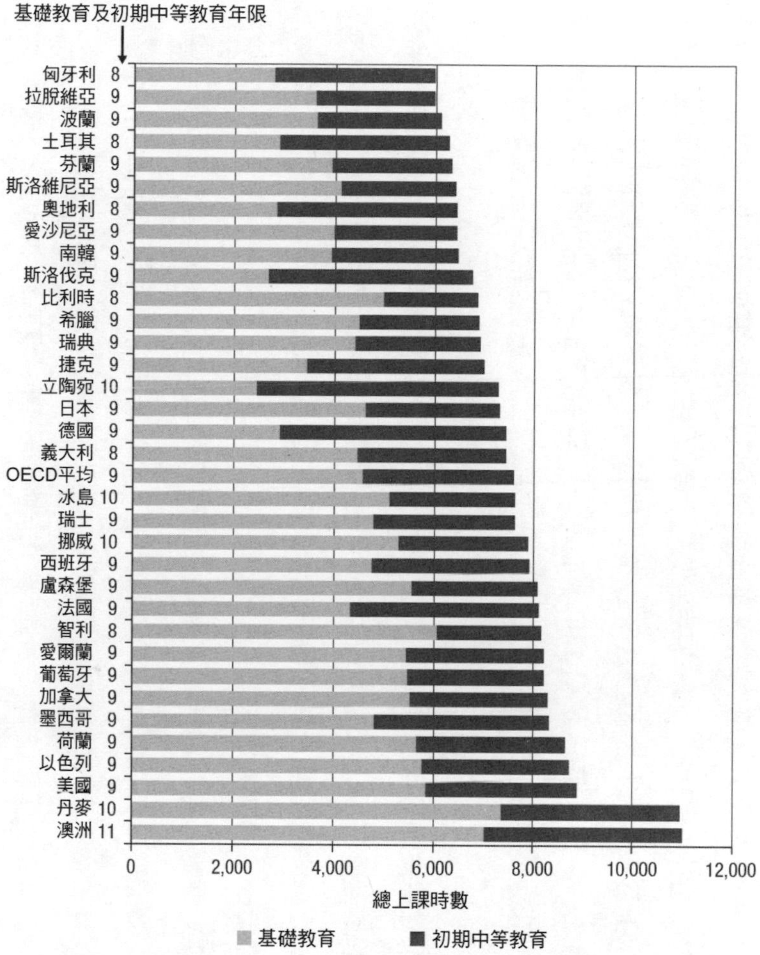

圖2.11　二〇一八年 OECD 國家基礎教育及初期中等教育學生的總上課時數

資料來源：OECD, 2019a

「侵入式教育最小化」（minimally invasive education）原則，認為學生能夠在未受監督的環境中，透過彼此協助，自由自在地學習。

如果芬蘭教育體系的授課時間已經比其他國家還要少，那麼學童在課後的活動是什麼？原則上，除非學校另有安排，否則學童在下午就可以自由返家，政府規定芬蘭小學必須安排課後活動供年紀較小的學童參與，並鼓勵成立教育或休閒社團，供年長一些的學生參加。各種青年或運動社團，在提供青年機會，參與能夠促進全人發展的活動上，扮演相當重要的角色，芬蘭十歲至十四歲的學生當中，大約有三分之二左右曾參加過青年或運動社團，十五歲到十九歲學生的比例則是過半。芬蘭將非政府組織構成的社群網絡視為「第三部門」，不僅為芬蘭青少年的社會及人格發展貢獻良多，也對教育表現有所裨益。

各國教師工作時間的差異，則是另一項呈現「**質**」、「**量**」悖論的指標。圖 2.12 顯示各國教師的工作時間差異非常巨大。根據 OECD 的數據，芬蘭小學及初期中等教育教師的年度平均授課時數，分別為六百七十七小時和六百一十四小時，相當於平均一天四節課。至於美國的相關數據，我在此採用另一個來源，因為 OECD 的美國數據都相當誇大；根據哥倫比亞大學教育成本研究中心（Center for Benefit-Cost

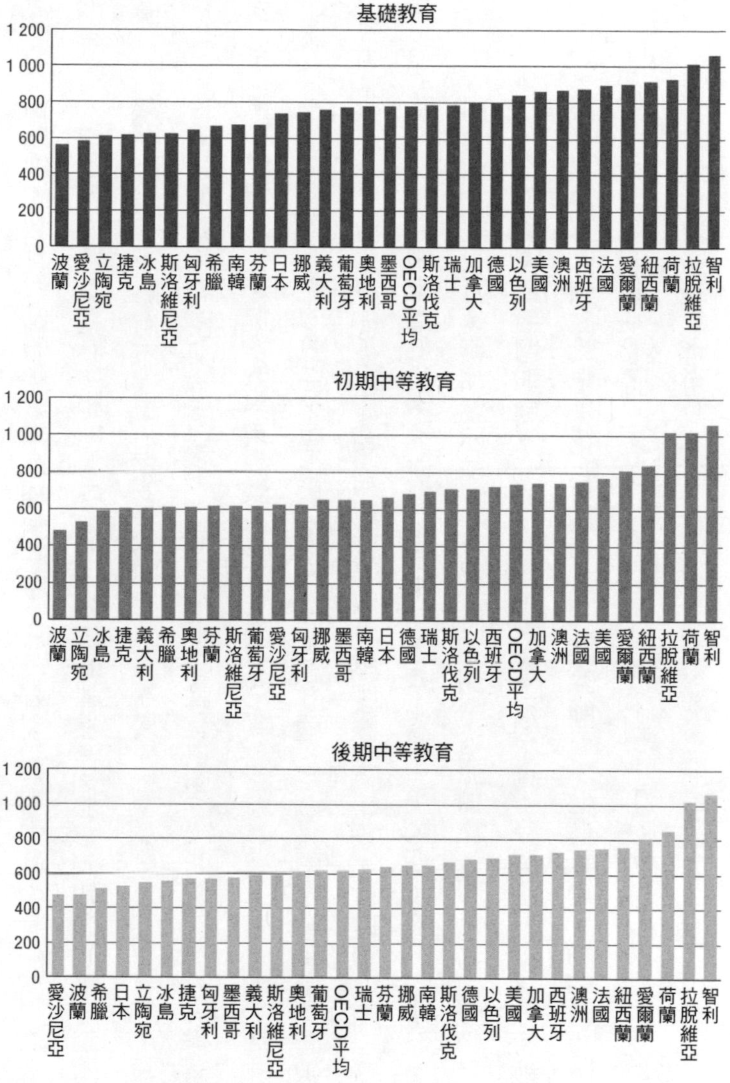

圖2.12　二〇一八年部分 OECD 國家公立基礎教育、初期中等教育、後期中等教育教師的法定教學時數

資料來源：OECD, 2019a，美國的數據取自 Abrams, 2015

Studies of Education）的亞伯罕斯（Sam Abrams, 2015）進行的深入研究，美國小學及初期中等教育教師的年度平均授課時數，分別為八百六十五小時和七百七十小時，大約等於每天五．五節和四．九節五十分鐘的課程。[21]加拿大教師的年度平均授課時數則因省分而略有不同，但小學大約是八百小時，初期中等教育則是七百五十小時。如果教師的授課時間較少，他們上班時就有更多時間與機會可以參與教育改革、課程設計及個人的專業發展。

二〇一八年的TALIS，提供了更多芬蘭和其他OECD國家教師工作時數的相關資訊（OECD, 2019f），芬蘭初期中等教育教師的每週平均工作時數為三十三．三小時，比其他國家都低很多，澳洲是四十四．八小時，美國四十六．二小時，英格蘭四十六．九小時，新加坡四十五．七小時，加拿大亞伯達省四十七小時，參與調查的四十八個國家平均則是三十八．三小時。平均來說，芬蘭初期中等教育教師的工作時間約有百分之八十是花在教學上，芬蘭教師表示他們每週平均的教學時數為二十一小時，加拿大亞伯達省為二十七小時，美國二十八小時，新加坡十八小時，OECD平均則為二十小時。

芬蘭後期中等教育教師與美國同儕的一天有何不同？首先，美國教師每個星期的上課時數幾乎是芬蘭教師的兩倍。一天教書六個小時或四節課是非常艱困的工作，讓許多美國教師過於疲倦，導致上完課後無法再參與任何專業事務，因而美國教師的工作也就僅僅停留在教學而已。另一方面，芬蘭後期中等教育教師的單日平均授課時數則是四小時，雖然由於授課時數是芬蘭教師的給薪基準，使得他們的薪資較低，但也讓他們擁有更多時間與同仁一起計畫、討論、反思教學。除了授課之外，芬蘭教師還有其他責任，他們必須評量學生的學習成果與整體發展、持續發展他們的校本課程、參與各種和促進學生健康及幸福有關的活動，並為需要額外幫助的學生提供補救教學。若是按照教師工作的獨特性和本質來定義這個職業，許多芬蘭學校都可說是專業的學習社群，當然在這之中也有例外，不過大部分的小學確實都是真正的專業學習社群，教育也是一個跨領域的職業，包括在教室裡教導學生不同的學科，並和其他教學同仁在各式學校事務上合作。

芬蘭教育專家並不認為家庭作業多，就可以帶來更好的學習成果，特別是讓學生反覆進行沒有任何挑戰性的任務時，情況更是如此；不幸的是，一般的家庭作業都屬於這種類型。根據芬蘭的國家調查報告與國際報告，芬蘭基礎教育與初期中等教育的學生，家庭作業的負擔程度為全世界最低，《華爾街日報》的報導也指出，芬蘭學生一天花在家庭作業上的時間很少超過半個小時（Gameran, 2008）。此外，根據 PISA 的數據，芬蘭十五歲學生每週花在作業上的時間也少於三小時（OECD, 2019a）；芬蘭的許多小學生或國中生，也確實能在放學前便做完大多數的作業，根據 OECD 的資料，芬蘭十五歲的學生在正式教育之外，也不太需要參加補習班或任何額外課程（OECD, 2019b）。在這樣的情況下，芬蘭學生在國際教育評比上的傑出成就可謂非常驚人，因為在 PISA 的閱讀、數學、科學分數和芬蘭差不多或更高的國家及地區中，包括南韓、日本、新加坡、中國上海等，大部分的學生放學之後，還有週末及假日，都會到補習班繼續念書。

近年的國際研究則透露另一個有趣的現象，即芬蘭學生比其他國家的學生更沒有學習焦慮與壓力（OECD, 2004, 2007）。PISA 調查顯示，只有百分之七的芬蘭學生認為自己在寫數學作業時會感到焦慮，日本與法國學生的比例則分別是百分之五十二與百分之五十三（Kupari & Välijärvi, 2005）。二〇一五年，只有不到五分之一的芬蘭學生表示他們「在學習時感到非常緊張」，英國的比例則是百分之五十三、澳洲百分之四十八，美國百分之四十三（OECD, 2016）。許多國際媒體在觀察芬蘭教育之後，也得出相同的結論，在芬蘭教育體系良好的表現背後，放鬆的學習文化和不具壓力的教育環境，確實居功厥偉。更有趣的來了，二〇一八年調查學生學習成就與生活滿意度的關聯時，芬蘭是唯一一個閱讀表現和生活滿意度都非常高的國家（Ministry of Education, 2019）；在大部分高成就的亞洲國家中，學生對自己的生活都不甚滿意，而學生生活滿意度高的地方，通常學習成就則相當普通（參見圖 2.16）。

悖論二：考越少，學越多

全球教育改革運動認為，競爭和考試導向的績效責任制，以及強調讀寫和數理科目，是提升教育品質的必要條件。在許多教育系統都相當盛行的市場化管理概念，讓競爭、效率、生產力，成了宰制教育政策和教改策略的因素，教師的授課時數因而提高，學生也要花更多時間上學和做家庭作業。家長和教育專家間都流行這樣的概念，那就是上課時間越長，學習成就越好；但重要的問題是，**教師授課時數提高，學生更用功的教育體系，在國際教育評比上，真的有表現比較好嗎？**

只要比較 OECD 教育資料庫的數據，就能回答這個問題，圖 2.13 顯示了二〇一八年基礎教育及初期中等教育學生的總上課時數，和閱讀能力之間的關係（OECD,

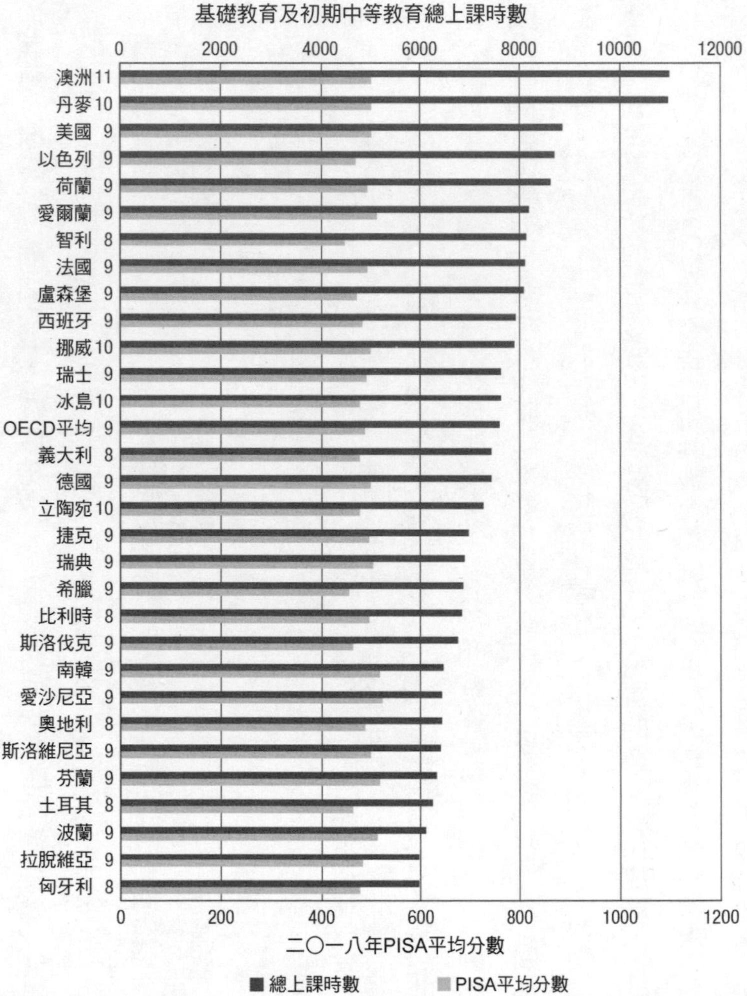

圖2.13　二〇一八年基礎教育及初期中等教育學生總上課時數和 PISA 分數之間的關係

資料來源：OECD, 2019a, 2019d

2019a）。

首先，我們先來看看學生總上課時數高於 OECD 平均的那些國家，他們的學生在最近幾次的 PISA 中表現如何。數據顯示，這兩者之間沒有任何關聯，換句話說，在學生結束初期中等教育的階段，總上課時數和學習成就完全沒有關係。此外，數據也顯示，芬蘭學生的學習時數比大多數 OECD 國家都短，但表現反而更好。

第二，我們接著來比較芬蘭學生和其他國家學生的上課天數，例如美國或澳洲等，圖 2.13 也顯示，因為芬蘭基礎教育的總時數只有大約六千三百小時，初期中等教育更少，所以學生在一百九十天的學年中上課的天數，一定也比其他國家都少，而且也確實少非常多。芬蘭學生在六年的基礎教育中，只花大約三千九百小時上課，而 OECD 的平均時數則是四千六百小時，美國五千八百小時，澳洲七千小時。在芬蘭的基礎教育中，學生的每日學習時間會隨著年級逐漸攀升，因此在低年級每週大約會有二十堂四十五分鐘的課，高年級則是每週二十五堂。

圖 2.14 描繪了芬蘭小學生一天的生活，課程時間通常是四十五分鐘，結束後總是會有十五分鐘的下課時間，或是更長的午餐時間。學生在下課時間會到戶外玩耍或運動，風雨無阻；芬蘭小孩每天至少會花一個小時和朋友在外面玩耍，大多數教師

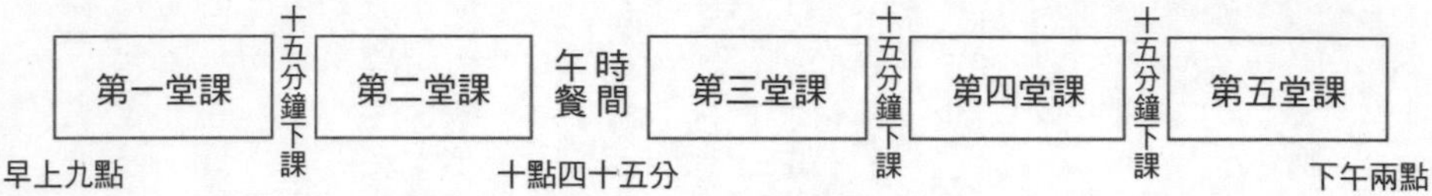

圖2.14　芬蘭小四生一天的生活

也都非常重視這段自由時間，將其視為重要的學習時段。如同我在《讓孩子玩耍》（*Let the Children Play*）一書中所言，「玩越多，學越多」（Sahlberg & Doyle, 2019）。

因此，第二個芬蘭悖論便是考越少，學越多。芬蘭向來以非常不正式的學生評量文化聞名，在完成後期中等教育的學生，準備證明自己有能力接受高等教育，並參與國家入學考試前（參見第一章），並不存在其他標準化測驗。不過儘管芬蘭學生不像其他國家的學生一樣，經常接受標準化測驗，這並不代表芬蘭沒有任何學生評量，或是芬蘭沒有任何和學生表現有關的數據；事實正好相反，芬蘭教師無時無刻都在評量學生。

原則上，芬蘭的學生評量分為三種。第一種是教師進行的教室評量，包括教學診斷、形成性評量、總結性評量，所有芬蘭教師都必須負責進行第一類評量，因此他們都具備自行設計及運用各式評量方法的能力，而此類評量也是芬蘭教師在授課之外的主要工作。

芬蘭的第二種學生評量，則是針對學生各學期表現進行的綜合評量，學生將會收到一張評量卡，上面記載其學科表現和各種非學科表現，以及個人行為與參與程度等。各科教師將會一同在每張學生評量卡上，進行專業的評估與判斷。各校可以按照國家學生評量原則，制訂自己的評量標準，由於評量卡並未採用任何標準化的評量方式，這表示各校的報告卡歧異程度可能很大。然而，許多芬蘭教師都相信，這種評量方法比標準化測驗還好，因為標準化測驗會破壞各校的獨特性，並讓教育淪為「為考試而教」。

芬蘭的第三種評量方式，則是以外部測驗評鑑教育體系是否達成預期目標，芬蘭教育評鑑中心（Finnish Education Evaluation Centre，FINEEC）會固定舉行全國抽樣，抽取特定年齡百分之十的學生當作樣本，例如六年級學生或九年級學生等。這種評量方式將檢測學生的閱讀、數學、科學能力，芬蘭政府也會在國家評鑑計畫中，決定其他的評鑑項目及主題，而且每四年都會根據教育專家及地方教育當局的需求，進行調整。至於沒有參與抽樣調查的學校，則是可以向芬蘭教育評鑑中心購買不同的測試自行舉辦，藉此瞭解自身與其他學校之間的差距。

針對教育體系學生表現及評量的評鑑重點，應是學生是否進步並出現正面改變，而非比較和競爭。芬蘭在過去二十年中發展的國家教育品質保障系統，便是一種進步導向的評鑑典範，同時也是芬蘭教育體系不可或缺的一部分。國家教育評鑑系統的基本要素，包括法律規定的領域特定目標、K-12 教育的國家核心課綱，以及當地學校層級的校務評鑑和學習評量實務。品質保障政策也包括判定素養導向評量的標準、提供教育服務的執照、規範教師品質的法令等。

芬蘭教育評鑑中心是一個獨立的專業機構，宗旨為發展及執行系統層級的教育評鑑，並根據四年期的國家教育評鑑計畫運作。這些評鑑的目的，是要為所有層級的教育政策提供可靠的資訊，以做出最好的決策，並讓教育政策走向更好的方向。國家教育評鑑計畫是由教育評鑑委員會的專家制訂，經教育部批准；芬蘭史上第一個國家教育評鑑計畫為期三年，於二〇〇九年至二〇一一年間施行，此後則調整為四年一期，目前二〇二〇年至二〇二三年最新期程的四個主要目標如下（Finnish Education Evaluation Centre, 2020a）：

一、發展學習和相關技能

二、促進教育均等

三、提升教育體系的功能

四、支持教育的持續發展

瞭解芬蘭這類評鑑的核心目標也很重要。簡單來說，芬蘭教育評鑑中心進行這些評鑑的主要原因，便是要監測教育體系的功能；詳細來說，國家教育評鑑計畫中規定的特定評鑑，是為了要達成以下目標（Finnish Education Evaluation Centre, 2016）：

- 透過評鑑過程及評鑑結果，**支持**地方、區域、國家的發展和決策
- **提升**教育品質、學生學習、教師專業
- **促進**教育改革的目標，並提升針對學習成果發展的監測

在目前二〇二〇年至二〇二三年的計畫期程中，芬蘭教育評鑑中心預計在三個過渡階段（三年級、六年級、九年級）進行數學和母語測驗，九年級還會額外進行芬蘭語以及英語作為第二語言的測驗。除了這些領域外，九年級的評量還會包含瑞

典語、歷史和公民、宗教教育及倫理、藝術、音樂、工藝、家政、體育等，這些評量都是採隨機抽樣，並外包給芬蘭的大學和研究機構進行。而其他國際學生評比的結果，例如 IEA 舉辦的 TIMSS、PIRLS、ICCS 以及 OECD 舉辦的 PISA 和 TALIS 等，也都和上述芬蘭國家教育評鑑的結果吻合。

上述所有教育評鑑的資金，都是直接從芬蘭政府撥給芬蘭教育評鑑中心。二〇二〇年，芬蘭教育評鑑中心的年度預算，包含人事費以及在各個教育層級，從學前教育到高等教育，所進行的所有評鑑費用，總計超過四百二十萬美元。和芬蘭政府每年在測驗和評量上投資的成本相比，花在教師專業發展和提升教育品質上的預算超過十倍。

事實上，測量學生的學習成果並不是什麼壞事，只要不會傷害到教學和學習就好；但如果考試都是品質差勁的高風險測驗，或是把測驗結果拿來評估教師和學校的品質，那就會產生問題，全球許多以高風險測驗當作績效責任制標準的國家，也都出現了相關警訊（Amrein & Berliner, 2002、Au, 2009、Koretz, 2017、Nichols & Berliner, 2007、Popham, 2007、Ravitch, 2013）。研究顯示，當教師身處在高風險測驗的環境下，就會根據測驗重新設計教學方法，優先重視考試成績，讓教育淪為壓榨學生腦力、強迫學生記憶，而不是理解知識。對教師和學校來說，這類標準化測驗的風險都非常高，因為和教師的評鑑、晉升、薪水、名聲、資格有關，對學生也不會帶來任何好處，因而是否能對整體學生學習和教育品質帶來幫助，實在非常值得懷疑。由於芬蘭唯一的高風險測驗，就是緊接在後期中等教育之後的國家入學考試，所以教師平時可以把重心放在教學上，無須擔心頻繁考試帶來的困擾。

蘇格蘭、威爾斯、荷蘭、紐西蘭等地近來的政策改變，也透露出它們逐漸降低對競爭和考試的依賴，並以更聰明的評量方式，取代某些國家層級的標準化測驗。新加坡政府也開始減少學校中的考試，從二〇一九年起，新加坡的小一、小二學生便不再考試，此外學生也不再受到國家測驗的分數桎梏。二〇二〇年，新冠肺炎疫情也讓美國和澳洲的國家層級標準化測驗變得相當累贅，在許多國家也是如此。

悖論三：玩越多，學越多

芬蘭語和瑞典語中，都各有專門的字來形容孩子的玩樂，芬蘭語是「leikki」，瑞典語則是「lek」，這些字的意思和玩運動或玩樂器不同。當你用「leikkiä」這個動詞來形容某個人在做的事時，絕對不會有疑義；這個字本身傳達的意思，代表由孩童或成人的內在興趣所驅動的活動，包含積極參與和實作，並且會帶來快樂的經驗和情緒。換句話說，孩子天生便是在玩樂。

許多人對芬蘭的印象，就是芬蘭人非常注重玩樂。大部分芬蘭家長都會同意，童年初期自由自在地在戶外玩樂，對孩童的好處遠勝其他所有活動。大部分的教師也都會同意，小學教學應該要以學生願意積極參與，類似玩樂的教學活動為主軸，而非以傳統方式教授不同的學科；許多中等學校也都會在教學法中融入玩樂，以促進學生在課程中積極實作、探索、發現。

「玩越多，學越多」這句話之所以能夠如此貼切形容芬蘭的教育文化，有幾個原因。首先，芬蘭兒童七歲才會上小學，所以他們接受正式教育的年齡比世界大部分國家都更晚，芬蘭的家長和教育者都非常重視這一小段延長的童年時光，因為這段時光可以讓孩子玩久一點，並以適合自己的步調長大。第二，和大部分國家相比，芬蘭小學的上學時間也更短。學校每天的課表必須在課程空檔間安插玩樂時間，而且所有學校每天都必須提供學生至少一小時的體育和玩樂活動，如同圖2.14所示，這個措施讓孩子有更多時間可以玩樂。最後，和其他國家的小學和初期中等教育相比，芬蘭學生的家庭作業也最少，放學時間應該是孩子用來玩樂、發展興趣、和家人共度的休閒時間。

芬蘭學校的日常，便包含提供給年幼學生的非結構式自由玩樂，以及小學和中等教育的「玩中學」。玩樂是所有孩子的基本人權，受規範學校事務的國家法規保障，政府認為玩中學能夠大幅促進幼稚園和小學學生的幸福、社會互動、重要技能的學習。成立宗旨為促進家長和學校及寄宿學校間合作交流的芬蘭家長聯盟（Finnish Parents' League），也提醒家長玩樂在孩童生活中扮演的重要角色：

> 玩樂能夠啟發孩子，並提供快樂。孩子同時也能在過程中學會新技能，他們透過玩樂處理重要的事物。學前教育及照護的人員，能確保每個孩子都有機會參與各式各樣不同的活動及小組活動，相關人員也應和孩童的監護人討論玩樂的重要性，這點也相當重要。（Vanhempainliitto, 2017）

如同我在第一章所述，二〇一九年芬蘭的「ECEC 國家核心課綱」，也相當重視玩樂，其中提到「對學前教育及照護而言，瞭解玩樂的重要性和其在教育上的可能性，能夠促進孩子的福祉和學習，相當重要」（Finnish National Agency for

Education, 2018）。玩中學在芬蘭基礎教育的前幾年中，是個非常普遍的教學方法，中學也常會在教學中融入玩樂。同時不論是在上學時或放學後，和其他國家的學生相比，芬蘭學生很明顯也玩得比較多。簡而言之，許多芬蘭人都相信，孩子「玩越多，學越多」。

悖論四：教育越均等，學越好

正如本書第一章所述，為所有人提供均等的教育機會，是一九七〇年代芬蘭綜合學校改革的主要原則。其中也包含另一個理念，便是學生的學習成就不應受家庭背景影響，並讓所有的族群與地區，都能享受相同的教育品質。芬蘭的族群同質性的確持續相當長久的時間，但在一九九五年加入歐盟以後，芬蘭的多元文化與族群成長速度，比任何歐盟國家都快，特別是在芬蘭大城市的行政區以及學校中，當地的第一代與第二代移民人數達總人口數的四分之一；此外，二〇一五年從中東和北非地區來到歐洲尋求庇護的大量難民，也讓芬蘭的社區和學校充滿外國臉孔。表2.4統計了一九九〇年代以來，芬蘭第一代與第二代外國移民的人數成長情況；二〇〇〇年時，約有百分之二．五的芬蘭居民是移民，而且多數的母語都不是芬蘭

表2.4　一九九〇年起芬蘭的移民總數

年分	出生在國外	出生在芬蘭	總數
1990	32,804	4,814	37,618
1995	71,633	8,217	79,850
2000	98,977	14,268	113,245
2005	135,143	22,216	157,359
2010	202,443	34,623	237,066
2015	286,803	53,122	339,925
2020	351,721	71,773	423,494

資料來源：芬蘭統計局資料庫

語、瑞典語、薩米語；二〇二〇年初，這個數字則成長了超過八個百分點。

芬蘭教育必須在相當短的時間內，適應這種轉變。二〇〇〇年時，芬蘭只會說外語的居民約有十萬人，但根據芬蘭統計局的數據（表2.4），這個數字到二〇二〇年成長了超過四倍，使得某些市政府開始限制各校接受移民學生的比例，以免發生教育隔離的情況。例如，在埃斯波市（Espoo），有些學校的移民學生比例超過一半，另一些學校則沒什麼移民學生；二〇二〇年，埃斯波市二十九萬名居民中，有百分之十八是移民，學生人數則是約有五分之一為移民。市政府認為，讓各校移民學生的比例平均分配，可以同時對學生與學校帶來幫助，但各校校長對這個強制政策有所質疑，也抨擊這種政策對社群造成的影響。而在赫爾辛基的綜合學校中，[22] 移民學生的比例則是超過百分之二十二，學生使用的語言更超過四十種，這種趨勢在芬蘭所有大城市中都相當常見。

芬蘭教育體系針對不同的學生特質與需求，盡可能採取包容原則，並保障學生一開始接受教育時，便能使用母語上課的權利。一般而言，除非情況特殊，否則學生都可以選擇就讀一般學校，因此，在標準的芬蘭教室中，教師會依據學生不同的能力、興趣與族群特質授課，也會有助教協助相關事宜。芬蘭逐漸增長的多元族群，代表校際學習差異可能會逐漸擴大；最新的數據便顯示，校際表現的實質差異已經開始擴大（Rautopuro & Juuti, 2018），但是在國際評比中，芬蘭在教育均等上的表現依舊強勁。

芬蘭的社會與文化發展情況，讓學校與社群都處在多元文化的快速發展過程中，這是極為有趣的研究主題。郝塔馬基便曾探討漸增的移民對芬蘭學生的學習成就帶來的影響。針對這個主題，有兩個非常有趣的發現。第一，根據 PISA 的數據，芬蘭移民學生的表現，比其他國家的移民學生還好非常多，高出了五十分左右，不過這並未包括二〇〇九年之前的數據，因為當時移民比例還相當低（Hautamäki et al., 2008）。第二，從二〇一五年開始，芬蘭移民學生和本地學生之間的表現差異，便是 OECD 國家中最高。根據學校的說法，這和移民學生還沒學會芬蘭語或瑞典語有關，同時學校也缺乏相關資源，無法幫助他們在短時間內達到應有的語言水準。

根據二〇一八年的 PISA 成績，芬蘭移民學生的學習進度相對落後。芬蘭教育部表示：「和主流學生的平均閱讀成績相比，第一代移民學生低了一百零七分，第二代則是低了七十一分。」（Ministry of Education, 2019）這個狀況緊跟在主流學生的閱讀表現衰退之後而來。「不過，移民背景和閱讀成績並不是非常相關，根據芬蘭二〇一八年的 PISA 數據，學生的移民背景在影響閱讀成績的因素中，只占了百分之五。」（Ministry of Education, 2019）二〇一八年參與 PISA 的芬蘭學生中，移民比例為百分之五．八，超過二〇〇九年的兩倍以上；不過，參與測驗的移民學生人數只有大約三百人，數量仍然太少，無法解釋芬蘭在此之後所有的 PISA 成績發展趨勢，但應該可以解釋芬蘭學校從二〇一〇年之後，低成就學生數量增加的原因。因而對大都市的學校來說，協助移民學生學習芬蘭語，便成為重要的挑戰。

貧窮也是影響學校教學的另一個重要因素。兒童相對貧窮率的定義，是家戶可

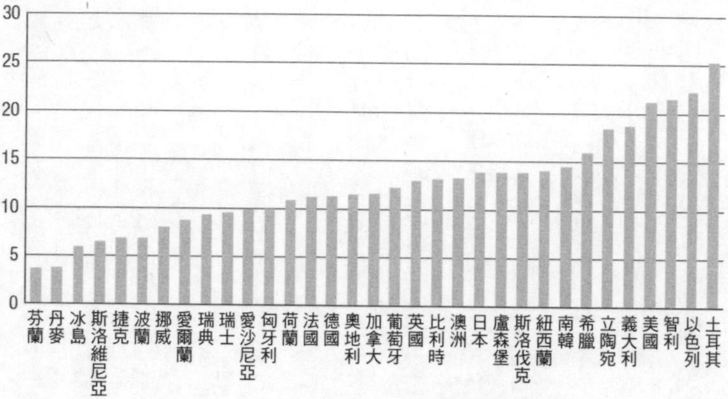

圖2.15　二〇一七年世界富裕國家的兒童相對貧窮率

支配收入在扣稅並按照家戶規模調整後，平均仍低於全國貧窮線百分之五十的兒童比例。根據這樣的定義，以及 OECD 收入分配資料庫（Income Distribution Database，簡稱 IDD）的數據，芬蘭約有百分之三．六的孩童屬於貧困孩童，如圖 2.15 所示，這個比例是 OECD 國家中最低；加拿大為百分之十一．六，英國百分之十二．九，澳洲百分之十三．三，美國則是百分之二十一．二。

常常有人問我，最棒的教育體系是什麼？我認為，這個問題不該只是從國際教育評比的排名倉促回答。一個教育體系的品質，除了學生在某個時段的測驗分數之外，還會受其他許多因素影響。在這個章節中，我們可以發現，影響教育體系「表現」的因素，包括學習成果的品質、學習成果是否均等、教育成本等，因此在回答上述的問題時，應該把這些因素都納入考量。此外，還有其他因素會影響整體的教育品質，像是學生的福祉、對學校的歸屬感、學習參與程度、幸福等，它們近期也都已成為衡量教育體系表現的指標（UNICEF, 2020），圖 2.16 便顯示了二〇一八年，部分 OECD 國家的學生對生活的滿意度，以及學業成就之間的關係。

PISA 測量的生活滿意度，代表的是個體運用自身的標準，對生活品質的整體認知（OECD, 2019d）。在 OECD 國家中，平均有三分之二的十

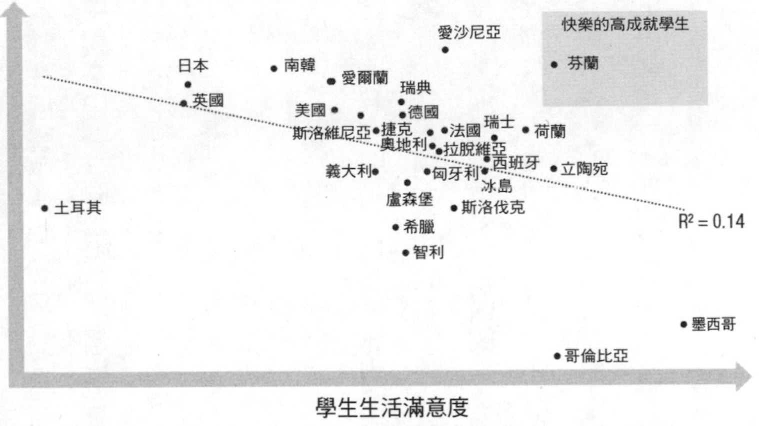

圖2.16　二〇一八年部分 OECD 國家學生生活滿意度及學業成就間的關聯

五歲學生滿意自己的生活，芬蘭則有百分之四十三的學生覺得非常滿意，不滿意的比例只有百分之十。圖2.16顯示了如果把生活滿意度視為快樂（兩者有強烈的關聯），那麼在參與二〇一八年PISA的OECD國家中，芬蘭是唯一一個擁有快樂高成就學生的國家。

PISA的危機

自從PISA在二〇〇〇年開辦以來，就對全球的教育改革，以及參與國家的教育政策，帶來非常重大的影響；不僅在亞洲、歐洲、北美洲等地，成為推動教育發展的重要依據，在世界各地的影響力也與日俱增。美國、英格蘭、紐西蘭、德國、南韓、日本、澳洲、波蘭等地出現了大規模的教育改革，新的國際機構成立，數以萬計的代表也前往表現優秀的地區取經，包括芬蘭、愛沙尼亞、加拿大亞伯達省、安大略省、新加坡、南韓，試圖揭露優質教育的「祕密」。在將近八十個參加的教育體系或地區中，PISA都在其教育政策發展上扮演重要角色。

芬蘭教育專家對PISA結果表現出的興奮，並不如外人預期，這或許會讓人有些驚訝。許多芬蘭的教師和校長都認為，PISA 測量的只是學校學習中非常狹隘的一部分而已，完全無法提供任何學生學習非學科素養的資訊，但這些素養比起 PISA 測量的範圍，其實更能預測學生未來是否能夠擁有成功的人生。也有一些芬蘭人認為，PISA 將導致教育政策轉向，並追求所謂的「最佳實踐」，但這些方法不一定能完美應用在各個教育體系中，而且這將會使我們對教育改革的看法，變得過於簡化，就像在運動上過於強調國際間的比較或競爭，可能會導致有人作弊，只為在短時間內追求更好的表現，並站上頒獎台。一個健全的學校體系和高學業成就，並不只是測驗卷上的分數而已，還有其他很多因素。有些芬蘭教師相當擔憂目前的風潮，也就是單單透過學業成就，來檢視教育體系的品質，最後將會導致課程益發狹隘，遭到測驗學科宰制，而忽略社會研究、藝術、體育、音樂以及孩子的全人發展。

確實，現在已經有越來越多人在討論，這類國際測驗的結果到底代表什麼，也有許多教育研究在探討可不可以單憑 PISA 的結果，判斷教育體系的品質（Adams, 2003、Bautier & Rayon, 2007、Bracey, 2005、Dohn, 2007、Engle & Rutkowski, 2020a、Fischman et al., 2019、Goldstein, 2004、Kreiner & Christensen, 2013、Mortimore, 2009、Prais, 2003, 2004、Riley & Torrance, 2003、Schleicher, 2007、Sellar et al.,

2017）。許多評論 PISA 的人，大部分是國際知名學者，都表示政治家和包括媒體在內的社會大眾，都應該要更深入瞭解 PISA 的意義及限制。其中包括劍橋大學的史皮格豪特（David Spiegelhalter），他二〇一三年時在《衛報》上表示：「如果 PISA 測量出了任何東西，那就是學生應付 PISA 測驗的能力。按照單一表現指標來調整政策，可能會造成非常大的損害，我們應該要把眼光放得更遠。」堪薩斯大學的趙勇也認為，東亞的教育體系可能很自豪自己在 PISA 名列前茅，但它們對教育成果卻不甚滿意；趙勇在一篇部落格文章提到：「它們早就知道自己的教育帶來的損害，並試圖改革教育體系。」趙勇在他二〇一四年的著作《誰怕大壞龍？》（*Who's Afraid of the Big Bad Dragon?*）中，也廣泛整理了近年來大部分針對 PISA 的批評，並認為華人教育，包括新加坡相當高的 PISA 成績，是建立在三個基礎上：「華人家庭的高期望、用功和勤勞、考試系統」（Zhao, 2014, p. 187）。二〇一〇年，哈佛大學的嘉納也在二〇〇九年的 PISA 結果出爐後，發表了一篇評論〈統治者的錯誤認知〉（The Ministers' Misconception），他在其中寫道：「我一直都非常驚訝，在統治階層的談話和文章中，不斷支持教育的『轉移理論』……以及追求唯一正解的概念，他們甚至還開始懷疑許多答案共存的可能性、學習過程中會帶來收穫的錯誤跟出現的創意等。」此外，賽勒和林葛德（Sam Sellar & Bob Lingard 2013）也提到「PISA，乃至整個 OECD 的教育事業，為 OECD 在教育上創造了全新的全球治理模式，包括在**認識論**和**基礎建設**這兩方面」。賽勒及其同事也在《全球教育競賽：檢視 PISA 和國際測驗》（*Global Education Race: Taking the measure of PISA and international testing*）一書中，提供了重要而且平衡的觀點，分析 PISA 這類國際測驗的限制（Sellar et al., 2017）。在該書的前言中，我和柏林納也補充了更深入的觀點，討論 PISA 的信度、效度、應用度（Berliner & Sahlberg, 2017）。

首先，我們認為 PISA 試圖透過測驗分數，預測十五歲的學生，是否具備未來經濟所需的勞動力、知識、技巧；然而，問題在於預測長時間的經濟趨勢以及某個國家的經濟表現，這件事本身就相當複雜，而且充滿不確定性。二〇二〇年爆發的全球疫情，便是個非常好的例子，顯示這類預測失準的速度有多快，現實又是多麼難以預料。另一個運用 PISA 成績以及全球經濟指標的盲點在於，國際經濟表現和學生學習成就之間，其實只有些微正相關。

第二，我們認為 PISA 測驗的分數，並不是由學校的功能決定，而是更容易受學校及社群的社會條件影響。這表示 PISA 的結果，和影響學生的社經條件更為相關，而非該國的教育體系或學校。

第三，PISA 加速了學校課程「回歸基礎」的速度，也就是在教學上優先發展閱讀、數學、科學素養，而非其他學科或主題。我們認為孩子要達到「受過良好教育」的程度，並擁有成功的人生，還有很多重要的東西需要學習。拿美國的例子來說，公民、藝術、音樂、體育等科目，都成了這類課程轉移的犧牲品，這非常讓人遺憾，造成這種現象的，並非國際評量，而是方向錯誤的教育政策，以及對高風險標準化測驗的依賴。

PISA 也以類似的方式影響其他國家的教育體系（Fischman et al., 2019）。總而言之，在根據 PISA 或這類大型國際測驗的結果做出任何結論前，都必須瞭解其缺陷，這非常重要。比如只要深入檢視二〇一八年 PISA 的數據（OECD, 2019a），就能得知 OECD 國家的學生中，約有百分之六十六並沒有認真參與測驗，如同本章稍早所述。沒有認真測驗的人數比例在美國是百分之六十三、芬蘭百分之七十、澳洲百分之七十三、加拿大百分之七十九。有這麼多學生都沒有認真參與 PISA 測驗，使得這個針對閱讀、數學、科學能力的測試，在進行國際比較時，效度可能會大打折扣。確實，學生缺乏動機認真參與 PISA，對國家整體表現的影響，有可能比許多人認為的還大。

另一個針對 PISA 影響力的常見迷思，便是將 PISA 測驗的分數成長和國家的經濟成長掛鉤。這背後的邏輯是 PISA 測驗的學生技能，能夠預測及協助改善未來的勞動力，並因此帶動經濟成長。OECD 在二〇一〇年的報告〈高成本的低學業成就——PISA 成績提高的長期影響〉（The High Cost of Low Educational Performance—The Long-Run Impacts of Improving PISA Outcomes）中宣稱，若某國展開教育改革，並把目標放在提高 PISA 分數二十五分，那麼將能在本世紀結束前，提高該國百分之三十的 GDP。即便這類有關知識資本能夠促進經濟發展的樂觀論述，已經被許多研究證實它們是錯誤的（Komatsu & Rappleye, 2017, 2020、Ramirez at al., 2006），但這類論述仍然在世界銀行、歐盟以及許多新自由派的智庫策略中不斷出現。二〇一九年，歐盟委員會聘請了史丹佛大學胡佛研究所（Hoover Institute）的哈努謝克（Eric Hanushek）和慕尼黑大學教育經濟中心（Centre for Economics of Education）的瓦斯曼（Ludger Woessmann）為歐洲國家未來的教育體系改革提供諮詢。兩人在報告《改善歐盟學業成就帶來的經濟效益：更新與延伸》（*The Economic Benefits of Improving Educational Achievement in the European Union: An Update and Extension*）中，重複了和上述 OECD 二〇一〇年報告相同的論述，也就是透過提高 PISA 分數，歐盟會員國將會獲得高度經濟成長。然而，這些空泛的願景，不但是根據充滿缺陷的經濟分析及針對學生技能的錯誤評量而來，同時也可能對那些衷心相信的政府帶來傷害，比如澳洲和丹麥總理就相信這類錯誤願景，將國家的教育目標設為在二〇二〇年代初期，成為 PISA 測驗的前五名。賽勒及其同事也警告教育體系的領導者，不要落入全球教育競賽的陷阱中；歐洲還是有像北歐國家這樣的成功教育體系，珍視不同的教育價值，認為上學的意義不僅是如某些國際組織所說，只是追求人力資本而已，而是更為廣闊。批評 OECD 和世界銀行以錯誤的假設向各國政府提供建議的學者（Komatsu & Rappleye, 2020），也很驚訝歐盟委員會竟然聘請哈努謝克和瓦斯曼，花費大把的顧問費，請他們為歐洲提供政策建言。這些學者也懷疑：「為什麼歐盟委員會的教育、青年、運動、文化理事會（Directorate for Education, Youth, Sport, and Culture）需要向美國智庫尋求政策建言？」確實，比起從另一座大陸引進無法適應歐洲多元社會、經濟、文化的經濟模式，歐洲本身其實還有很多替代方案以及研究支持的解決方法。

此外，也有越來越多人開始探討 PISA 和其他大規模國際測驗的效益。令人驚訝的是，有關政府究竟需要花多少錢才能加入 OECD 舉辦的 PISA 測驗，我們並沒有太多資訊。英格爾（Laura Engel）和魯考斯基（David Rutkowski）在二〇二〇年的文章〈付錢參加：美國參加 PISA 的成本為何？〉（Pay to Play: What Does PISA Participation Cost in the US?）中，揭露了美國政府為了參加 PISA，每年必須向 OECD 支付約一百萬美元的費用，而聯邦每年實施 PISA 測驗的預算則落在大約七百萬美元。但是兩人在二〇一九年的研究中，發現最耐人尋味的事，或許是美國的學校和學生參與 PISA 測驗竟然還有錢可以領；更扯的是，他們還發現就算給錢，許多學校也不願意再讓學生參加考試，因為本來考試就已經夠多了，即便金額提高到兩倍甚至三倍，許多學校仍是拒絕參加 PISA。兩人的結論是：「把花錢給學生進行測驗的國家，拿來和沒有花錢的國家比較，將會對比較的效度產生非常大的影響。」在另一個 OECD 國家中，學生完成九十分鐘的 PISA 測驗後，則是可以吃披薩喝可樂；當二〇〇八年發生金融海嘯，沒錢再這麼做之後，學生的回答也很妙：「沒披薩，沒 PISA。」後來該國的 PISA 分數確實也雪崩式下滑。

芬蘭會花錢請學生參加 PISA 嗎？當然不可能。不過根據 OECD 二〇一八年的 PISA 數據（OECD, 2019a）顯示，大部分的芬蘭學生也只是隨便考考。

上述這些觀察，可謂提醒了我們，PISA 是個好用的工具，卻無法奉為圭臬。即便目前在比較不同的教育體系上，PISA 可能是最好的國際測驗，測驗的結果卻也已經成為過去式。二〇二〇年的全球新冠肺炎疫情提出了新的大哉問：在不久的將來，度過危機的社會和經濟體將永遠改變，財政也會變得相當困難，那麼年輕人究竟需要什麼樣的素養才能因應新時代？此外，也有許多人擔憂，PISA 和其他許多社會指標一樣，最終也將符應所謂的「坎貝爾法則」（Campbell's Law），即「越是使用特定量化社會指標來進行決策，其臣服於腐敗壓力的可能性就越高，而且其監測社會歷程的能力，也會遭到扭曲及腐化。」（Campbell, 1976, p. 49）而 OECD 自己的分析也指出，在國家政策及某些國家的實施狀況上，PISA 已逐漸成為高風險的社會指標（Breakspear, 2012）。

許多芬蘭人，包括我自己在內，都希望這類國際測驗的風險能更低，而且國際政策制訂者也能更清楚這類測驗的意義。令人驚訝的是，芬蘭的教育專家和許多政府機關，都很小心不根據國際測驗的結果，對現行的教育體系多做猜測或解釋。我從芬蘭的經驗中，得出了以下幾個重點：

- **教育體系或學校的品質，不應由國際標準化測驗的分數決定。**從一開始，芬蘭的學者、當局、實務工作者的立場就相當堅定，認為教育體系的成敗，除了某些學科的測驗分數外，還應包含許多其他指標。例如芬蘭學校教育的目的，便是由社會、文化、個人發展決定，而非僅由經濟或其他實用指標決定。
- **國家的教育政策及改革，不應由國際評量及國際組織的霸權驅動。**芬蘭和其他高成就的教育體系，在決定教育發展的方向時，最先依靠的是自身的數據和研究，PISA 和其他國際數據只是輔助。
- **國家的教育目標，不應追求 PISA 排名或 PISA 分數的提升。**芬蘭從未使用國際學習標準來訂定教育目標，而且即便芬蘭的 PISA 排名正在下降，也並未將教育目標放在提高 PISA 分數上。因為芬蘭教育者瞭解像 PISA 這類標準化測驗的分數浮動，可能是出自各種不同的原因，而且其中有許多都和實際的教學品質無關。

在本章和接下來的章節中，我都使用了 OECD 資料庫的數據，以便描繪某些芬蘭教育的特色，並和其他 OECD 國家比較。因此，我會建議讀者謹記這些數據本身可能擁有的限制，變項之間出現相關，並不代表它們彼此具有因果關係。此外，本書使用的某些數據則來自受試者（包含教師和學生）的自我檢視和意見。國際評量數據的缺陷也應該受到重視，特別是在把這些測驗測出的學生學習成果，當成變項使用時（例如圖 2.4、圖 2.5、圖 2.8、圖 2.12、圖 2.15、圖 5.1）；如果想深入瞭解這些數據的蒐集和分析，讀者可以在個別機構的技術報告中找到答案。

第 3 章

芬蘭優勢：教師

你有兩隻耳朵跟一張嘴巴，按照這樣的比例運用。

——我的祖母，關於成功教師的建議

許多因素一同促使芬蘭教育體系從平庸蛻變為世界的帶領者，包括為所有學童創立的九年綜合學校（公立學校）、學生中心的課程與教學、對擁有多元特殊需求的學生提供的系統性照護、信任學校的教育專業等。但是，研究與經驗顯示，其中有項因素特別居功厥偉，那就是優秀教師的日常付出。

本章檢視芬蘭教師扮演的重要角色，以及師資培育和教師專業發展，如何在芬蘭教育體系蛻變為世界帶領者，並成為各國的研究對象上做出重大貢獻。不過，本章也認為，只靠改善師資培育系統和擁有「最棒、最聰明」的教學仍遠遠不夠；芬蘭經驗證明了另一件事的重要性，即必須確保教師工作能夠奠基在專業尊嚴、社會尊重、同儕合作上，如此教師才會將教職作為一生的職志，並和擁有相同志向的同儕一起工作。教師的工作應在授課職責與同儕合作之間取得平衡，這是吸引青年才俊投身杏壇的最佳方式，在討論芬蘭現有的教師與師資培育政策之前，本章將會先回顧和教師這個職業有關的芬蘭文化觀點。

芬蘭教育文化

教育一直都是芬蘭文化和社會的一部分，即便從一九二二年開始，六年的基礎教育已是所有芬蘭人的法定權利與義務，但所有人都明白，如果不識字而且也沒有廣泛的知識，就難以實現生命中的抱負與理想。芬蘭從一八六〇年代開始推廣公立教育，在此之前，教士與其他教會組織承擔了教導大眾識字的使命與責任，這種現象可以追溯至十七世紀，當時傳道學校（catechist school）在主日學院提供了宗教導向的識字課程，也在芬蘭鄉村與偏遠地帶開授巡迴課程。根據芬蘭傳統，男女在教會進行合法婚姻的前提，是雙方必須具備讀寫能力；「識字」就此成為芬蘭人的成年標誌，也與成人的相關權利與義務緊密相連。芬蘭於二十世紀初期開始拓展公立教育體系時，教師逐漸承擔了這份使命，由於教師的社會地位極高，使他們在整個芬蘭都備受尊敬，擁有無庸置疑的信任。的確，芬蘭人一直認為教育是一份崇高且極具聲望的工作，如同醫生、律師或商人，但不是因為物質利益、職業前途或報酬，而是因為教職的道德意義。

如圖2.1所示，在一九六〇年代以前，芬蘭的教育水準仍相當低落。舉例而言，芬蘭於一九五二年舉辦夏季奧運時，十個成年人中，有九個人的學歷只有七到九年的基礎教育程度；對當時的芬蘭社會而言，大學學位已經是超凡出眾的教育成就（Sahlberg, 2010a, 2015a）。若與其他國家相比，芬蘭的教育水準大約等同馬來西亞或祕魯，嚴重落後北歐地區的鄰居，如丹麥、挪威、瑞典等。一九六〇年代，芬蘭小學教師雖必須就讀二到三年的師資培育課程，但並不是由學術機構提供，而是來自提供短期訓練及實習的單位。芬蘭前總統亞赫帝薩里，便是一九五〇年代末期的芬蘭師資培育課程畢業生，但在畢業之後，他沒有成為小學老師，而是成為外交官，並在一九九四年贏得總統選舉，擔任總統直到二〇〇〇年，更一舉獲頒諾貝爾和平獎，以全球和平促進者的身分聞名於世。現今芬蘭慶祝教育成就時，也公開肯定了教師的價值，以及他們的專業視野與判斷；對芬蘭而言，如果沒有這些傑出的教師與先進的師資培育系統，想要達成目前的國際教育成就，根本是癡人說夢。

芬蘭的教育體系和美國、加拿大、澳洲、英國等地的公立教育截然不同，其中許多差異都和教師的工作有關。舉例而言，芬蘭的教育體系沒有嚴苛僵化的評鑑制度，也不使用任何外部的高風險標準化測驗，將每間學校與教師的表現公諸於世。

同時，教師也擁有極高的專業自主，能夠設計獨特的學習計畫與課程。此外，芬蘭所有層級的學校，從學前教育到大學，包括研究型大學提供的師資培育等，全都是由政府出資。

芬蘭現今的師資培育課程，已經和教育政策緊密結合，芬蘭的教師分為以下五種：

一、**幼稚園教師**：負責學前教育及照護，也能教幼稚園。

二、**小學教師**：負責九年制綜合學校的一到六年級，通常教授同一個年級的不同科目。

三、**科任教師**：負責在基礎教育的高年級（通常是七到九年級）以及普通體系和技職體系的後期中等教育，教授特定科目。科任老師通常會教導一到三門科目，例如數學、物理與化學。

四、**特殊教育教師**：在基礎教育和綜合學校的高年級，教導擁有特殊需求的學生或小組。

五、**技職教育教師**：負責技職體系後期中等教育。申請就讀技職師資培育學程的條件，是必須在該科目擁有至少三年的實際授課經驗。

除了以上五種教師，成人教育機構的教師也必須擁有相同的教學法知識與技能。本章將討論芬蘭K-12教育體系[23]小學教師與科任教師的師資培育，這類教師在所有師培生中約占三分之二。

教育與維繫芬蘭國家文化及建構開放多元社會，這兩種使命的關係相當緊密。傳承國家與社會的文化、價值、期望，確實是正式教育的其中一個目的。此外，教師不僅認為自身在建立芬蘭的福利社會上扮演重要角色，芬蘭走入國際視野時，教師也搖身成為重要的文化傳承者。數個世紀以來，芬蘭一直都在為國家認同、母語與自有價值奮鬥，先是經歷了瑞典王國六個世紀的統治，隨後屈服在俄羅斯帝國膝下長達一世紀，並在下一個世紀成為新興的獨立國家，於往昔宗主與全球強權的夾縫中努力生存。這段歷史無庸置疑留下了深刻的印記，使芬蘭人希望透過教育、閱讀與自我進步，追求個人發展；讀寫能力則是芬蘭文化的骨幹，為了休閒而閱讀，銘刻在所有芬蘭人的文化基因之中。

因此，芬蘭相當重視教師與教育，可說毫不意外。芬蘭媒體經常針對後期中等教育畢業生進行職業志願調查，令人驚訝的是，在這些調查結果中，教育經常獲選為最受推崇的職業，甚至勝於醫師、建築師與律師，成為人人心中的夢幻職業（Liiten, 2004）。正如「芬蘭國家青年調查」（National Youth Survey, 2010）所述，教育符合芬蘭社會各種核心價值，包括社會正義、關懷他人、幸福等。同時，教育也成為獨立且崇高的職業，擁有大眾的尊敬與推崇，更在年輕女性中廣受歡迎；在小學師資培育學程中，有超過百分之八十的學生是女性，基礎教育中的教師及校長，則有百分之七十七為女性（Opetushallitus, 2017）。

另一份民調詢問了大約一千三百位芬蘭成年人（十五至七十四歲）是否會因為配偶（或伴侶）的職業，而影響到進入關係的意願（Kangasniemi, 2008），受訪者必須在三十種職業中，選出最希望配偶或伴侶從事的五種職業。調查結果相當出乎意料，教師是芬蘭男性最希望配偶（伴侶）從事的職業，領先護士、醫生、建築師，女性眼中最熱門的配偶職業則是醫師與獸醫，教師高居第三位，在所有樣本中，有將近百分之三十五都將教師列為理想配偶職業前五名。很顯然，在芬蘭的「配偶市場」中，只有醫師比教師還要熱門。這份民調也清晰描繪出教師在芬蘭社會的高度專業地位，無論校內或校外。

補充資料3.1　為什麼我想當老師？

對我來說，成為教師是非常容易的選擇。事實上，這根本不算是一個選擇，而是我如何在成年後，把孩提時期的夢想，實踐為現實生活的過程。我有許多家人都從事教育工作，教育就在我的血液裡，父母也鼓勵我朝這個方向前進，還協助我找到暑期打工與休閒活動，讓我有機會與孩童相處。我發現這些工作往往充滿了回報、樂趣以及道德成就感，和孩童相處的樂趣影響了我，讓我在高中畢業後選擇從事教育工作。

在我開始兼職授課並修習大學的師資培育課程時，原先對教育工作瑰麗美好的憧憬變得斑駁，幸好每次都能再次閃耀那份耀眼光芒。現在當我即將順利取得碩士學位畢業，獲得小學教師資格時，我也開始思考成為教師的意義何在，我為什麼想當老師？首先，我內在的動力讓我想要協助別人找出自己的長處與天分，也讓他們瞭解自己的弱點與不足；我希望成為教師，是因為我想改變孩子的人生，還有這個國家。我和孩子的互動，總是建立在愛、關懷、溫柔上，而且我也和同事建立了良好的關係。我覺得這是我唯一能夠完成自我實踐的方式。

但是，我也瞭解這份工作帶來的巨大挑戰，包括微薄的薪水以及繁重的工作負擔；我也明白教育預算刪減是未來的趨勢，而且將會影響我的工作。赫爾辛基孩童持續面臨的社會問題，也會是我工作的一部分，我必須細心觀察每個多元的個體，甚至在還沒有做好準備的時候，就提供一切必要的協助。我知道我的工作不只是教授我喜歡的東西，更攸關處理衝突，還有跟不一定和我抱持同樣理念的同事合作，以及和不同的家長一起教育孩童。我接受這一切，而且我一定會一直在心裡反覆思考這份工作是否值得。

著名的芬蘭教育家柯斯肯尼耶米曾經提出所謂的「教育愛」，這也是我自己教育理論與實務的基石。比起其他工作，教育要求你全心投入，如此才能取得成功。每一位教師都有自己的教育風格與哲學，成為教師的動力也有很多種，而我的動力是希望能夠幫助別人，關心他們並愛他們。我對他們的愛無比真實，所以選擇成為教師。

——索羅南（Veera Salonen），
赫爾辛基小學教師

成為芬蘭教師

由於芬蘭的教職是如此熱門，所以只有最優秀、也最具備教育熱忱的人，才有可能真正實現成為教師的夢想。每年春天，數以千計的芬蘭後期中等教育畢業生，包括最有天賦、創意、動力的學子，都希望能夠進入芬蘭八間大學的師資培育系所。因此芬蘭小學教師的競爭可謂相當激烈，在一般情況下，如果只是取得後期中等教育的畢業學位，並在國家入學考試取得好成績（見第一章），還不足以完成這個夢想；想要成功進入師資培育系統，還必須擁有擔任教師所需的道德、積極的人格、完美的社交技巧，並且具備教育熱忱，就像我姪女在補充資料3.1中所言。每年在五到十名申請者中，大約只有一名能夠進入小學教育學程碩士班，錄取率因大學而異，例如二〇二〇年赫爾辛基大學的小學教程就有一千六百人申請，最後只有一百二十一人錄取，錄取率為百分之七．六，不過這是因為赫爾辛基大學相當熱門，其他大學的錄取率會稍高一點。表3.1提供了二〇一五年起，芬蘭所有大學學前教育及基礎教育師資培育課程的申請人數及錄取人數。

表3.1　芬蘭大學學前教育及基礎教育師資培育課程的申請人數及錄取人數（2015-2019）

	2015	2016	2017	2018	2019
總申請人數	10,058	9,511	8,400	8,179	7,218
總錄取人數	1,741	1,760	1,851	2,039	2,035

資料來源：University of Helsinki, 2020

小學教程的申請者會經過兩個階段的甄選。首先，學生會在五月初進行一次筆試，八間提供師資培育課程的大學都一樣，考試內容是一系列教育研究的文章，三月底便會提前公布。二〇一四年，考生共需閱讀六篇文章，牽涉的議題甚廣，包括「童年工作記憶的發展與評量」、「基礎教育針對社會正義的安排及選擇」、「歐洲教育政策及學校地位的轉變」等。學生會依據第一階段的表現進入第二階段，第二階段的甄選方式則因各大學而異。值得注意的是，在第一階段的甄選中，所有學生的立足點都一樣，你的國家入學分數跟優勢並不會幫你進到第二階段，只有第一階段甄選的分數能幫你。因此，有些人宣稱芬蘭是從每一屆後期中等教育畢業生的前百分之十招收教師，其實是錯誤的說法；不過，芬蘭在教師品質控管上，確實相當嚴格，如果沒有紮實的知識、技能、熱忱，會很難進入芬蘭的師資培育系統。

第二階段的目標，則是要測試考生的人格特質、知識、整體能力，是否適合成為教師。大多數的大學都會請考生展現他們的創意和合作能力，除此之外，所有的考生還會經過個人面試，並要解釋自己想當老師的原因。大學最後在決定錄取哪些人時，將考慮第一階段甄選的結果、國家入學考試的成績、學生的文憑，以及他們在藝術、運動與其他和教育有關的活動中所具備的優勢。

兩階段的甄選，顯示芬蘭師資培育課程的高度競爭，而且錄取者通常都已經擁有一些實際教學以及與孩童相處的經驗。二〇一四年，小學教程的申請人數達到八千四百人，但八間大學總共只錄取八百人；二〇二〇年則是四千九百人申請，錄取九百人。圖3.1便提供了二〇〇一年至二〇二〇年間，芬蘭小學教程申請人數的趨勢，並依性別區分。

有兩個現象非常明顯，第一，對許多年輕人來說，芬蘭小學教師仍是非常具有吸引力的職業。芬蘭大學每年招收的新生人數由教育部控管，而高等教育也是完全由政府出資，因而每年師資培育課程的錄取人數，都是由政府的勞動市場專家精心預測而來，這表示所有畢業生實際上都能在畢業後馬上就業。第二，申請小學教程的人數近年顯著下滑。二〇一三年時還有八千三百五十人申請，二〇二〇年則是低

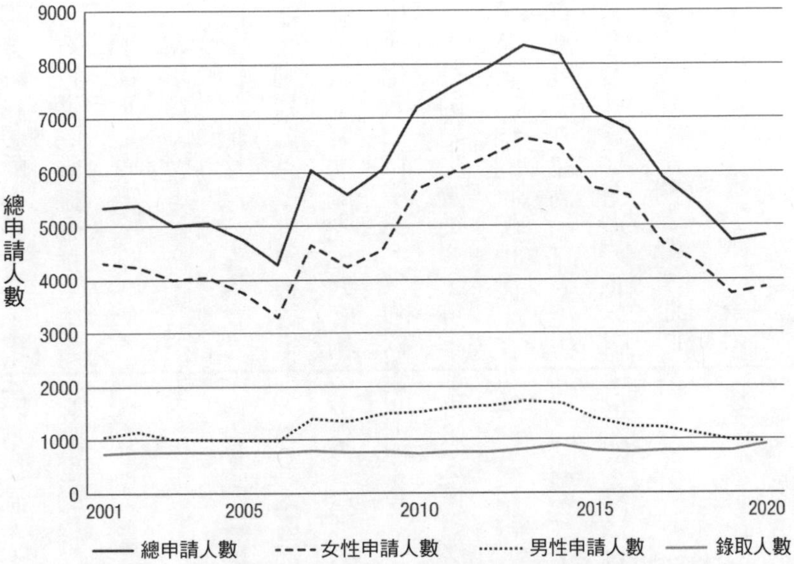

圖3.1　二〇〇一年至二〇二〇年間芬蘭小學教程總申請人數及總錄取人數

資料來源：VAKAVA 資料庫（www.helsinki.fi/fi/verkostot/kasvatusalan-valintayhteistyoverkosto /hakeminen/tilastoja）

於五千人，和第一次PISA 測驗舉辦前的人數相當。由於目前還沒有什麼研究能夠解釋這個現象的成因，我詢問了一些頂尖師資培育專家的看法，他們的回答可以歸類為三類。

第一，教師職業在芬蘭的吸引力，已經回到PISA 時代前的「正常狀況」（參見圖3.1），二〇〇六年起因芬蘭PISA 表現逐漸膨脹的申請人數，現在已不復見；不過教師依舊是年輕人最熱門的職業，而且更近期的數據顯示，申請人數降低的趨勢已經停止。第二，從二〇一〇年代起，教師的形象轉為負面，因為芬蘭媒體大多在報導和學校跟教師有關的負面消息，讓許多年輕人在投身教職前卻步。令人驚訝的還有，芬蘭媒體並沒有專業的教育記者，因而無法深入報導當今的教育議題發展及趨勢。第三，由於二〇〇八年的金融海嘯同樣對芬蘭經濟造成重創，許多地區都必須縮減教育經費，這也造成學校的資源與教學協助減少，教師相當不樂見這樣的轉變，媒體也在一旁推波助瀾，報導學校惡化的工作環境、教師激增的工作量，以及家長對教師的不滿。

芬蘭是少數幾個，每年都可以選擇最優秀、最具熱忱的人才，就讀小學教程的國家，同樣的狀況也發生在新加坡、南韓、加拿大、愛爾蘭，以及其他幾個師資培育制度建立在高品質學術研究上的國家。這種特質讓芬蘭的基礎教育，充滿強烈的道德與專業基礎，因而芬蘭孩童接受教育的前六年，將會由一群具備能力且充滿知識的教育專家負責帶領他們。

教育如何成為頂尖的工作？

芬蘭教育體系揭示了三種吸引優秀青年投身杏壇的方法。第一種方法，也是最重要的方法，便是讓教師可以在工作場所完全實現道德使命。芬蘭的教育事業奠基於教師個人的內在信念，透過與他人合作來協助他人、奉獻社會，這點與其他國家沒有什麼不同。第二，芬蘭教師擁有的職業尊重就和醫師、工程師、律師一樣崇高，所有教師都希望擁有完全的職業自主，實現所學之才，包含設計課程、教學、分析、執行與評估；他們也期待擁有足夠的時間，完成所有的教育目標，包括教室內與教室外。第三，如同第二章所述，芬蘭教師的授課時間比其他國家的教師更少，可參見圖 2.12；像是在美國或澳洲，教學工作占據了教師多數的日常工作時間，讓他們沒有時間參與其他的專業活動。「專業學習社群」（professional learning community，簡稱 PLC）這個概念，常常用來指教師的工作情況，特別是教師如何利用自己的下班時間；然而，在芬蘭、南韓與日本的教育體系中，因為其特質以及教師日常工作的平均分配，學校本身就是一種專業學習社群。

為了釐清是什麼因素促使教師選擇放棄教職，轉換跑道，我曾訪問幾位芬蘭小學教師（Hammerness et al., 2017、Sahlberg, 2012, 2018），不過完全沒有人主張薪資是可能促使離職的原因，這點相當有趣。許多人指出，如果他們在教育上不再擁有自主性，就非常有可能考慮轉換跑道；舉例而言，如果讓來自組織外部的評鑑者，來評鑑他們的表現，或是把績效責任制度當成評鑑基礎，就可能讓教師考慮離職。

芬蘭教師對頻繁舉行標準化測驗來評鑑學生的表現存疑，許多芬蘭教師告訴我，如果他們必須像英格蘭或美國教師那樣承受外部壓力，陷入這種評鑑困境，負擔標準化測驗與高風險考試的責任，他們將會選擇離開學校。換言之，芬蘭教師希望這份職業擁有專業自主、名譽、尊重與信任。

首先，在奉獻杏壇或另尋發展的抉擇面前，芬蘭年輕人的首要考量，就是工作條件以及具備職業道德的專業環境。師資培育必須具備足夠的競爭力，才能吸引更多才華洋溢的年輕人投入教育，而芬蘭的師資培育課程之所以能夠吸引眾多優秀學子投入，在於它要求學生必須攻讀碩士學位，讓整體課程相當具有挑戰性。此外，由於師資培育學生的水準都相當高，使得師資培育課程的要求比其他科系還要嚴格，如果師培生已經擁有碩士學位，就可逕行申請攻讀博士學位；而擁有師資培育學位的人，不僅有資格進入政府機構工作，或者在大學任教，也能與其他碩士生競

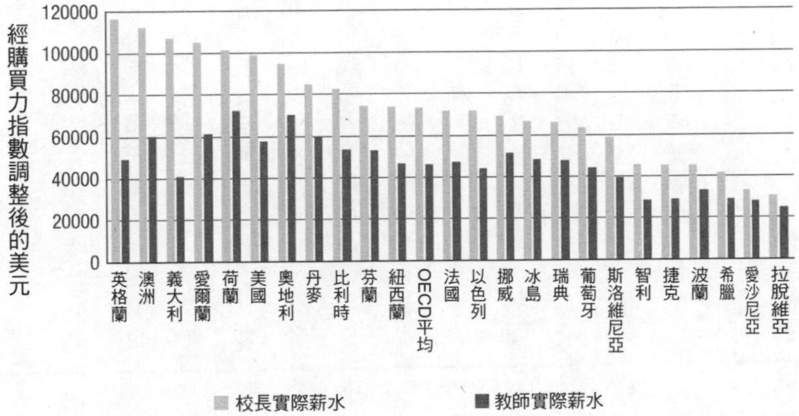

圖3.2　二〇一七年公立學校教師及校長實際年薪（已根據購買力指數調整為美元）

資料來源：OECD, 2019d

爭私人企業職缺。目前，芬蘭社會正在討論小學教師是否需要碩士學位以及從事學術研究的能力，但從芬蘭過去的經驗來看，倘若降低小學教師的學位要求，許多人將會另尋專業領域，讓自己可以擁有更好的學術地位，並提升職場競爭力。

如前所述，薪資並不是芬蘭年輕人成為教師的主要動機，因為芬蘭教師的薪水只比全國平均還高一點而已；如圖3.2所示，根據二〇一七年的數據，服務十五年的初期中等教育教師的法定年薪，經購買力指數調整為美元後，約為五萬一千兩百美元，美國則是五萬五千美元，澳洲五萬六千美元（OECD, 2019d）。

儘管收入不是成為教師的主要動機，芬蘭教育體系仍讓教師可以穩定提升收入，隨著年資增加，薪水也會穩定提高，並在服務大約二十年後到達頂點。芬蘭所有教師都適用這樣的薪資制度，並規定在芬蘭教育工會（Trade Union of Education in Finland，簡稱 OAJ）和市政府雇主組織（Local Government Employers，簡稱 KT）協商的國家勞動合約中，該合約保障芬蘭市政府及其雇員在勞動市場中的權益，不過仍有幾項因素會影響教師的薪水。

首先，芬蘭教師的薪水視學校而定，例如基礎教育和後期中等教育教師的薪資便會不同。此外，雖然芬蘭教師的薪水和學生的學習成就完全無關，其薪資架構卻是和自身的表現有關。教師的基本薪資除了勞動合約中規定的基本工資，還有額外的薪資，根據各校所需的技能、責任、社交技巧、工作條件而有所不同，另外還有所謂的個人激勵獎金，根據整體的工作表現發給，包括家長、同事、校長的回饋，但和學生成就無關。而在最低教學時數之外，也會有加班費跟其他津貼；每個星期三小時的共同備課、研習活動等，則包含在教師的基本薪資中。最後，教師也可能收到表現獎金，這是發給學校的集體獎金，旨在表彰優秀的合作成果，因此即便是在同一間學校服務的教師，也可能擁有不同的薪水，視年資、工作表現、通常由校長評量的整體表現決定。

研究導向的師資培育

一九七〇年代末期以前，芬蘭小學教師接受師資培育的場所，都在教育大學或特殊的師資培育課程；初期中等教育與後期中等教育的科任教師，則是在芬蘭大學中的對應系所接受栽培。到了一九七〇年代末期，所有的師資培育學程都納入高等教育的一部分，讓大學成為唯一的師資培育場所，碩士學位也在此時成為擔任芬蘭教師的基礎資格。同時，科學與教育研究的進展，也使師資培育課程更為豐富，芬蘭的師資培育終於在此刻走入**學術**領域，這代表師資培育的運作必須以科學知識為基礎，並專注在設計及執行教育研究時的思考過程與認知技能（Hammerness et al., 2017、Jakku-Sihvonen & Niemi, 2006、Niemi, 2008）。芬蘭研究導向型師資培育（research-based teacher education）的特色，包括系統性整合教育知識和學科教學知識、增進教師的教學思考、實證導向的決策、參與教育專業社群等。正如表 3.2 所

表3.2　芬蘭各級學校的教師資格

學校類型	學生年齡	年級	所需資格
學前教育	0-6		幼稚園教師（大學）
幼稚園	6		幼稚園教師（大學） 小學教師（碩士）
綜合學校（公立學校）	7-16	1-9	綜合學校教師（碩士）
基礎教育	7-12	1-6	小學教師（碩士）
初期中等教育	13-15	7-9	科任教師（碩士）
普通體系後期中等教育	16-18	10-12	科任教師（碩士）
技職體系後期中等教育			技職教師（學士） 科任教師（碩士）
大學	19-		高等教育學位 （碩士、博士）
理工大學			高等教育學位 （碩士、博士）

資料來源：Sahlberg, 2012

示，目前如果想在芬蘭的綜合學校和後期中等教育中獲得終身職，基本需求就是必須擁有研究導向型的碩士學位。

雖然芬蘭的高等教育相當注重師資培育，但許多國家並非如此，這些國家的師資培育只勉強具備了「半專業」性質的訓練，而且是在研究型大學之外的場所進行。一九七八年至一九七九年間，芬蘭通過了新的師資培育法案，其中規定教職應試者必須擁有碩士學位，並提出通過嚴謹學術考核的學術論文，才具備終身任教的基礎資格。這個法案埋下了一顆進步的種子，進一步將師資培育課程整併至大學內，並相信教育應以學術研究為基礎。這個轉型方案的另一項重大成果，則是終結了芬蘭教師的分裂情況：自從一九七〇年代的綜合學校改革方案通過後，芬蘭教師就分裂成基礎教育教師，以及在初期中等教育與後期中等教育服務的科任教師。

成立於一九七三年的芬蘭教育工會，在爭取教師合約以及為教育發聲上，扮演重要角色（可參見http://www.oaj.fi/）。工會代表不同層級學校與教育機構的教師，包括幼稚園教師、技職體系講師、校長、大學講師等，成員涵蓋超過百分之九十五的芬蘭教師。

如前所述，所有芬蘭教師都必須至少擁有一個碩士學位，小學教育學程的主修便是教育學，科任師資培育則專注於專業科目，如數學或外語，但也必須研讀教育學，包括專業領域的學科教學知識。根據芬蘭教育的統計，目前學生取得碩士學位（包括大學學位在內）的時間理論上是五年，不過實際上只有不到一半的學生能在五年內畢業，大約三分之二的學生需要六年才能畢業（Vipunen database）。[24]芬蘭沒有提供其他取得教師執照的管道，唯有取得學位證書，才能取得任教執照。若以他國為參照，美國的「為美國而教」（Teach for America）計畫，便接受一般大學畢業生的申請，讓學生在夏天的數個星期中，密集接受教學訓練，隨後就將他們送到需要師資的學校，但學生會發現自己在課堂上面臨非常艱難的挑戰。二〇二〇年，「為所有學生而教」（Teach for All）組織在其他五十三個國家也發起了類似的計畫，例如英國、紐西蘭、以色列、挪威的「Teach First」，「為印度而教」（Teach for India），「為南非而教」（Teach for South Africa），「為中國而教」（Teach for China），「為智利而教」（Enseña Chile）等，旨在於當地學校及社群中發展教育領導，以改善教育不平等的現象。然而，芬蘭的經驗卻顯示，確保所有孩子都能追求他們的夢想、發展他們的天賦，更為永續的方法，其實是在這些目前亟需速成師資培育的地方，建立一個更平等的社會、系統性投資教育均等，並讓教育成為受尊敬的職業。

芬蘭的師資培育，注重平衡發展學生的個人素養與專業素養，更重視建立教育思維，讓教師能根據當代的教育知識與實務，發展他們的教學（Hammerness et al., 2017、Toom et al., 2010、Westbury et al., 2005），芬蘭的小學師資培育強調主修教育，其中包含三種主要領域：

一、教育理論。

二、學科教學知識。

三、特定科目教學與實務。

碩士論文是芬蘭研究導向型師資培育的最後門檻。一般而言，基礎教育師培生的論文主題會和教育領域相關，通常是實習教師親身參與的行政或教學實務，例如數學教育等；至於科任師培生，則必須在主修領域中選擇論文主題；此外，無論學生主修的是基礎教育師資培育，還是後期中等教育師資培育，論文的要求都一樣嚴格。

目前，芬蘭師資培育已經屬於「波隆那進程」（Bologna Process）[25]規範的歐洲高等教育區的一部分，芬蘭大學將會提供雙學位學程，包括大學及碩士，學生必須先完成三年的大學教育，獲得學士學位，才有資格攻讀為期兩年的碩士學位，這也是在芬蘭成為教師的最低門檻要求。這兩個學位都提供跨領域課程，至少涵蓋兩個領域的研究，學習成績則按照歐洲學分轉換與計算系統（European Credit Transfer and Accumulation System，簡稱 ECTS），在四十六個歐洲國家間通用；ECTS 制度為歐洲高等教育區的主要政策，是一個學生中心的系統，根據學生達成學習目標投入的時間而設計。

學習目標一般會以學習成果與相關素養呈現。六十個 ECTS 學分代表全職學生一學年投入的時間；在大多數的情況下，歐洲一般學生的年度投入時間大約介於一千五百小時至一千八百小時之間，由此可以推算，ECTS 認可的一學分大約需要一週投入二十五到三十小時左右。而芬蘭師資培育課程的大學學位需要一百八十個 ECTS 學分（但只完成大學沒辦法拿到教師證，也無法申請終身職），碩士學位則需要一百二十個 ECTS 學分。

芬蘭的師資培育課程範圍相當廣泛，不僅確保新進師資可以在理論與實務上，同時擁有均衡發展的知識與技能，也使其可以從數個不同觀點，深入探索教育的奧妙，包括教育心理學、教育社會學、課程理論、學習評量、特殊教育、教學法（學科教學知識）等。值得注意的是，當代芬蘭師資培育深受美國、加拿大、英國的教育研究與發展影響。[26] 為了呈現師資培育課程的內涵，表 3.3 摘要整理了芬蘭小學師培教育所需修習的課程與學分數，資料來源為赫爾辛基大學教育學系。芬蘭八間師培大學，都擁有各自的國家整合型師資培育策略與課程，在確保國家課綱完整性的同時，也鼓勵每所大學能夠善用當地專屬的資源與機會。

一般而言，負責教導低年級，也就是綜合學校一到六年級學生的師培生，必須修習六十個 ECTS 認證的教學法學分，並在其他教育領域中，取得至少另外六十個 ECTS 認證學分。額外的六十個學分中包含碩士論文，基礎要求為獨立研究、進行專題研究、為自己的論文內容答辯等；在所有芬蘭大學中，寫作碩士論文衍生的修課學分皆為四十個 ECTS 認證學分。

芬蘭的師資培育課綱經過修訂後，規定小學教師候選人必須完成教育學主修，並在副修領域中完成六十個 ECTS 學分，修習的課程還需符合「國家綜合學校課程架構」的規範，該架構則由國家教育局及教育部定期更新。

許多芬蘭學生修讀小學師資培育課程時，都已經擁有在後期中等教育中習得的深厚知識與技能，領域範圍也相當多元。不像美國或英格蘭，芬蘭所有的後期中等教育學生，畢業前都必須修畢一個最多包含十八個必修科目的學程，其中包括物理、化學、哲學、音樂、兩種本國語言、至少兩種外國語言等，而通常就讀小學師資培育課程的學生，在這些科目的成績都高於平均。例如在赫爾辛基大學，大約有百分之十五的學生選擇數學作為副修學科，這讓他們也可以擔任七到九年級的科任教師（Lavonen et al., 2007）。科學教育也是小學師資培育課程中相當受歡迎的科

課程架構	總學分數	學士班	碩士班
學生互動及認知		6	
教育方法	**23**		
教學法		7	
學前教育理論及教學法		3	
教學評鑑與倫理		3	
課程理論及評量			3
教育知識及個人實踐理論建立			7
教育研究科目	**70**		
教育研究概論		3	
量化研究法		4	
質性研究法		3	
學士論文（包括四學分專題研究）		10	
量化研究法實作，或			4
質性研究法實作			4
研究方法（兩門進階研究法選修）			6
碩士論文			40
教學實習科目	**20**		
基礎實習		3	
副修實習			9
碩士實習			8

表3.3　二〇一八年赫爾辛基大學小學師資培育碩士課程架構

課程架構	總學分數	學士班	碩士班
溝通科目及基礎科目	**25**		
課程設計原理	**2**	**1**	**1**
語言及溝通技巧	**14**		
母語			
日常溝通及互動技巧		2	
戲劇教學法		3	
學術寫作			3
外語		3	
第二本國語		3	
教育及社會正義	**3**	**3**	
學習中的資訊及溝通技巧	**3**	**3**	
多媒體教育概論	**3**		**3**
教育學主要科目	**140**		
多元文化教育	**16**		
教育概論		3	
教育社會學、教育史、教育哲學		4	
面對差異及多元／多元教育學		6	
校園中的多元文化			3
教育心理學	**11**		
教育心理學概論		5	

課程架構	總學分數	學士班	碩士班
體育科教學概論			4
音樂科教學概論		4	
工藝科教學概論		4	
以下擇一：			
視覺藝術科社會文化概論		3	
體育科社會文化概論		3	
音樂科社會文化概論		3	
工藝科社會文化概論		3	
以下擇一：			
歷史科選修		3	
路德教派及宗教教育科選修		3	
世俗倫理科選修		3	
以下擇一：			
地理科選修		3	
生物科選修		3	
物理科選修		3	
化學科選修		3	
額外副修及其他選修	**75**	**40**	**35**
學位總學分數	300		

一ECTS學分等於二十七小時學習時數

續表3.3

課程架構	總學分數	學士班	碩士班
副修科目，包括綜合學校中的跨領域課程	60		
母語及文學科	8	8	
數學科	7	7	
藝術及工藝科	14		
視覺藝術科		3	
工藝科		5	
體育科		3	
音樂科		3	
人文學科教學法	6		
歷史科		3	
路德教派及宗教教育科，或		3	
世俗倫理科		3	
環境及科學教學法	12		
地理科		3	
生物科		3	
物理科		3	
化學科		3	
選修課程	13		
以下擇一：			
視覺藝術科教學概論		4	

目，每年大約有百分之十的學生選擇基礎或進階科學教育。一般來說，由於芬蘭的小學教師在後期中等教育時期，就已經接受了相當廣泛的訓練，並帶著這些知識進入小學師資培育課程，因此能夠在任教科目上，擁有相當厚實的知識基礎。

芬蘭的科任師資培育大致遵循與小學師資培育相同的原則，不過在具體安排上有些不同，成為科任教師的主要方式有兩種。大多數學生會在求學過程中獲得一個主要的碩士學位（如芬蘭語），也會有一到兩門副修領域（例如文學與戲劇），完成學位之後，學生便可以申請教育學系的科任師資培育課程；科任師資培育課程規定，學生必須在專業學科的教學領域取得六十個 ECTS 學分，並要在一學年之內完成。另一種成為科任教師的方法，則是直接申請師資培育課程，並在修業過程中完成專業領域的課程，通常學生要花兩年修習專業科目，之後才進入教育系修習教育課程。第二種方式修習的課程與第一種相同，差別是修習的順序不同，通常會多出四個學期的修業時間，表3.4便是赫爾辛基大學科任師資培育課程的架構。

科任師資培育的學生必須選定主修科目，這個科目也會是未來任教的科目，如數學或音樂等。學生必須在主修科目修習九十個 ECTS 學分的進階課程，第二主修科目也要完成六十個 ECTS 學分。一般而言，大學的師資培育學系將與學生選定之

表3.4　二〇一六年赫爾辛基大學科任師資培育課程架構

學士級（25 學分）	碩士級（35 學分）
第一學期（共 18 學分） 發展心理學與學習（4 學分） 特殊教育（4 學分） 科目教學法概論（10 學分）	**第三學期（共 17 學分）** 教育社會學、教育史、教育哲學（5 學分） 教學評量與發展（7 學分） 進階實習（5 學分）
第二學期（7 學分） 基礎實習（7 學分）	**第四學期（共 12 學分）** 專題研究（教師即研究者）（4學分） 畢業實習（8 學分）
補修碩士級學分 研究方法（6 學分）	

專業學系合作，共同開設專業科目的教學法課程，因而每個專業科系也要負責該領域的師資培育。不過根據基礎教育的國家核心課綱，有些科目不受此限，包括紡織工藝、特殊教育、學生輔導、音樂，這些領域是由專業學系負責師資培育課程。音樂、藝術與體育的師資培育課程，通常會在大學內的不同單位進行。芬蘭科任師資培育的另一個獨特之處，則是由專業學系須發科任教師的碩士學位，而非師資培育系所，因而專業學系也在芬蘭的師資培育中扮演重要角色。

教師即研究者

芬蘭師資培育系所的教學，旨在讓未來的教師，學會能夠在課堂應用的教學原則。雖然所有的芬蘭大學教授都有完全的教學自主權，但各個師資培育系所仍有確保師資培育品質的詳盡辦法與配套策略，例如以國際標準來說，芬蘭大學提供的科學教育教學法及研究課程，都算是進階課程（Lavonen et al., 2007）。此外，所有大學現在也都已經開始推行合作學習、問題解決導向學習、反思實踐以及電腦輔助學習等方案，即使尚未完全實施，也都已經有了一定程度的進展。一旦大學的教育方式具備創新及效率，就可以在高等教育評鑑體系中取得公眾關注及財務補助，這也是推動積極發展的重要動力。

研究導向型師資培育是指整合教育理論、研究方法、教學實踐，讓這三者成為芬蘭師資培育的重點項目（參見補充資料3.2）。因此，師資培育課綱的設計，便是讓這三個元素能夠環環相扣，從教育思維的基礎，發展到教育研究方法以及更進階的教育科學，並讓每個學生都能藉此理解教學實務中的系統性跨學科特質，也能在教育學理論與實踐中，學會設計、執行、呈現原創研究的各種技能。正如表3.3與3.4所示，教學實習是芬蘭研究導向型師資培育系統中的重要元素，也是相關課程不可或缺的一部分。

芬蘭師資培育中的實習課程原則上分為兩種。少部分的實習課程將會在師資培育系所中的專題課程與小組討論課程進行（即屬於教育學院的範疇），學生必須與同儕一起練習各種教學技巧。絕大多數的實習則來自大學附設的學校，這類學校的課綱和運作與公立學校類似，師培生也會到少數經過挑選的公立田野學校進行教學實習。在小學師資培育課程中，學生必須付出總學習時數的百分之十五進行教學實習（以耶瓦斯奇拉大學為例，也就是四十個 ECTS 學分），在科任教師師資培育中，教學實習的比重則大約占三分之一。

如表3.3與3.4所示，芬蘭師資培育課程的設計，強調在教學實習中，系統性整合教育理論與教學方法等研究領域。在為期五年的師資培育過程中，教學實習通常分為三個階段：基礎實習、進階實習、畢業實習。在每個階段，師培生都必須進行觀課，瞭解資深教師如何教學，並在實習指導教師的監督下完成實習，同時為另一群學生上課，而且全程都將由實習指導教師和師資培育學系的教授與講師監督。芬蘭師資培育學程的相關評量，同樣注重在師資培育課綱的系統性性質上，而這也是芬蘭師資培育能夠有別於其他國家的關鍵優勢與特質（Darling-Hammond, 2006、Darling-Hammond et al., 2017、Jussila & Saari, 2000、Saari & Frimodig, 2009）。

補充資料 3.2　研究導向型師資培育

在我漫長的師資培育生涯中，最重要的政策轉向，就是要求所有教師都必須擁有教育學或任教科目領域的碩士學位，這項政策推動了一系列的連鎖反應，提升了所有教師的素質，使其能從全面的角度理解教育，並持續提升工作表現。芬蘭花了超過二十年的時間，才讓師資培育人員、大學教授與教育工作者，在複雜的教育專業上取得共識，研究導向的師資培育擁有以下三個特徵：

- 教師必須瞭解任教領域最新的研究進展；除此之外，他們還必須特別熟悉和教學相關的研究。
- 教師必須對他們的工作抱持研究導向的精神，也就是採取分析式、開放式的觀點，並從最新的研究成果以及自身的判斷、專業經驗等不同證據中，瞭解教育發展的趨勢。

■ 師資培育本身也要成為研究對象。

許多人都想知道芬蘭學生的表現為何如此傑出，芬蘭學子又為何會將教育視為一生志業。芬蘭沒有定期的標準化測驗、校務評鑑、教師評鑑、學校排名；在芬蘭社會中，公立教育扮演促進全體平等與福祉的重要角色；芬蘭高品質的師資培育，確保各種領域都能擁有高品質的的人力資源。最重要的是，芬蘭的教師與學校都受到社會強烈的信任，家長相信教師，就像他們相信牙醫一樣，他們無須為了幫孩子找間好學校而焦慮，因為許多人都相信，鄰近的社區學校就已經夠好了。我認為，這是因為那裡的教師，也就是師資培育的成果，都具備了清澈的道德目的與獨立的專業信念，所以使他們備受信任，而讓這一切成為可能的，就是研究導向的師資培育。

——奈彌（Hannele Niemi），
赫爾辛基大學教育學系名譽教授

芬蘭的師資培育課程讓理論知識、實務訓練及研究導向的探索，在教學上呈現螺旋式的序列，並由大學擔負師資培育的責任。舉例而言，在奧盧大學中便有三個學院提供師資培育課程，分別是理學院、文學院及教育學院；這些課程的授課者包括學科導向教學法的專業人士，通常是大學的講師與教授，課程大綱的制訂則會與教育學院合作，並由教育學院負責整合師資培育。

儘管大學附設的學校是師培生完成教學實習的主要場所，但部分的芬蘭公立學校也能提供師培生進行實習，這些學校稱為田野學校（municipal field schools，簡稱MFS）。這類提供教學實習的學校，會對教職員進行相當嚴格的遴選，實習指導教師必須證明自己有能力與實習教師共事。大學附設的學校也會和各大學的師資培育系所或學術單位的師資培育人員合作，並在師資培育研究中扮演重要角色。例如奧盧大學，便由理學院與文學院負責提供師培師資，因此所有提供師資培育的學校，都能讓實習教師學習示範課程與不同的課程設計，這些學校的教師也都具備了實習指導、教育專業發展以及學習評量的相關經驗。要成為實習指導教師，並沒有特定的資格要求，因為每位實習指導教師，都有責任讓自己具備相關的知識與技能。

教師專業發展

自從教育成為芬蘭年輕學子的熱門職業後，大多數的師資培育畢業生都希望能即刻任教。雖然在求學期間，師培生便開始從教師的角度構築對校園生活的印象，但他們不一定會獲得參與教育社群、完全承擔教師對學生的責任或是與家長互動的經驗。然而，這些經驗其實全都應該是師資培育課程的一部分，但許多擁有教師執照的畢業生，在任教後往往都會發現，大學中束之高閣的教育理念和校園現實之間存在的巨大鴻溝。

儘管芬蘭和新進教師相關的研究相當興盛，但在輔導新進教師的實務上，卻是落後美國和英格蘭許多（Jokinen & Välijärvi, 2006、OECD, 2014b, 2019f）。因為每間學校與相關市政當局，都可以自行決定如何處理新進教師進入職場時的需求，或者如何指導他們妥善執行教育職責，所以芬蘭對新進教師的輔導方式可謂相當多元。有些學校將此視為職責，為新進教師發展出不同程序或支持系統，另一些學校則是只會簡單歡迎新進教師，告訴他們教室在哪而已；部分學校將輔導新進教師視為校長或相關主管的職責，有些則是由較資深的教師負責這份工作。總而言之，芬蘭在新進教師輔導這方面，仍有待加強。

芬蘭的教師專業發展和在職進修，並未和師資培育端接軌，而且通常也沒有把重點放在重要的教學和校務發展上。這個問題相當嚴重，主要的批評也著重在起初的師資培育和後續的教師專業發展缺乏連結（Hammerness et al., 2017、Ministry of Education, 2009）。市政當局負責監督當地的基礎教育、初期中等教育、後期中等教育，而且必須根據教師需求，提供相關專業發展與在職進修的機會。根據教師合約，所有教師每年都必須花三天參加由當地教育主管單位舉辦的專業發展活動，不過在這三天之外要花多少時間參與，還有要參與什麼類型的專業發展活動，以及哪些活動能夠獲得補助，則是由各校教師或校長自行決定。

但是，芬蘭各地市政府與學校，為教師專業發展提供補助的能力相當不均。造成這種差距的主要原因是補助的方式，對於市政當局與校方的預算決策，中央政府其實沒有太大的影響力，因此，只有特定學校能夠在教師專業與校務發展上獲得更多預算，而且當經濟衰退時，教師專業發展預算也會是首當其衝遭到刪減的項目。

芬蘭教育治理的狀況在全國差異頗大。有些學校在執行校務與預算規畫上，享有更高的自主權，另一些則否；因此，芬蘭的教師專業發展也想當歧異。在理想的情況下，校方應該負責規畫與執行教師專業發展的相關事宜，也應盡量降低校務成本，例如教科書費用、暖氣使用與維護費用等，並將這些經費優先投入教師專業發展，但是由於某些芬蘭市政府，仍會替當地所有教師舉辦統一的在職進修，這使得各校無法自行決定何種方式能夠帶來最多助益。根據 OECD 二〇一三年的 TALIS 調查，在調查進行前的十二個月內，芬蘭曾參與教師專業發展活動的初期中等教師比例為五分之四，這表示還有百分之二十的教師，參與教師專業發展活動的頻率偏低。而二〇一八年舉辦、三十一個 OECD 國家參與的下一次 TALIS 則指出（參見圖 3.3），芬蘭的初期中等教師，有百分之九十三上次參與教師專業發展活動的時間，距離調查當下已超過一年（OECD, 2019f），因此芬蘭在教師專業發展上，可說落後大多數 OECD 國家，亟需改進。

芬蘭政府每年提撥給教師與校長專業發展的預算，大約是三千萬至四千萬美元，形式包括大學課程與在職訓練。這項投資旨在保障每名教師都能擁有相同的進修機會，特別是針對那些任教於弱勢學校的教師。提供教師專業發展服務的單位必須進行競標，政府會根據現有國家教育發展需求，決定當年度專業發展的重點。管

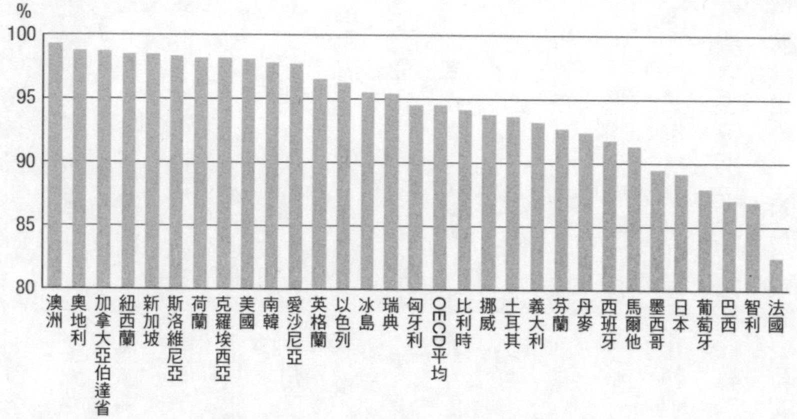

圖3.3　二〇一八年初期中等教師參與教師專業發展活動的比例

資料來源：OECD, 2019f

理當地學校、身為教師雇主的地方教育當局，每年也會為其教育人員投入規模相當的資源。

擁有碩士學位的芬蘭教師能夠行使專業發展的權利，繼續攻讀博士學位。小學教師可以在教育學院進修，他們的博士論文主題將會是教育學中的特定領域，許多小學教師都會把握這個機會進行在職進修。至於曾在某個專業領域取得學位的科任教師，若要攻讀博士則需要較多的付出，首先必須完成教育學的進階課程，把主修從當初的特定專業科目，例如化學，轉為教育學，如此才能具備進行教育研究的能力。

教師即領導者

芬蘭的教育事業是一份要求極高的職業，必須擁有非常優秀的知識基礎，即使是教導年幼學童的教師也是如此。由於自一九七〇年代起，師資培育已成為大學學術研究的一部分，因此對於這份備受尊崇的職業，芬蘭教師的職業認同與歸屬感也日益增強。正如第一章所言，在教育改革期間，芬蘭教師希望在課程設計與學生評量兩個層面上，能夠擁有更高的自主權，並擔負更多責任，所以在教師的專業體驗上，芬蘭教師和其他國家的同儕可謂截然不同。芬蘭教師身處備受尊重的專業環境，這不僅對教育政策影響重大，也解釋了為何許多年輕人將教育視為最熱門的職業。

在芬蘭，課程設計是教師、學校與市政當局的責任，而非由國家負責。現今大多數芬蘭學校，都已擁有受當地教育機關核可的自訂課綱，這代表教師與校長在課程發展與校務規畫上扮演重要角色。即便每間學校在發展自訂的課綱時，都必須受「基礎教育國家核心課綱」（Finnish National Agency for Education, 2016）及「普通體系後期中等教育國家核心課綱」（Finnish National Agency for Education, 2020）規範，但政府並不會嚴格要求各校設計課程時，必須符合哪種國家標準或學習成果，美國、英國、加拿大的情況則正好相反，這便是造就芬蘭各校課程及課綱，能夠如此多元的主因。由於教師在設計課程時扮演相當重要的角色，師資培育課程因而必須讓所有教師都具備各種良好的知識與技能，包括課程設計、學習評量理論與實務、教師領導等，這甚至讓芬蘭師資培育的發展核心，擺脫了破碎的在職訓練，轉而追求系統化的學校改革，並藉此建立教學倫理與理論基礎，以達成有效率的教學。

學生評量是教師的另一個重要職責。如前所述，芬蘭並未使用任何標準化測驗，來評量學生的發展或成就，主因有四：

一、芬蘭的教育政策相當重視個人化學習與創新教學，因此，學生在校表現的主要衡量標準是根據其特質與能力，而非統一的標準或數據指標。

二、芬蘭教育專家堅持，課程、教學、學習才是教育的重點，應以此驅策教師的思維與實踐，而不是注重在評量與測驗上，那是其他教育體系的作法。芬蘭的學生評量蘊含在教學與學習的過程中，因而能夠同時改善教師與學生的表現。

三、形塑學生的人格與認知發展是教育的責任，而非透過任何外部評鑑機制達成。雖然大多數的芬蘭學校都瞭解，讓教師負責評量所有學生，會帶來什麼問題，例如基準無法比較、前後不連貫等，但他們同時也都很清楚，外部標準化測驗會帶來更大的問題。根據教師的說法，這些問題包括使課程變得狹隘、為測驗而教學、造成學校與教師間不健康的競爭關係等，所以芬蘭的師資培育課程與教師專業發展，特別重視學習評量與校本評鑑。

四、芬蘭的國家學生評量政策採取多元指標，測驗成績只是其中一種，而不是全部。學生在不同科目中的學習成就，是取自抽樣的標準化測驗與主題式評量；當地教育主管機關擁有高度自主權，得以根據自身的需求與期待，自由設計評量方式。

正如本書第一章所言，芬蘭唯一的外部標準化測驗，是學生在十八、十九歲自後期中等教育畢業後，所參加的國家入學考試。然而，許多芬蘭教育專家指出，對於普通體系後期中等教育的課程與教學，國家入學考試造成了相當大的影響。[27]

雖然芬蘭教師的職責主要是授課，卻仍需要處理許多教室外的事務，芬蘭教師的正式工作時間包括授課、準備教具（特別是某些需要進行實驗的科目，例如生物），以及每週花三個小時共同備課。此外，不像其他國家，芬蘭教師的日常出席規定相當彈性，如果當天沒有課，或者沒有來自校長特別指定的業務，就無須到校。

芬蘭校方雖可自由安排課表，但仍需遵照每四十五分鐘授課後，有十五分鐘下課時間的原則，教師本身也很贊同這種作法。近來許多學校都試著找出讓教師能保留更多時間合作的方法，例如將課程整合為時數更長的課程或大型團體討論課，以讓教師的工作時間安排能夠更有彈性。

圖3.4比較了二〇一八年芬蘭和其他 OECD 國家基礎教育、初期中等教育、後期中等教育教師的平均授課時數。即便是將授課時間換算為每年的上學日，芬蘭教師每天工作的時間仍然比較少。不管在任何層級中，芬蘭教師每年的平均授課時數都比其他 OECD 國家的同儕少了一百個小時，如果和美國的基礎教育教師相比，則是每天少了一個小時。

這個現象點出了一個值得探索的問題：芬蘭教師一天的工作是怎麼樣的？他們

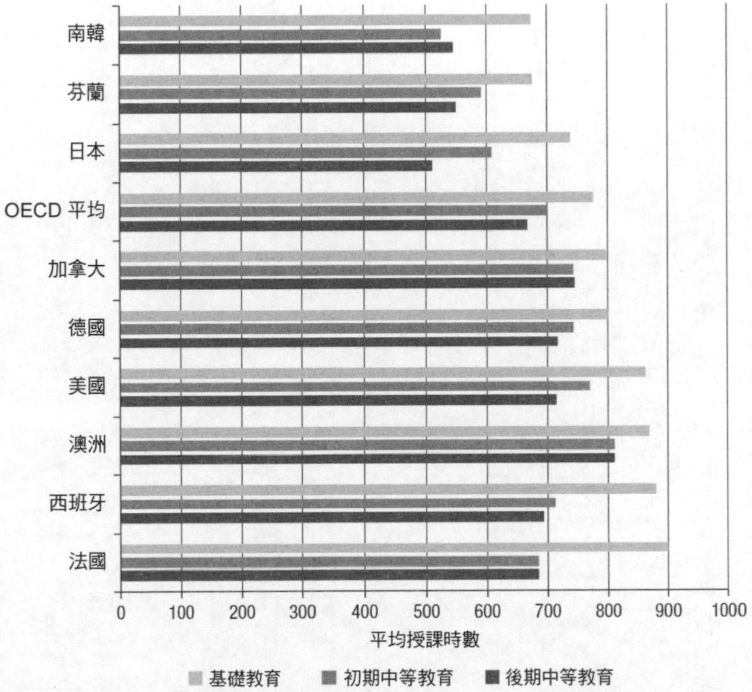

圖3.4　二〇一八年部分 OECD 國家教師平均授課時數

資料來源：OECD, 2020，美國的數據取自 Abrams, 2015

的工作非常重要的一部分，便是讓教育越來越好並參與社群運作，而且這也是他們的責任。值得再度強調的是，芬蘭學校必須負責設計及發展課程，而教師同時也負責評量學生的學習成果與在校表現，因此必須設計與執行適合的評量與測驗方式，以監測學生的發展。芬蘭教師也都認為，各種授課以外的職責是相當重要的分內工作，包括發展課程、實驗新的教學方法、促進學生的福祉以及與家長合作等；這也是芬蘭的教師領導中，非常重要的部分。

芬蘭學校的外國訪客，常會詢問芬蘭如何評鑑教師，或者說，教育當局如何決定誰教得好，誰教得不好？答案其實非常簡單，芬蘭沒有正式的教師評鑑規範，既然芬蘭沒有任何標準化測驗成績，那當然也無法和美國或澳洲一樣，比較各校之間的表現或教師的績效。唯一的例外，是某些媒體會在每年春天，根據學生的國家入學考試成績替學校排名，但這種新聞鮮少獲得家長或校方的關注。

在芬蘭，教師的效能並不是問題。正如前述，芬蘭教師每天都會有共同備課的時間，可以瞭解同仁的教學方式，這是讓教師可以反思自身教學，並在教師間建立專業領導及共同責任的重要條件。早在一九九〇年代初期，芬蘭就已經廢除了老舊的教師評鑑系統，不再使用外部回饋機制與評鑑，來衡量教師的教學或校務運作。此外，受益於過去擔任教師的經驗，現代的芬蘭校長也都能夠協助校內教師，瞭解自己的優勢以及仍需改善之處。芬蘭教育體系的基本假設認為，教師是受過良好教育的專業人士，因而在教育事業上必能全力以赴。在實際的專業學習社群之中，教師也彼此信賴，經常交流教學意見，並仰賴校長的領導。

國際上已將評估教師效能視為改善教育體系的新方法，價值增值模型（value-added modeling，簡稱 VAM）即是一種新興的統計模型，旨在透過根據學生先前的學習成就與地理人口特性進行調整，來處理影響學習成就的社經差異與其他因素。雖然相較於傳統以學生的成績來評估教師的效能，VAM 確實提供相對公平的比較成果，但仔細分析 VAM 的研究方法後，學者也開始質疑，它是否真如設計者宣稱，得以判斷教師的優劣（Baker et al., 2010）。本書認為，這種量化指標不應成為判斷教師優劣的單一或首要指標，即便是某些來自企業界的管理專家，也反對使用這種指標作為企業發放薪資或紅利的依據，更何況是走回頭路，按照學生的成績來決定教師薪資。針對使用學生成績評鑑教師效能的相關問題，教育政策研究所（Education Policy Institute）便指出：「英美兩國政府都曾以心臟病手術的存活率來衡量醫師的好壞，結果只是讓醫師拒收重症患者。」（Banker et al., 2010, p. 7）用學生的標準化測驗成績來決定教師薪資這件事，在芬蘭簡直是匪夷所思；教育當局與大多數的家長都明白，教育及照顧孩子，是個相當複雜的過程，根本無法以量化指標進行評鑑。芬蘭教育體系的運作原則相信，教育與學校的品質，是由學校與學生和家長之間的互動界定，而這在教師領導中，也是相當重要的元素。

領導者即教師

無論教師在教育體系中受到多好的訓練，穩定優質的教育表現，仍然需要校方的專業領導。某些國家將學校交給沒有經過專業教育訓練的人士，希望市場化的管理風格，可以提升教學效能以及學業表現，而教育當局的首長有時也可能毫無教學經驗，未曾領導過任何學校。但在芬蘭，教育機關的領導權只會交給擁有豐富實務經驗的教育專家，因為這是促進行政當局與校方之間，彼此建立信任與良好溝通的重要因素。

在芬蘭成為校長的資格，是必須曾任教於該校，並擁有優質的教學經歷，同時必須在大學中完成教育行政與領導的相關研究，這代表沒有教育實務經驗的企業執行長或退伍軍人，無法在芬蘭學校擔任校長。在大多數的芬蘭學校中，校長都是經驗豐富的教師，擁有洗鍊的領導力與合適的人格特質，有些學校的校長每週也都會有一些教學時數，根據二〇一八年的 TALIS 調查，芬蘭有四分之三的初期中等教育校長，都在學校負責授課，其他參與國家的平均比例則僅有三分之一（OECD, 2019e）。在芬蘭的專業校務領導中，教學領導是非常重要的領域，教師仰賴校長的視野，而校長深知教師的職責所在，因此，芬蘭校務的領導與管理雖然沒有正式的架構，卻非常有效率，正如國外學者的觀察（Hargreaves et al., 2008）。

在一九九〇年代以前，成為校長通常是教師擁有成功職涯的獎勵，不過在某些情況下，年輕的教師也可能成為校長；角逐校長職缺時，鮮少需要考量領導經驗與特質，當時的校長也無須和現今的校長一樣，成為行政、財務管理、政策遊說的專家。一九九〇年代初期，這種情況發生了劇烈轉變，推動這場轉變的其中一個重要因素，便是當時芬蘭公部門及教育行政管理盛行的去中心化風潮。新的財務補助架構，強化了市政當局的自主權，也立刻影響了芬蘭大多數的學校；校長必須控制校務預算，有時甚至必須親自管理教師薪資以及所有常態性支出。

第二個推動轉變的動力，則是一九九〇年代初期突如其來的金融危機，跟其他國家相比，芬蘭的受創更深也更嚴重。學校校長變成市政當局操作預算裁撤時的武器，當時學校預算必須經歷將近兩位數的巨額縮減，所以各校校長被迫成為企業CEO，因應緊縮的教育市場，斟酌調整營運方針，過去那種令人懷念的校長形象已然改變。而隨後發生的幾項重大教育改革，例如一九九四年的課綱改革，也都是在各校校長的專業態度與教育領導之下才能成功推行。從此之後，芬蘭的教育領導者社群，搖身成為教育政策中批判的聲音，並且根據教師、學生與社會的需求，領導芬蘭的教育革新。這些經驗，令人難以想像芬蘭會選擇接納各種傷害教育領導核心角色的市場化教育政策。校長成了這些有害政策和學校福祉之間的第一道防線。

好的教師，偉大的學校

OECD 的 TALIS 調查，還提供了什麼和芬蘭初期中等教師相關的資訊？以下便是一些主要的結論（OECD, 2014b, 2019e）。首先，根據二〇一八年的 TALIS，約有五分之三的芬蘭教師，覺得他們的職業在社會上受到重視，這個比例遠超其他四十五國的平均，只有百分之三十二。研究數據顯示，學校如果能夠提供教職員參與決策的機會，他們就更容易覺得教書是個受到重視的職業。第二，絕大多數的芬蘭教師都對自己的工作相當滿意。精確一點來說，百分之九十二的芬蘭教師認為，擔任教師利大於弊，遠超過其他國家的平均比例百分之七十五；而且有百分之七十九的芬蘭初期中等教師認為，如果有第二次機會，他們仍會想擔任教師，後悔擔任教師的比例僅有百分之七，其他國家的比例則分別為百分之七十六及百分之十；最後，共有百分之九十的芬蘭教師，對自己的工作都相當滿意。

不過二〇一八年的 TALIS（OECD, 2019e），確實也點出芬蘭教師職業的一些隱憂。和二〇一三年的 TALIS 相比（OECD, 2014b），芬蘭初期中等教師的職業滿意度略微下滑，他們對自己工作的看法也不那麼正面。首先，根據二〇一八年的 TALIS，百分之七十四的芬蘭校長表示，他們的學校並沒有提供新進教師輔導；提供所有新進教師輔導的學校數量，只有不到五分之一；而且，芬蘭教師得到輔導的比例只有百分之四。第二，二〇一八年的 TALIS 數據也顯示，合作學習和互相觀課在芬蘭初期中等教育並不普遍，只有百分之十四的芬蘭教師表示他們曾參與正式的合作學習，其他國家的平均比例則為將近五成。第三，和二〇一三年的 TALIS 相比，芬蘭教師在二〇一八年時也表示教室秩序出現了更多問題，三分之一的教師強烈認同「開始上課時，教師必須等非常久，學生才會安靜」以及「教室裡有很多怪聲」。不過在詮釋這些芬蘭學校中出現的改變時，有一點非常重要，那就是務必記住，這些意見都是來自教師個人對教室秩序的看法，因而學生行為是否真的出現改變，其實可能受到很多因素影響。

總而言之，究竟在國際觀點下，芬蘭的師資培育優勢何在？儘管波隆那進程影響了歐洲整體的高等教育結構與政策，卻沒有規定簽署國家應當如何設計課程或調整師資培育體系，因而歐洲各國的師資培育政策與實務，仍是相當歧異。在歐洲繽紛多元的師資培育系統中，芬蘭擁有四個重要的特質：

一、**由最具天賦及熱忱的學生從事教育**。一九七〇年代末期，芬蘭的小學師資培育工作已經轉由大學負責，並且要求具備碩士學位才能任教，自此以後，芬蘭的師資培育便一直吸引最具天賦與熱忱的年輕人。如前所述，芬蘭年輕學子規畫未來發展時，往往受到文化風氣的強烈影響，但這還不足以充分解釋教育恆久的吸引力，背後還有兩個原因：第一，要求教師擁有教育學碩士學位的相關規定，讓教職擁有強大的競爭力，範圍不限於任教，更代表就讀師資培育課程的學生，也有能力在其他領域發光發熱，包括教育行政或私人企業等；除此之外，教師也有資格繼續攻讀博士學位，而且學費同樣由政府支付。第二，許多芬蘭年輕學子選擇教育作為一生志業，是因為他們認為教育是一份極為自主、獨立、高度受到推崇的職業，能夠與醫師、律師或建築師相提並論；但是如果想用標準化測驗或任何中央管制的方式來實施教師評鑑，那只會讓更多才華洋溢的年輕人，選擇別種他們喜愛，而且更能自由發揮創意的工作。

二、大學中的專業學系與教育學院之間緊密合作。芬蘭的科任教師師資培育由專業學系與教育學系（院）合作，確保所有學生都能獲得最堅實的專業知識以及一流的教育素養，而且芬蘭大學內的各個學系，也都將師資培育視為重點發展項目。專業學系的講師與教授，都是該領域的教學專家，使得師資培育的不同部門能夠彼此積極合作。唯有在所有人都拿出最佳表現時，才能取得永續的成功。

三、研究導向型的師資培育。芬蘭師資培育的特色，還包括嚴謹的研究導向型架構；根據相關規定，所有的師培生都必須完成碩士論文，並且和相同層級的其他領域一樣，具備嚴格的理論、方法論、批判水準。研究導向型的師資培育，讓所有教師都能適應快速變遷的複雜社會環境，也讓更具顛覆性的國家教育政策得以順利執行。例如，專業素養的提升，使得教師能夠和校方在以下領域建立更好的信任合作關係，包括課程規畫、學生評量、學生表現、學校改革等。芬蘭的師資培育體系，可謂相當成功地整合了教育研究、教育知識與教學法以及實務三者。

研究導向型師資培育具備兩種層次的重要性。研究發展是教師在複雜知識社會中順利教學的專業基礎。而無論是在哪種社會，唯有透過針對當代議題紮實的實證與科學研究，才能讓師資培育發揮潛力，藉此蛻變為強大的專業領域。如果要讓**專業領導教學**，教師就必須跟上專業領域的發展，並在自身的教學中，自由運用最新的知識。因此，芬蘭師資培育的未來，勢必得建立在不斷更新、高品質、國際化的研究發展之上。

四、師資培育包含從實務經驗中學習。芬蘭的師資培育學院屬於教師初期發展的一部分，同時也是教育研究的重鎮（Hammerness et al., 2017）。師資培育除了建立在橫跨各式當代議題及學科的研究上，也包含能夠促進新進教師專業發展的實務經驗。這裡的實務經驗，指的是學習和學校有關的事物，以及如何在教學現場教學，並由經驗豐富的教師和教育專家從旁指導，就像醫學院學生在教學醫院實習。

芬蘭共有十一所師資培育學院，學生將近九千名，為大學轄下的單位。[28] 這些學院提供包括基礎教育、初期中等教育、後期中等教育的師資培育，資金來自國家預算，屬於公立的獨立學校。師資培育學院的職責包括所屬地區兒童的通識教育、指導大學的實習老師、參與及協助大學的研究、教師專業發展等。

我們能從芬蘭的教師政策學到什麼？從事教育改革者常認為改變學校最簡單的

方法，就是提供更好的教師，但芬蘭的經驗卻顯示，實際情況一定更為複雜。從芬蘭及其他高效能教育體系盡可能發揮學校潛能的經驗中，我們得知教師必須滿足以下兩個條件。

第一，教師和學生必須在能夠讓他們發揮所有潛能的環境中教學和學習。比起被迫教導現成的內容，並屈服於宰制學習過程的外部標準化測驗，教師如果在課程設計、教學方法、學生評量上，能擁有更多自主權，就會更有教學熱忱。同樣地，如果鼓勵學生找出適合自己的學習方式，而不用害怕失敗，那麼比起在定期考試的壓力下，死命達到相同的標準，大部分的學生都會學到更多。

我曾在別處提及（Sahlberg, 2013a），如果教育政策無法讓教師及學生為了獲得優秀成果，進行他們認為的必要事項，那麼就算是最棒的老師，也沒辦法帶來太多進步。學校間針對註冊率、標準化教學、考試導向績效責任等指標的競爭，是目前全球教育體系最普遍的迷思，這些東西都違背永續發展，而且也是為什麼這麼多教師會提早轉換跑道的主因。

第二，教師是一個複雜的職業，因此需要更多訓練。但目前世界許多地方的趨勢都恰恰相反，這種思維認為，如果你很聰明，就能夠去教書，因為教書不是什麼難事，只要有清楚的指導原則和特定的標準，那麼幾乎任何人都可以教書。像是在某些國家，會用退伍軍人來填補因教師提早放棄教職，造成的教師及校長短缺；有些國家的教師，則是透過線上課程或速成方式獲得教師資格，這使得他們在正式就職前，缺乏在教學現場或學校工作的經驗。

如果成為教師的基本條件和其他受人敬重的職業相同，提高到碩士學位，那麼將會有更多年輕人願意投入教職。只要教師擁有自主權，能夠影響課程內容、教學方法、學生評量，專業領導力自然就會產生。要達成這些重要的目標，就需要科學化的師資培育系統；課程、教學法、評量、學校改革、專業發展、制度化的實習等層面都非常重要，這是我們從芬蘭經驗中學到的第一課。

許多拜訪芬蘭的人，都疑惑為什麼芬蘭教育體系沒有被世界盛行的市場導向改革風潮污染。答案很簡單，芬蘭教師擁有充分準備，能夠抵抗這些錯誤的概念，他們的準備便是從師資培育以及教師這個職業的合作本質而來，就像醫生也會拒絕任何不是根據可信實驗和研究而來的療法。教育程度更高的教師不僅教得更好，也擁有更多武器，可以守護自己的教育體系，不受那些會傷害教師及學生的錯誤教改風潮影響。

芬蘭師資培育最重要的潛力，是數以百計的年輕學子，他們才華洋溢、充滿熱誠、年復一年地加入師資培育課程，這是芬蘭師資培育未來繼續成功的重要因素。芬蘭年輕學子投入教育的原因，在於他們相信這是一份獨立、備受尊重、充滿回報的職業，他們在這裡將能夠實現內心的志向。不過，普通體系後期中等教育的畢業生考量未來發展時，也非常看重師資培育課程的品質，因此，芬蘭師資培育課程必須持續精進，才能維持對年輕人才的吸引力與競爭力。

教職在芬蘭社會的專業地位是一種文化現象，但教師如何成為教學專家，並在教育社群中與同儕齊心合作，則有賴經過系統化設計及執行的師資培育課程。對其他國家而言，一味模仿芬蘭的課程系統或學校組織等各種層面，或許不是明智的策略。但是芬蘭提高師資培育水準的方法，以及讓師資培育能夠與其他高水準研究領域相提並論的訣竅，肯定是芬蘭經驗能夠提供的正面題材。要吸引年輕人才年復一年投身杏壇的重要條件，便是讓教育工作成為獨立、備受尊重的職業，而非僅是強加外部標準化測驗、無盡的考試，以及行政工作的負擔。確實，教書不是火箭科學，因為它遠比火箭科學困難，這是其他國家可以從芬蘭學到的第二堂課。

芬蘭教師到你家

近幾年我有幸能夠負責招待許多前來芬蘭的教育參訪團，他們都希望在自己的國家建立高成效的教育體系。許多人在芬蘭學到，芬蘭擁有高標準的師資培育系統，所有教師都必須擁有研究型大學的碩士學位。因此，進入師資培育系統的競爭非常激烈，只要隨便拜訪一間芬蘭大學，就會知道芬蘭和新加坡、南韓、日本相同，對師資培育系統的品質有非常嚴格的控管，只有最棒的人才可以進入。而且師資培育系統每年招收的人數，也和學生畢業後勞動市場的需求完全相符。許多來訪者都注意到，芬蘭學校裡幾乎不會有「爛」老師。

因為上述的芬蘭經驗，我常聽說有人覺得，如果他們擁有和芬蘭一樣棒的教師，學校和教育體系的品質就會改善，如同芬蘭、新加坡、南韓的例子。全球近年吹起一股注重提升教師品質的風潮，這是向在國際學生評量中表現非常好的教育體系取經的結果；這些教育體系都想辦法創造了讓年輕人願意投入教職的環境，而且這些國家的大多數教師也會把大部分職涯投入學校。不過從國際觀點來看，其實存在三個教師品質與學校進步的迷思，不僅將教育政策導向錯誤方向，還使得某些國家的教師地位日益降低（Sahlberg, 2013b）。

第一個迷思是**改善教育品質最重要的因素就是教師**。這便是前華盛頓特區校董李（Michelle Rhee）二〇一〇年在紀錄片《等待「超人」》（*Waiting for "Superman"*）中的論述，也受到許多「改革者」支持。如果這不是迷思的話，那麼學校的力量一定強過兒童的家庭背景或其他學校以外的因素，而且如果所有學校都擁有夠好的老師，所有學生也都能學得更好。這個迷思常常會導向一個結論，即教育改革的第一要務，就是剷除表現不好的老師。然而，有兩項證據指出這絕對是個迷思。

首先，自從一九六六年《柯曼報告書》問世以來（Coleman et al., 1966），許多研究都證實，學生學習成就有很大一部分，都是受到學校以外的因素影響，例如家長的教育程度和職業、同儕、學生的個人特質等。半個世紀後，針對學生學習表現的研究也指出，在衡量學生學習成就時，只有一小部分是和學校有關，即教師和教學，還有一小部分受學校本身的因素影響，包括校園氣氛、設施、領導方式等（參見下圖3.5）。也就是說，影響學生學業成就的因素，大部分都是在校門之外，因而完全超出學校的控制。

此外，針對學校效能和改革，為期超過三十年的系統性研究，也找出了高效能學校擁有的共同特質（Teddlie, 2010）。雖然研究結果略有差異，但大部分的學者都同意，高效能學校最重要的特質便是具備效率的領導方式，這和高效能的教學一樣重要。所謂的高效能領導方式，包括領袖特質，像是堅定和目標明確、擁有共同願景和目標、促進團隊合作和凝聚力、頻繁的人際互動和回饋等。其他高效能學校的特質也和學校文化和領導方式有關，包括專注在學習上、創造正向的校園氣氛、對所有人擁有高度期待、發展教職員技能、積極促進家長參與等。總而言之，學校領導和教師品質一樣重要。

第二個迷思是**教育體系的品質，取決於教師品質**。這個論述之所以在教育政策中流行，是來自麥肯錫顧問公司極具影響力的報告《世界上表現最棒的教育體系如何成功》（*How the World's Best Performing School Systems Come out on Top*, Barber & Mourshed, 2007, p. 40），類似的論述也出現在 OECD 的 PISA 報告及史萊契二〇一九年的專欄文章中。雖然這些文章把眼光放得比較遠，認為可以透過提高教師的薪水，以及審慎選擇一開始進入師資培育系統的人選，來提高教師的地位。但這種論述帶來的影響，便是教育體系的品質，僅僅等於個體努力的加總，也就是所有教師的加總；背後的假設是教師皆獨立完成工作，不與彼此合作，而且單一教師的作為無法影響他人。這是一種非常狹隘的人力資本觀點，亟需改變。因為今日大部分的學校，包括芬蘭、美國、世界各地，教師都是以團隊合作的方式工作，而他們努力的成果則屬於整間學校，所以這個迷思其實是低估了團隊合作的影響，以及它在今日大部分學校中，所創造的社會資本。

但這樣的迷思，仍然滲入了某些國家的教育政策文件和教改方案中。事實上，不少針對團隊導向的學校文化，以及合作在學校中扮演角色的研究指出，專業合作如何增加學校中的社會資本，同時提高教師的教學效能（Quintero, 2017），這便是哈格里夫斯和富蘭二〇一二年得獎書籍《專業資本》（*Professional Capital*）的主要論述。個別教師在學校中扮演的角色，就如同足球隊中的一名隊員；所有教師都很重要，但對學校的品質來說，合作文化和教師的專業判斷更為重要。團隊運動提供了不少例子，有許多隊伍都因為團隊領導、承諾、精神等因素，而擁有超乎預期的表現，比如一九八〇年冬季奧運的美國冰球隊，全都由大學生組成，卻在最後一輪比賽中，擊敗蘇聯和芬蘭贏得金牌。美國隊整體的表現，很明顯超過個別球員的加總；他們之所以成功，是因為團隊精神、堅毅、領導力、真誠的意願，幫助他們發揮團隊戰力，而非只是單兵作戰，同樣的道理也能應用到教育體系中的學校。

第三個迷思是**如果孩子能由三或四個優良教師接連教導，那麼無論原先的社經背景為何，他們的學業成績都會突飛猛進，而那些教師較差的孩子，則會越來越落後**。上述假設出現在二〇一一年美國進步中心（Center for American Progress）及教育信任基金會（The Education Trust）提交給美國國會的重要政策建言《ESEA 教師政策的重要因素：效能、平等、評鑑》（*Essential Elements of Teacher Policy in ESEA: Effectiveness, Fairness and Evaluation*）中，教師和教學的品質，在此再次由學生標準化測驗分數的進步幅度決定。

假設學生只要由更多優良教師教導，學業成績就會突飛猛進，背後的意義便是認為教育改革本身，就可以顛覆上述家庭及社會環境的巨大影響，也代表學校應該擺脫爛老師，只聘請好老師，但這個迷思在實務上根本不可能達成。第一個問題便是好老師的定義為何，即便搞清楚定義，在聘僱時也很難一眼就知道這個老師到底好不好。要成為一名好老師，通常需要經過五到十年的系統化訓練，而要能夠用可靠的方式評估教師的「效能」，也會需要至少五年持續準確的數據，因此如同史丹佛大學哈特爾（Edward Haertel, 2013）的看法，這種方式在實務上根本不可能實現。

我們也應該瞭解世界上最大的統計學家獨立社群，美國統計協會（American Statistical Association，簡稱 ASA），針對教師對學生學習的影響，和學校以外因素對比的結果：ASA 表示大部分「研究指出，教師對測驗分數的影響約為百分之一至百分之十四，而且大部分系統變革的機會，都是存在於系統層級的條件下」（ASA, 2014）。此外，根據哈特爾的研究，影響學生學習成就的因素，只有約百分之二十和學校有關，無法歸因的因素也占大約百分之二十，剩下的百分之六十則是受學校以外的因素影響（參見圖 3.5）。這不代表教師對學生學習沒什麼幫助；根據 ASA 的說法，這代表「教師對學生成績的**影響**只占一小部分；大部分影響學生成績的因素，都遠在教師的能力範圍之外，例如學生的家庭背景、貧窮、課程、無法歸因的影響等」。

再讓我們回到本節標題提出的問題。現在想像一下，假設不存在語言隔閡，如果我們可以把擁有碩士學位、接受過高品質師資培育的芬蘭教師和校長，和美國印第安那州的教師和校長交換，接著五年後，這項政策仍繼續實行，我們再來檢視學生在定期評量中的分數表現。我認為，就算印第安那州的學生真的出現進步，進步的幅度也會很小。為什麼？因為印第安那州以及美國其他州的教育政策，已經為教

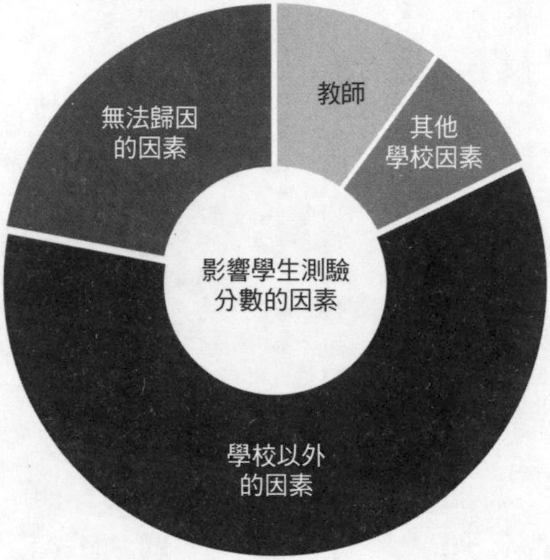

圖3.5　影響學生學習成就的因素

資料來源：Haertel, 2013

學建立了專業和社會脈絡，這將會限縮芬蘭教師發揮的空間，包括運用他們的知識、經驗、熱情來改善學生的學習等。我認識一些在美國教書的資深芬蘭教師，他們證實了我上述的假設，而且根據我從他們身上聽說的經驗，搞不好五年還沒結束，很多來美國教書的芬蘭教師可能就已經轉換跑道，不再教書，就像他們的美國同事一樣。所以下一個問題是，如果美國教師到芬蘭教書，芬蘭的教育體系也會崩潰嗎？應該不太可能，因為芬蘭的教育文化將會協助所有表現不如預期的教師，透過減少上課時數，讓他們有更多時間和同事合作，並找到更好的方法，來幫助學生獲得成功。

所有人都同意教師這個職業以及教學品質對學習成就的重要性，因此也不難理解，為什麼提到學生成就時，總將教師品質視為最重要的校內因素。但單單只是擁有好的老師，並不會自動產生更好的學習成果。我們從高成效的教育體系，包括芬蘭，所學到的經驗，提醒我們應該重新思索對教師這個職業的看法，以及學校在社會中扮演的角色。比起幻想自己擁有來自芬蘭、加拿大或新加坡的師資，國家的政策制訂者要考量的，應是以下三個影響教師專業的因素。

第一，師資培育的制度應該要更完善，同時教學和學習則應該要減少標準化。新加坡、加拿大、芬蘭在學術型大學設立的師資培育課程標準都十分嚴格，這些國家都不允許速成的師資培育或替代方案，師資培育絕對要包含學習教學理論以及相關的實習經驗；在教師獲准正式教學之前，這些國家都將師資品質控管視為第一要務。

第二，學校採用的錯誤績效制度應該重新設計。許多國家現行的措施，僅以學生的學業成就來評斷教師的教學品質，都不甚準確也不公平。之所以不甚準確，是因為大部分學校的目標都更遠大，不僅局限於在某些學科上擁有好成績而已；之所以不公平，則是因為學生的標準化測驗成績，大部分都是受學校以外的因素影響。在國際評比表現良好的教育體系中，教師會覺得自己從領導者及其他教師身上得到權力；二〇一八年的 TALIS 便指出，芬蘭教師對自己的職業相當滿意，因為他們擁有專業自主權，在社會上也享有聲望。

第三，單單只是改變教師政策，並不會讓教師這個職業的吸引力大增，其他學校政策也必須改變。根據國際評比表現良好國家的經驗，教師必須在自己的工作上擁有自主權，能夠自由運用成效更好的教學方法，並且能夠影響評鑑自己工作成果的方式。此外，為了要讓教師這個職業真正成為更多年輕人的職涯選擇，學校和教師也必須在教學的重要領域上得到信任。

第 4 章
芬蘭之道：競爭福利國家

真正的贏家從不競爭。

——帕洛南（Samuli Paronen），芬蘭作家（一九一七－一九七四）

芬蘭教育如此與眾不同的原因，在於能夠從一個僅僅只是國際平均水準的系統，蛻變為全球公立教育體系的帶領者；同樣重要的是，芬蘭教育成功創造出一種學校網絡，讓你家附近的社區學校，就是最棒的學校，而繼續接受教育的人數和畢業人數同時也大幅提升，包括後期中等教育及高等教育皆是如此。許多國際媒體與教育發展機構，都時常提及芬蘭教育的成功，但芬蘭達到的教育成就，卻不是來自美國、英格蘭、澳洲與世界許多其他地方盛行的教育原則。

芬蘭的經濟體系相當具有競爭力，貪污情況非常少，生活品質高，還擁有健全的永續發展生活形態，性別也相當平等；這一切都讓芬蘭人成為全世界最快樂的民族，也讓芬蘭成為世界上最繁榮的國家。這個幅員狹小、地理位置偏遠的北方國家，之所以能成功，是源自社會隨處可見的彈性特質，還有專注於解決問題的行事風格；芬蘭教育體系也應用了這些原則，讓每所學校都可以自由發揮創意，也能夠在追求各種目標時，大膽冒險，無論是創造有效率的教學方法，或是充滿生產力的學習方式。教育領域和其他公部門的政策與策略也相互呼應、和諧運行，其中特別值得探索的一點，便是從一九九〇年代初期以來，芬蘭的教育政策與經濟發展策略，就一直保持著相當緊密的互動關係。

本章將進一步探討芬蘭教育政策回應國際教改風潮的方式，以及教育政策如何與知識經濟和福利國家的政策連結。此外，本章也將描述芬蘭公部門如何在一九七〇年後增強彼此的合作，並且提出一個初步的分類，藉此比較芬蘭的教育改革策略與經濟發展政策。本章認為，教育政策若以追求系統成功為目標，則必須建立在系統性的政策制訂與永續發展的領導上，絕對不能破壞社會不同公部門政策間的複雜平衡。

全球化的力量

過去三十年間，國際化深深影響了芬蘭及芬蘭人的生活。加入歐盟以及積極參與 OECD，提升了芬蘭與其他已開發國家之間的人才與政策交流，然而，芬蘭人對全球化的看法仍然莫衷一是。許多人認為全球化將會抹煞民族國家的角色，斲傷國家主權，因為這是全球貨幣通行、媒體與跨國娛樂公司霸權出現後的必然結果；另一些人則主張經濟、政策、文化的標準化，將會成為企業與國家競爭的嶄新標準，進而消滅芬蘭的習俗與傳統。而全球文化的改變，也著實影響了教育政策、實踐、制度；很顯然，我們無法直接釐清全球化究竟會對教育政策產生什麼影響。

全球化的確是一種文化矛盾，同時融合了各地的人與文化，卻又讓他們變得更為分化。在更廣泛的全球趨勢下，全球化也整合了各種國家教育政策；由於各國教育體系面臨的挑戰與問題極為類似，各種解決問題的方法與教育改革措施也變得雷同。但當透過共同指標和國際比較，來衡量學生成就的國際教育評比系統出現時，不同教育體系的特質也昭然若揭。舉例而言，PISA 結果便使一大群政治人物與教育專家，開始為了改善自身的教育政策與教育體系，前往其他國家取經，包括芬蘭、加拿大、新加坡、上海、南韓等。因此，全球化同時也加速了各國教育體系的國際合作、概念交流以及教育政策的相互移轉。

許多國家的教育當局、發展機構以及顧問公司，也開始分析全球教育政策與教育改革的發展。世界各國的教育體系因而逐漸共享各種核心價值、功能與結構，使它們變得越來越像。於是出現了另一個問題，當全球政策制訂者與教育專家之間的互動與日俱增，特別是體現在制訂彼此共通的教育評比基準，以及相互借用對方的政策上，是否真的為全球的教育改革帶來了好處？

此時富蘭所謂的「變革知識」（change knowledge）便出現了，而且由英語系國家宰制，包括西方的美國、加拿大、英國，以及亞太地區的澳洲、紐西蘭、新加坡等，都是提升教育品質、教學效能與教育改革等議題的研究與辯論重鎮。一九九〇年創刊的《教育效能與改革》（*School Effectiveness and School Improvement*）以及二〇〇〇年創刊的《教育革新期刊》（*Journal of Educational Change*），這兩本學術期刊，便是當代教育改革知識傳遞的重要場域。[29]在英語世界之外，荷蘭、瑞典、西班牙、挪威等國也都積極參與教育改革的國際對話與研究。令人驚訝的是，芬蘭、南韓、日本這些教育表現十分傑出，教育體系也相當均等的國家，在這個全球教育改革知識風起雲湧的時代，卻沒有什麼發揮；這幾個國家仍極為仰賴美國、英格蘭、澳洲、加拿大的研究與創新成果。

在全球教育發展中，能夠有效運用現有的證據及研究變得相當重要。大部分進步的教育體系，都專注在彈性、冒險、創意以及解決問題上，並採用合作學習以及教育科技等現代方法，而不是追求標準化的知識內容或精通一般技能。這類國家與日俱增，其中便包括中國，這個經濟強權已經放鬆對教育體系的標準化控制，並逐漸讓「校本課程」成為國家首要的教育政策目標（Zhao, 2014）。新加坡則採取了「少就是多」的教育政策，希望能夠讓創意與創新擁有更多發揮空間，如同黃博智在《向新加坡學習》（*Leaning From Singapore*, Ng, 2018）中所述。加拿大教育表現最好的省分亞伯達省，也廢除了標準化評量，鬆綁教育控制權，藉此創造更有效率的績效責任制度，並將重點放在真正的學習成果以及多元評量上。威爾斯也早已放棄標準化測驗，蘇格蘭則透過擺脫外部測驗及學校評鑑，建立更具效率的課程及績效責任制，即便是在英格蘭這個密集考試的國度，政府也開始想辦法終結基礎教育中的所有標準化測驗。

全世界的教育當局都在考慮採取更為動態的課程，導入更有效率的績效責任制並且增強教育領導，這都是為了找出另一種教學方式，以創造充滿生產力的深度學習，並且因應知識經濟的需求，這同時也是對傳統的知識導向教學與績效責任制的回應。教育改革也開始鼓勵學校與社群形成共同網絡，而不再強調單一教育機構的功能。這種概念的核心正是**共好**（*complementarity*），不同學校與行政區互相合作，並且在社群中追求更好的學習成果，而建立社群網絡，同樣也在國家的經濟發展以及因應全球化上，扮演重要角色。

即便教育改革已蔚為全球風潮，目前仍未出現可靠的比較研究，整理不同國家教改的設計與實施。然而，從相關文獻來看，目前教育發展的重點，已從結構改革，轉為促進教育品質與教育均等（Fullan, 2016、Hargreaves et al., 2010、Schleicher,

2018）。這種轉變也讓以下領域成為全球教育改革的共同目標，包括課程發展、學生評量、教師評鑑、在教學中運用資通訊科技、基礎素養（閱讀、數學、科學）等，但為了發展這些目標，政府卻常常從商業界援引不合時宜的錯誤管理模式，像是促進學校間的競爭、標準化教學、成績為主的績效責任制、依據學生表現發放教師薪水、數據驅動的決策等。我將這股風潮稱為「全球教育改革運動」（Sahlberg, 2006, 2007, 2010a, 2016a）。

全球教育改革運動

全球教育改革運動，或稱 GERM，是誕生自日漸增長的全球教育政策與實務交流；雖然不是一份正式的全球政策計畫，卻是主宰全球教育改革背後的價值觀，並建立在數項聲稱能夠改善教育體系的假設上（Fullan, 2011、Hargreaves et al., 2001、Hargreaves & Shirley, 2009、Sahlberg, 2016a）。全球教育改革運動自一九八〇年代興起，可說是教育全球化的具體結果；一般認為，這是近年世界各地教育改革尊崇的「教育新正統」（new educational orthodoxy），包括美國、澳洲、加拿大、英國、某些北歐國家，以及數量漸增的開發中國家。[30]

據信，跨國私人公司、國際教育發展機構、相關國際機構、私人基金會與私人顧問公司的策略與利益考量，是催生全球教育改革運動的主因；這些組織透過介入及參與各國教育改革與政策制訂過程，推動了這股浪潮。各國的教育政策制訂者受各方勢力影響：在發展中國家，是國際或地區性的發展銀行，工業化國家是 OECD 和 IMF，美國則是大型企業與私人慈善組織。瑞薇琪教授已經提過，慈善企業家如何在美國公共教育體系投入巨資，在其他國家也投入不少資本，堅持在教育體系中使用市場化的管理概念與原則（Ravitch, 2013, 2020）。此舉讓全球教育改革運動猶如病毒般在世界各地擴散，但由於芬蘭公立教育體系的經費幾乎全都來自政府，有關當局也對私人基金的教育投資進行相當嚴密的控管，因此全球教育改革運動對芬蘭教育政策及教育改革的影響，可謂非常有限。

全球教育改革運動的興盛有三個主因。第一個因素是在一九八〇年代出現，隨即宰制整個領域的「學習新典範」：認知與建構式學習帶來的突破，逐漸讓教育改革的核心關懷，從教學移轉到學習。根據這個新典範，教育成果應該更強調認知理解、問題解決、情緒與多元智能、社交技巧，而不是一味背誦各種學理事實，或者精通各種不相關的技能。此外，在這段期間，讀寫能力及數理素養同時也成為教育改革的首要目標。

第二個因素是大眾希望所有學生都能享受更有保障、也更有效率的學習。全球化浪潮所謂的「全民教育」（Education for All），在二〇〇〇年四月世界教育論壇（World Education Forum）提出的「達卡架構」（Dakar Framework）中受到接納，讓政策核心從「教導一群人」轉為「讓所有人學習」。當時用來提倡全民教育的方式，包括設置更具包容性的制度、導入全民學習的普遍標準等，這也使得教育體系可以透過國家課綱和共同計畫，提升所有學生的學習成就。

第三，全球公部門去中心化的浪潮，也引發了一股教育私有化運動。它使學校與教師必須開始爭取學生與資源，並為教育成果（例如學生的測驗成績）負起責任，因而導入了各種教育標準、指標、基準、評量、測驗，也使課程變得狹隘。如同波漢（James Popham, 2007）所言，當學校表現和提升教育品質，開始與各種評鑑標準、升遷、認證以及財務預算掛鉤時，以測驗為主的績效責任制度便會誕生。換句話說，當教育體系的品質取決於表現時，教育隨即成為商品。

從一九八〇年代起，全球至少出現了五種共通的教育政策與教改趨勢，主要目的都在於提升教育品質，特別是在提升學生學習成就上。第一種趨勢是增加學校之間的**競爭**，幾乎所有的教育體系，為了提供家長更多教育**選擇**，都引進了替代的教育方式，包括智利一九八〇年代以及瑞典一九九〇年代的教育券制度、美國二〇〇〇年代的特許學校、英格蘭二〇一〇年代的中等教育學院等，都支持了競爭可以讓教育變得更好的假設（Adamson et al., 2016）。同一時間，社經地位較高的學生在私立學校就學的比例也開始成長，例如在澳洲的基礎教育和中等教育中，每三名學生就有一名是在私立學校或天主教學校就學（Jensen et al., 2013、OECD, 2020a）。而根據標準化測驗的成績來為學校排名，也加劇了學校之間的競爭。OECD 的數據便指出，根據 OECD 國家校長的說法，參加 PISA 測驗的學生中，有超過四分之三就讀的學校，都在和至少一間其他學校搶學生（OECD, 2020b），而這個比例在澳洲甚至是將近百分之百。最後，學生因為進入高中和大學的競爭相當激烈，也會承受更大的壓力，以贏過其他同儕，特別是在亞洲國家中，情況更是如此（Ng, 2018、Zhao, 2014）。

第二種常見趨勢是教育**標準化**。成就導向式的教育改革於一九八〇年代開始盛行，一九九〇年代則由英語系國家率先採取標準化導向的教育政策，這些改革方向確實讓人們開始關注教育成果，即學生學習與學校的成績表現，也讓政策制訂者與教育專家毫無疑問地廣泛接受一種信念，主張只要為學校、教師、學生設立明確充分的高標準要求，就能夠將教育品質提升至想要的水準。標準導向的教育政策，促使外部標準化測驗和學校評鑑系統崛起，並將其視為衡量學習成果的方法。教育標準化背後的假設，便是所有學生都應達成同樣的高標準，這樣的概念，不僅造成標準化課程盛行，世界各地的課程政策也都趨於同質化。英格蘭一九九〇年代的國家課綱、德國二〇〇〇年代的新國家教育標準、二〇一〇年代美國的各州共同核心標準和澳洲的課程，便都試圖讓教學達到一致的標準。

全球教育改革運動的第三種趨勢是在課程中**注重核心科目**，例如讀寫能力和數理。學生在閱讀、寫作、數學、科學等領域的基礎知識與技能，已成為教育改革的主要目標及指標，由於 PISA、TIMSS、PIRLS 等國際大型學生評比受到廣泛採納，成為評鑑教育表現的標準，使得上述核心科目在世界各地都宰制了學生的學習、教師的教學、校務發展的重點、教育政策的目標。根據 OECD 的數據以及在數個國家進行的研究，各國教育政策受國際學生評比影響的程度與日俱增，特別是 PISA；而在我自己針對國際學生評比對各國教改影響的研究中，我的結論如下：

或許在我們探討的文獻中，關於國際學生評比的運用，最重要的發現便是，類似的評比創造了新的條件，讓國家、區域、全球層級的教育比較成為可能。這類評比一方面可以提供政府和教育專家有效的比較模式，讓縣市、省分、區域、國家間學習成就的比較成為可能。但是另一方面，分析這類評比慣用的方式，也就是僅只區分教育系統的好壞，而沒有考慮教育機會不均以及更廣泛的社經因素，在教育上的產製及運用帶來的影響，都使這類評比變得相當危險。（Fischman et al., 2018, pp. 542-543）

為了增強讀寫能力和數理等核心科目的表現，而增加授課時數，可說是全球教育改革運動中常見的策略，英格蘭與加拿大的安大略省便是其中的代表。至於美國的《有教無類法案》（No Child Left Behind）則迫使許多學校從社會研究、藝術、音樂等其他科目，還有學生的下課時間中挪用時間，只為了讓學生能在州級測驗中表現得更好（Jennings & Stark Rentner, 2006、Robert Wood Johnson Foundation, 2010、Sahlberg & Doyle, 2019）。然而，另一方面，其實要在人生和勞動市場中取得成功，需要的是擁有好奇心、領導力、能和他人合作，並且能解決困難問題的年輕人。

第四種趨勢是**測驗導向的績效責任制**，即透過外部標準化測驗，讓教師和學校對學生的學習成就負責。為了提升教育表現，各國教育體系開始採用各種教育評鑑，並以此當成對校方與教師的獎懲標準。以成績決定薪資、在辦公室張貼成績單、在報紙上刊登學校排名等，都是這種新形態績效責任制度的體現，而其根據主要都是來自外部標準化測驗的成績和教師評鑑的結果。測驗導向績效責任制的問題並不在於要學生、教師、學校為自己的表現負責，而是在於這種制度對教師工作以及學生學習的影響。只要學校的績效責任制度是建立在品質低劣、低成本的標準化測驗上，如同現在許多地方的情形，那麼整個制度就只會淪為空殼。

第五個全球教育改革的趨勢是**教育選擇**，這個概念在一九五〇年代傅利曼（Milton Friedman）提出他的經濟理論後便廣為人知。傅利曼和他的許多學生及支持者，包括美國的雷根總統，都相信必須提供家長選擇子女教育方式的自由，因而鼓勵學校間的良性競爭，如此才能滿足各個家庭不同的需求。教育選擇最常見的結果便是私立學校的崛起，家長在此為子女的教育支付學費；今日在傳統的私立學校之外，甚至還出現各式各樣的非主流教育，使得教育市場中的選擇更趨多元，包括美國的特許學校、瑞典的免費私立學校、英格蘭的後期中等教育學院、澳洲的獨立學校、荷蘭的宗教學校等，都是教育選擇蓬勃發展的結果。教育選擇背後的意識形態，便是家長可以依靠政府的經費，為子女選擇最好的學校，無論公立或私立。

美國教育部在二〇〇九年發起了「奔向頂峰計畫」（Race to the Top，簡稱RTTT），旨在鼓勵並獎勵州政府及各學區，透過發展以學生學業成就為導向的教師和校長評鑑系統，投入教育創新及改革，總預算達四十三．五億美元。這項計畫也使得各州及各學區間的競爭加劇，無不爭相尋求更具效率的實務改革和教師。根據教育政策研究所和其合作組織「廣泛大膽的教育方式」（Broader, Bolder Approach to Education）二〇一三年進行的研究，奔向頂峰計畫不僅在改善教師品質上失敗，也無法有效改善教育機會均等；此外，該計畫甚至還造成州政府和學區、教師工會和學校管理層之間的對立，使得整體發展受阻。該研究的結論表示：「整體來說，本研究發現奔向頂峰計畫的重要原則，即州政府在協助教師和學校建立成功基礎前，便要求其負責，可謂在根本上便是錯誤的。」（Weiss, 2013, p. 8）針對這個聯邦層級的改革計畫，其他學者也做出了類似的結論（Ravitch, 2020）。表4.1清楚呈現，自一九八〇年代起，芬蘭的教育政策跟奔向頂峰計畫的思維，便已南轅北轍。

其他學者也分析了全球教育改革運動，哈格里夫斯與雪利二〇〇九年出版的

《第四條路》就是其中之一；他們以「路」這個意象來描繪全球教育改革，我將在本章稍後回顧這部作品。加拿大教育改革學者富蘭也運用「推動因素」（drivers of change）這個專有名詞，來指涉教育政策及策略等能夠催化教育系統正向改變的因素；富蘭寫道：「在急急忙忙追求進步的過程中，教育領導者傾向選擇錯誤的推動因素，特別是在那些尚未取得進步的地區，更容易如此。」（Fullan, 2011, p. 5）錯誤的推動因素包括績效責任制度（相較於追求專業主義發展）、教師個人品質（而不是追求合作）、科技（對照於教學法）以及破碎的策略（放棄系統性的思維）。富蘭認為，這些沒有效率的教育改革元素，和前述提及的全球教育改革運動互相呼應，都沒有看見真正的教育目標，並且持續陷入盲目之中，而在分析美國與澳洲的系統層級改革時，富蘭進一步認為（Fullan, 2011, p. 7）：

> 目前使用的策略，根本無法實現這些野心勃勃、令人尊敬的國家教育目標。沒有任何成功的教育體系，是由這些錯誤的推動因素領導。大規模的內在動力，才是促成巨型教育體系改變的必要條件，但那些策略根本無法創造這種動力。美國與澳洲的教育目標聽來偉大，但根本從策略與動力觀點上就已經崩壞。

全球教育改革運動（GERM）	芬蘭之道
測驗導向的績效責任制 學校表現和學生成就與教師的晉升、評鑑、獎懲密切相關，教師薪資和學校預算也由學生的測驗成績決定，甚至可以裁撤教師或關閉學校。學生的評量成績與相關數據，也在政策制訂上扮演重要角色。	**信任導向的責任制** 逐步在教育體系中建立負責和信任的文化，能夠尊重教師和校長的專業，讓他們判斷怎麼做對學生最好。給予失敗或落後的學校及學生更多資源，政策制訂依靠的是抽樣評量及相關研究。
選擇帶來卓越 基本假設是家長應擁有選擇子女教育方式的自由，因而鼓勵學校之間的競爭，以滿足各式家庭的需求。在理想狀況下，家長可以依靠政府的經費，為子女選擇最好的學校，無論公立或私立，以提升教育品質及學習成效。	**均等的教育成果** 基本假設是所有學生都應獲得均等的教育機會，以追求成功。由於學習成就受學生家庭背景和相關因素影響甚巨，因此要達成均等的教育成果，需要根據學校真正的需求規畫經費，以打擊不平等。教育機會均等是達成全體卓越不可或缺的一部分。

表4.1　「全球教育改革運動」與「芬蘭之道」教改模式的比較

全球教育改革運動（GERM）	芬蘭之道
鼓勵學校競爭 基本假設為競爭代表市場機制，最終將能提升教育服務的品質、生產力、效能。如果公立學校和特許學校、免費私立學校、獨立學校、私立學校一起在招生上競爭，最後將會促使其教學改善。	**鼓勵學校合作** 基本假設為教育是集體的志業，而學校間的合作、社群建立、交流，最終將會提升整體教育的品質。學校透過合作不僅可以彼此協助，同時也能幫助教師在教室中建立合作文化。
標準化學習 由中央為所有學校、教師、學生設立明確且高標準的預期成果，以改善教育品質及促進教育均等。這將導致運用外部課程的標準化教學，因為如此才能確保評量標準及成績的一致。	**個人化學習** 為學校設立明確但充滿彈性的國家課綱，鼓勵學校發展不同的解決方法，以找到為所有學生創造個人化學習機會的最佳方式。同時也為擁有特殊需求的學生，提供個人化的學習計畫。
注重讀寫能力和數理 教育改革的重點在於閱讀、寫作、數學、科學的基礎知識和技能。普遍來說，會犧牲其他科目的授課時數，例如藝術和音樂，來增加主科的授課時數。	**注重全人發展和幸福** 教學注重深入、廣泛的學習，對全人發展的各個層面一視同仁，包括人格特質、倫理道德、創意、知識、技能。玩樂是所有孩子的權利。

表4.1列舉的全球教育改革運動特質，在其他國家的教育政策中占據重要地位，卻完全沒有出現在任何芬蘭的教育政策中。雖然這並不表示芬蘭教育完全沒有出現教育標準化、學習基本技能、績效責任制的現象（Sahlberg, 2015b），也不代表這些特質在芬蘭和其他國家中，有涇渭分明的界限，但是或許能讓我們瞭解，仍是有可能透過和主流教育政策市場截然不同的方式，創造一個優質的教育體系。

不少外國學者和記者都強調，芬蘭之所以能成功，至少在某種程度上，應歸功於能夠抗拒表4.1列舉的全球教改潮流。對某些人而言，芬蘭甚至可說是在教育體系活用商業策略的最佳典範：在哥倫比亞大學領導國家教育私有化研究中心（National Center for the Study of Privatization in Education）的亞伯罕斯博士，便認為芬蘭之道在教育上應用商業策略的方式，和其他國家截然不同。亞伯罕斯在二〇一六年的著作《教育及商業思維》（*Education and the Commercial Mindset*）中，對瑞典和芬蘭兩國的教育體系，進行了細緻的比較，認為即便芬蘭在一九六〇及一九七〇年代，遵循瑞典的方式，重塑基礎教育的架構和哲學，卻未在一九九〇年代盛行的市場化教育政策中，再度跟隨瑞典的腳步。亞伯罕斯發現，不像瑞典允許營利組織建立及經營學校，芬蘭在採用商業策略上，表現得比瑞典更好，包括芬蘭決定大規模投資教師和教育領導的專業發展，而不是敞開學校大門迎接唯利是圖的商人，讓他們領導學校，或是讓不專業的教師進入校園，他寫道：

> 芬蘭採用的商業策略也間接體現在一九九一年政府決定廢除督學制度，並決定不再跟隨北歐鄰居和世界其他地方的潮流，為所有學生舉辦標準化測驗。在這個層面上，芬蘭人選擇採用更細緻的商業策略，透過抽樣的標準化測驗，而不是大規模的標準化測驗，芬蘭政府賦予了校長及教師更多自主權及所有權。（Abrams, 2016, p. 288）

在全球教育改革運動成為教改主要動力之處，都對教師的教學以及學生的學習產生巨大的影響（Sahlberg, 2016a）。最重要的影響，便是造成教育及教學過程的標準化。教育當局與顧問設立的標準，滲透了教師和學生的生活，但他們卻不瞭解，學生真正需要學習的大部分知識，都無法用清楚的標準一概而論。然而，由於標準化教育承諾了良好的教育效率與品質，因此得以在政治與教育專業上獲得廣泛接納，並成為教育改革的基礎意識形態。

在教育政策與改革事業中，很少有人願意聆聽實務工作者的聲音。教育改革的相關研究成果，主要來自學者和改革顧問創造的技術論述，因此，我將在此花點篇幅，引述一位蘇格蘭教育改革實踐家的想法。這個例子與教改主題有著極為深厚的關連，因為蘇格蘭正在試著改善過去十年間，全球教育改革運動帶來的傷害，包括頭重腳輕的教育規畫、死板的課程綱要，以及受測驗、外部評鑑與績效責任制度宰制的僵化教育標準；這些問題目前大多已經獲得解決，並讓位給教師專業、更靈活的課綱與評鑑政策、系統層級的深度合作。蘇格蘭教育家麥克奇南（Niall MacKinnon）沉重呼籲道，教育必須「在更為廣闊的國家教育政策與實踐架構中，處理當地的教育問題與目標」，他也直接點出全球教育改革運動當時是如何荼毒教師和學校：

> 真正的實踐危機在於，在沒有充分理解教育體系發展的基本原理與理論基礎的情形下，評鑑人依據自己的教育發展理念，以不同的前提評斷實務工作者，而看似具備普世性質的評鑑標準，其實是一種面具，讓各種強行加諸實務工作者身上的價值判斷，穿上偽科學的外衣，但這些充其量都只不過是不同的教育觀點與模型而已。不同的教育觀點，原本能夠促進教育實踐的各種辯論與對話，

> 卻因為評鑑制度的出現，使得這些特質消逝在評判與不對等的權力關係之中，觀念會彼此激盪產生新火花，但命令與控制只會取代教育發展所需的彼此理解、對話以及概念探索。為此所苦的人，都只是希望能夠創新並且帶來嶄新理念而已。（MacKinnon, 2011, p. 100）

由於全球教育改革運動，將教育行政及學習，引領至嶄新的發展方向，因而在全球政策制訂者與改革顧問公司之間備受歡迎。針對改善教育品質、均等、效能，全球教育改革運動提出了各種強力的建議，包括將學習擺在首要考量、要求所有學生追求高水準表現、將評鑑制度納入教學等，卻也造成了公立教育的私有化。全球教育改革運動認為，外部標準可以規範教學和學習內容，進而讓所有人都獲得更好的學習成效。透過強調基礎以及為學生和教師設立特定的學習目標，這種標準將重點放在精通各種核心知識和技能，包括閱讀、寫作、數學、科學。教師的系統化訓練，以及外部的評鑑機制，也在這種思維中扮演重要角色。

有什麼證據能顯現全球教育改革運動對學生學習的摧殘嗎？某些證據即來自 OECD 從二〇〇〇年以後開始舉辦的 PISA。受到全球教育改革運動荼毒的國家，包括美國、英格蘭、澳洲、紐西蘭、荷蘭、瑞典，都無法成功將學生的學習成就提升到 OECD 所謂的「高水準」，亞當森（Frank Adamson）、奧斯蘭（Björn Åstrand）、達琳—漢蒙德等人二〇一六年編著的《全球教育改革》（*Global Education Reform*）一書，也記錄了全球教育改革運動對瑞典、智利、美國的影響（Adamson et al., 2016）。二〇一九年，《教育評論》（*Educational Review*）期刊則是以一整期特刊的篇幅，分析全球教育改革運動及其影響，富勒（Kay Fuller）和史蒂芬森（Howard Stevenson）在其中指出了全球教育改革運動在不同國家造成的問題，包括智利、英格蘭、中國等，並提到「許多文章都點出希望與抵抗的可能，因為學生和教師正試圖回應一個明顯已經『崩壞』的系統」（Fuller & Stevenson. 2019）。

二〇一二年 OECD 針對六十五個教育體系進行的研究，則得到以下發現：

- 從一九八〇年代初期起，許多國家的教育改革都使家長和學生在就學上有更多選擇（OECD, 2013b, p. 54）。
- 在二〇〇三年到二〇一二年間，學校間存在一股明顯的風潮，即運用學生評量的結果來比較學習表現，包括和區域、國家、其他學校比較（OECD, 2013,

p. 159）。

■根據OECD國家二〇〇三年到二〇一二年間的平均數據，和二〇〇三年的學生相比，二〇一二年的學生在選擇學校上，多出了百分之二十會選擇就讀用學生成就監測教師表現的學校（OECD, 2013b, p.160）。

許多國家也已自行進行研究，以瞭解市場機制是如何影響自身教育體系的品質。威伯（Wiborg）便探討了瑞典自由學校系統，也就是政府出資的私立學校，二十年來的演進，他的結論如下：

> 瑞典的實驗（讓營利的私人機構提供教育服務）事實上非常昂貴，而且對整體學習成效也沒有太大的幫助，同時即便瑞典整體的系統仍是相對平等，但這次改革，雖然規模很小，卻還是讓教育變得更不平等。（Wiborg, 2010, p. 19）

澳洲的格拉坦研究所（Grattan Institute）則是研究了市場機制，特別是學校之間的競爭、教育選擇、自主權，會如何影響學校的表現。它的結論是依賴市場機制並不是改善學生學習的好方法：

> 政府的政策確實透過增強競爭，促進了許多經濟部門的效能，但並不包括學校教育。（Jensen et al., 2013）

那麼 PISA 的數據是不是證實全球教育改革運動背後的假設是正確的？從二〇一二年以後的 PISA 中，我們可以找到三個值得關注的重點，如此便能瞭解全球教育改革運動背後的假設，和世界各地的成功改革有沒有關連。

第一個重點是，在課程及學生評量上，給予學校自主權的教育體系，常常表現得比較好（OECD, 2013b），這和全球教育改革運動背後的基本假設互相衝突。全球教育改革運動認為，外部的教學標準以及對應的標準化測驗，是學生成功的基礎，但 PISA 的結果卻顯示，學生的成功其實是和平衡的專業自主，以及學校中的合作文化有關。此外，研究結果也顯示表現優異的教育體系會促進教師的積極參與，包括設定教學目標、營造充滿生產力的學習環境、設計多元評量方式等，以支持學生的學習與教育品質的提升。

第二個重點是高學習成就和系統層級的平等非常相關（OECD, 2018, 2019b）。教育成果的均等代表學生的社經背景不太會影響學習成就，在所有成功的教育體系中，均等都是非常重要的目標；注重均等代表重視普及的學前教育、普遍的健康及特殊教育服務，以及平衡的課程設計，即同等重視藝術、音樂、體育和其他學科。公平分配資源對均等來說也非常重要，根據二〇一八年的 PISA（OECD, 2019b, 2019e），公平分配資源和教育體系的整體成功有關，高學習成就通常來自學校之間更均等的資源分配。

第三個重點是教育選擇和競爭並不會改善教育體系的表現（OECD, 2011, 2019e）。在 OECD 國家中，教育選擇與學校競爭將造成教育體系的區隔現象，並對教育機會均等和教育成果帶來負面影響。成功教育體系的表現，也比教育選擇更多的教育體系更好；所有成功的教育體系，都致力維持公立學校和社區學校的品質。此外，PISA 的數據也顯示，特許學校和免費私立學校的盛行，以及在招生上的競爭，並無助於改善學生學習成效。

表 4.1 顯示，芬蘭之道的教育改革和全球教育改革運動可謂大相逕庭。芬蘭教育的特色是高度信任教師與校長對於課程、學生評量、教育組織以及學校評鑑的專

業，還有鼓勵教師與學生嘗試各種嶄新的教學理念與方式，也就是將學校打造成充滿創意與啟發的學習環境；此外，教師教學的目標為同時尊重教學法傳統，並涵養各種創新的概念。所以這不代表芬蘭沒有任何傳統的教學和學校組織，事實正好相反，重要的是，芬蘭今日的教育政策，是三十年來努力不懈得到的結果，芬蘭社會能夠擁有多元文化、信任與尊重的原因，就是來自系統化的改革理念，在教育領域中更是如此。

我曾將芬蘭這種迥異於全球教育改革運動的政策稱為**芬蘭之道**。在資訊社會與經濟體系的研究領域中，也有相似的類比，那就是「**芬蘭模型**」（*Finnish Model*）（Castells & Himanen, 2002、Dahlman et al., 2006）。芬蘭和其他國家的最大區別，在於教育體系的學習成果非常優異，同時也相當均等。一九九〇年代，「第三條路」（或稱激進中央主義）因英國首相布萊爾、美國總統柯林頓以及德國總理施洛德（Gerhard Schroder）而聲名大噪；而芬蘭之道對學習成果與均等教育的重視，可說是帶起了教育領域「第四條路」的興起：

> 第四條路是啟發與創新，也是責任與永續之路。第四條路不會利用教師進行莽

撞的改革，也不會將他們視為執行政策的工具，或者淘空他們的內在動力，使他們捲入短期政治議題或特定利益組成的漩渦。（Hargreaves & Shirley, 2009, p. 71）

芬蘭之道是專業與民主的路徑，也是由底層而生、由上層掌舵的改革之道，中堅份子則負責提供各種協助和進步的壓力。哈格里夫斯與雪利認為第四條路是「高品質教師全心全意奉獻，並創造兼具深度與廣度的學習，透過這些教師，第四條路建立了強大、負責、生機勃勃的專業社群，這個教育社群的自我規範日漸增長，也能免於過度自我及自利的弊病」（Hargreaves & Shirley, 2009, p. 107）。在芬蘭之道中，教師自行設計及追求各種高標準的共同學習目標，並仰賴專業合作和社群、實證、相關研究，持續提升教育品質。

芬蘭之道可說是擺脫有害新自由主義教育政策的仙丹妙藥。新自由主義便是全球教育改革運動背後的意識形態，認為讓個體根據自身的利益行動，是促進經濟繁榮與集體利益的最佳方式，因而偏好小政府，並鼓勵公共服務私有化，特別是教育、健康、社會服務等，進而提供人民多種選擇，並允許不同服務提供來源互相競爭。但是對大部分年輕孩童的家長來說，教育根本不是「私有化市場」。日前澳洲的教育官員，竟然跟對澳洲學前教育不滿的家長表示，應該去「四處逛逛」，讓自己的錢花得不冤，美國的川普政府則稱教育選擇是二〇二〇年的人權，類似的例子列都列不完，可見新自由主義在世界各地確實相當猖獗，但改變就要到來了。

在新冠肺炎疫情肆虐下，世界各地的政府都必須重新規畫二〇二一年的預算。美國政府計畫提供兩兆美金的紓困預算，以協助受災的企業、員工、人民，澳洲政府二〇二一年的預算出現一千五百五十億美金的赤字，英國政府也口袋空空，二〇二〇年下半年的新冠肺炎疫情，使政府不斷借貸，國債達到破紀錄的二・六兆美金。大部分國家的財政狀況都很類似，政府究竟要從哪裡找錢來填補這些財政赤字？遑論銀行和國際財政市場也已債台高築。

新冠肺炎疫情帶來的財政災難，使得新自由主義政府和支持它們的私人企業，轉向公共支出、公共機構及政府管控尋求幫助。正常情況下，它們可能非常討厭什麼都管的大政府，但是出事時它們還是需要政府；新自由主義政府常常批評北歐社會民主福利國家的高稅率，以及把人民血汗的納稅錢花在昂貴公共服務上的大政府，包括學前教育及照護、免費營養午餐、免費高等教育等。這場疫情帶給我們的教訓，可能就是在保護國民和企業以及教育下一代上，做出以下努力的政府一定會更為成功：投入巨資打擊社會不平等，建立強大的健康、社會、教育公共服務網絡，以及在某些重要領域維持國營，例如通訊、郵政、運輸等。在疫情之下，這些政府仍然繼續投資社會的重要領域，包括免費的兒童照護、公立教育、再生能源，而不是縮減預算或徹底忽略這些事項。

在處理新冠肺炎疫情上，美國選擇採取非常不同的策略。這筆兩兆美金的紓困，可是記在美國下一代的帳上，如果亂花，並不會讓未來變得更美好，而在民主制度下，這筆公共經費要用在什麼地方，完全取決於民意。新冠肺炎讓我們瞭解，公共支出和政府管控在保障人民的安全和改善人民的生活上非常有用，當然前提是錢要花在刀口上。二〇二〇年八月，由馬林領導的芬蘭新聯合政府，規畫的二〇二一年全年度預算約為八．二兆美金，政府決定借這筆錢，用來降低失業率、為所有民眾提供更好的公共服務，並改善學前教育、中等教育、高等教育，因為這是放眼未來的重要投資。這樣的政治理念在芬蘭可謂司空見慣，我接下來會詳細介紹。

知識導向經濟

一九九〇年代的大規模經濟轉型，以及對高科技產業複雜知識及技能的需求，提供了芬蘭教育體系進行根本革新的大好機會。當時適逢三個重大的政治經濟事件：蘇聯解體（一九八九年至一九九一年）、芬蘭銀行經濟危機引發的嚴峻經濟衰退（一九九〇年至一九九三年）、歐盟整合（一九九二年至一九九五年），這些轉變都影響了芬蘭教育的發展。

到了一九九〇年代中期，芬蘭認為發展行動通訊科技，最終將使自身成功轉型為知識經濟體，而且也極有可能促使芬蘭脫離經濟危機，並邁入歐洲權力核心（Halme et al., 2014）。芬蘭同時也體認到，知識經濟不僅攸關培養 know-how 能力，也攸關孕育一群受過良好教育、具備批判能力的消費族群，他們能從市場上的創新科技產品受益，但前提是要先擁有高度的科技素養。

一九九三年初，芬蘭經歷了從一九三〇年代以來最嚴峻的經濟衰退，失業率高達百分之二十，GDP 衰退幅度達百分之十三，銀行金融體系面臨崩潰，政府債台高築。由當時新上任的年輕總理亞霍（Esko Aho）領導的芬蘭政府，選擇了一種出人意表的方式回應這次國家危機。首先，芬蘭開始大量投資產業革新，而不是選擇拯救傳統產業；當時最關鍵的策略，是將發展焦點從林業和傳統工業，移至高科技產業和通訊產業，這項策略導入嶄新的國家競爭政策，加速部分國有企業與公部門的私有化，更促進了芬蘭金融市場的自由化，同時降低外資投入的限制。策略背後的關鍵假設，便是促進私人企業的創新以及公部門和企業間的合作，將會比政府直接干預或投入資源發展研發等傳統政策成效更好。芬蘭能夠度過這次經濟危機的關鍵，便是專注在通訊產業的發展，特別是對諾基亞的支持；諾基亞催生了芬蘭嶄新的電子業，這就是一九九〇年代芬蘭經濟復甦的重要原因。

第二，知識的累積與發展，是芬蘭得以脫離經濟衰退的關鍵。芬蘭境內沒有什麼天然資源，因此最重要的發展策略就是轉型為知識經濟體，並在經濟和教育上積極與國際合作。一九九八年，芬蘭在世界經濟論壇（World Economic Forum，WEF）的全球經濟競爭力指標排名第十五名，到了二〇〇一年，芬蘭在影響力指數上勝過全球超過一百三十個經濟體，排名首位（Alquézar Sabadie & Johansen, 2010、Sahlberg, 2006）。研發經費是用於衡量知識經濟體競爭力的主要指標，一九九一年，芬蘭的研發經費占全國GDP的百分之二，二〇一〇年時已達百分之三・九，OECD會員國同期的平均比例則大約介於百分之二至百分之二・三（Statistics Finland, n.d.b）。此外，芬蘭投入知識產業的勞動力人數亦顯著增加，一九九一年時僅大致等於OECD的整體平均，即一千個勞工中大約有五人，到了二〇〇三年，這個比例攀升至每千人中有二十二人，幾乎是當時OECD國家平均的三倍。

學者認為，芬蘭邁向知識經濟體的轉型過程可謂「出眾絕倫，不只是因為初期面臨的經濟困境……（更是因為）這個規模甚小、十足邊陲的國家，竟能如此成功打造知識經濟」（Dahlman et al., 2006, p. 4）。芬蘭社會擁有的信任以及與日增長的創新投資，也促使一九九〇年代的教育政策，專注在發展更好的知識和技能，以及孕育創造力和問題解決上。芬蘭高度關注數學、科學、科技的結果，使得諾基亞成為世界的通訊巨人，造紙業的斯道拉恩索（Stora Enso）也享譽世界；此外，芬蘭某些大學也和這些企業在研發上密切合作。芬蘭政府的創新部門也積極投入，產官學共同組成了芬蘭知識與創新鐵三角。芬蘭經濟學家主張創新與教育是高度重要的國家發展政策的呼聲，也在其中扮演重要角色；教育不只是支出，而是必要且極具潛力的投資，更能一舉協助創新發展，讓經濟體系擁有更多創新能量。同時，受過良好教育的民眾，理所當然也成為芬蘭「國內外嶄新科技的傳播中，不可或缺的要素」（Asplund & Maliranta, 2006, p. 282）。

從一九七〇年代起，資訊社會與知識經濟便已成為芬蘭教育改革的重要動力。芬蘭的經濟部門一直期待教育體系能夠提供擁有創新技能及素養的青年才俊，以應對急速轉變的經濟與科技環境。儘管資方呼籲提升知識與技能水準，但資方也一樣拒絕教育政策轉向狹隘的專業化教育以及早期分流，這點與當時其他國家恰好相反；雖然芬蘭產業界積極提倡更好的數學、科學與科技學習，卻也同樣支持創新的產學合作關係納入正式課綱。一九九〇年代中期如雨後春筍般湧現的創新企業，將各種創新問題解決及跨領域課程與教學帶入了教育之中。[31] 芬蘭的某些產業領導者，也提醒教育政策制訂者，必須重視教學創新與開放的態度，而非透過國家考試讓教育受外部標準與績效責任制桎梏。

芬蘭在一九九五年成為歐盟會員國，這讓芬蘭必須面對各種挑戰與轉變。當時蘇聯才剛解體，使芬蘭向西歐國家靠攏的決心更加堅定。申請成為歐盟會員國的過程與一九九五年真正加入歐盟一樣重要，因為在申請加入歐盟的歲月中，嶄新的芬蘭認同逐漸浮現，人民受到鼓舞，開始相信芬蘭的各種機構，包括學校在內，水準都能與其他歐洲國家相提並論。[32]事實上，相較於一九七〇、一九八〇年代的歐洲同胞，芬蘭教育體系貧弱的數學和科學表現，反倒成為努力將教育提升至歐洲水準的動力。雖然教育不是歐盟會員國的正式要求，也不屬於歐盟的普遍政策，但芬蘭申請加入歐盟的過程，仍然帶動了芬蘭所有公共機構的進步，也對教育發展產生了極為正面的影響，特別是芬蘭當時正處在最嚴峻的經濟危機當中，如同稍早所述。此外，芬蘭教育專家甚至因而更能瞭解各種不同的歐洲教育體系，並驅動芬蘭持續進行教育改革；同時，由於其他國家教育體系的資訊變得更容易取得，芬蘭也得以採納更多的新觀點。

歷史與芬蘭人民的心態，都顯示他們在面對這類全球挑戰時，反倒表現得更為出色。包括一九三九年至一九四四年和蘇聯戰爭期間、一九五二年的奧運經驗、一九九〇年代初期的經濟大衰退等，都在在證明了芬蘭人的競爭力與韌性，以及芬蘭的「習俗」精神。這些教育與文化態度，體現在一九七〇年代至今不斷演化的重要經濟、就業、社會政策，而芬蘭福利國家的相關機構與政策，也在一九八〇年代末大功告成，因此對於芬蘭人來說，生存永遠都是讓他們的表現，能夠超出預期的最佳動力。

改革的本質究竟是「改變」或者是「革新」？這是分析教育改革時常見的問題，兩個字詞的不同意義，提出了一個大哉問，那就是改革究竟是從一個階段平順地移動到下一個階段？或者是進行根本而激進的行動，創造出新的制度與規則？芬蘭的教育改革是週期性的改變，代表教育改革的本質會隨著時間演變。表 4.2 呈現了一個非常重要的現象：一九九〇年代是芬蘭教育史的重要分水嶺，一九九〇年以前，芬蘭教育的特色是建立福利教育體系的機構與架構，一九九〇年代以後，芬蘭教育則更重視各種興趣、概念、創新，使得教育體系成為複雜社會、經濟、政治系統的一部分，而在這兩個教育改革時期之間，創造出「斷裂均衡」（punctuated equilibrium）的能力，也是芬蘭之道成功的其中一個原因。

從一九七〇年代開始，上述兩種同時進行的改革，都在芬蘭教育體系中扮演重要角色。一方面，公部門政策日益增長的交流互動，使得教育改革的方向和經濟與社會改革更為一致，因此創造了哈格里夫斯與芬克斯所謂的教育「永續領導」（Hargreaves & Finks, 2006）；這種協調一致讓教育體系能夠專心致志於長期發展的遠景，也能促進不同政策與策略的跨部門合作。另一方面，國際化與加入歐盟等事件，則讓芬蘭的公共機構與基礎功能，能夠用和諧密集的方式穩固發展。在經濟與

表4.2　一九七〇年代起芬蘭各種公共政策間的互動情況

策略	經濟政策	就業政策	社會政策	教改原則
公共政策的互動越來越密切				
制度建立				
一九七〇年代：制度化時期鞏固社會福利國家的基礎；增強國家創造的社會資本；培育傳統產業生產結構	小而開放；依賴出口的國家管制市場；大量投入實際資本	建立積極的就業政策與失業社會福利系統；增強勞工市場的直接訓練	為芬蘭成年人提供新的風險管理系統，以應對失業、工作與生活平衡；提供教育進修與居住管道	強調教育機會均等，為所有人提供優質的基礎教育及中等教育；確保公立教育的發展
一九八〇年代：調整時期完成福利國家建設；調整經濟管制；資通訊科技基礎建設；公共管理	公共部門急速成長；工業生產強調金屬與林業	調整失業福利系統；將早期退休納入新的就業政策	建立學生福利與醫療照護系統；建立學生貸款與社會福利系統；調整失業相關法案	調整後期中等教育，以便為所有學生提供；將後期中等教育的權力下放到地方當局

公共政策的互動越來越密切				
興趣、概念與創新				
一九九〇年代：概念與創新時期 公部門自由化；透過創意市場機制促進多元化；透過社群網絡傳遞各種概念	公部門發展停滯並開始萎縮；私部門興起，帶動資通訊產業；研發投資增加；調整銀行體系	就業福利刪減；實施新的就業福利系統以鼓勵就業；就業政策改革	處理經濟大衰退帶來的社會問題，特別關注長期失業的負債人口；為失業人口提供訓練與進修機會	透過校本課程、合作創新來讓教師和學校獲得權力；建立學校和教育當局間的合作網絡，以促進概念流通和改變產生；高等教育擴張
二〇〇〇年代：更新時期 持續發展原先表現良好的經濟部門；更新社會政策（更進一步的私有化），以因應預算刪減	專注於提升服務；解除中央管制角色；強調公部門的生產力	人口老化導致就業市場萎縮；失業人口的權利義務意識興起；強調跨部門合作	重新修訂移民法案；因應多元社會調整社會體系	更新教育法規；增強評鑑政策；加強國家對學校及教育部門生產力的控管；學校規模擴大

資料來源：Sahlberg, 2010b

政治的層面上，從芬蘭教育的成功可以得出三個結論：

一、芬蘭教育改革的成功，主要奠基於一九七〇、一九八〇年代的制度與架構，而不是一九九〇年代起的各種轉變與改善措施。芬蘭國家創造的社會資本是來自政府的管控，動力則是為所有人提供良好的基本生活條件，這也締造了適合教育發展的社會脈絡。

二、芬蘭一九九〇年代以後的基礎教育與中等教育改革，更加關注與趣、概念、創新，而非建立新的制度或架構。一九九〇年代的制度變遷較為單純，唯一的例外是高等教育導入了新的理工大學制度，不過整體來說，政策方向仍是相當清楚，並依據先前的政策持續發展。

三、一九九〇年代至二〇〇〇年代間，強調國家競爭力是推動歐盟大多數公共政策的重要動力，但這種動力不是芬蘭公共政策的主要目標或運作方式。同時，一九七〇年代初期宣揚的平等與均等原則，也逐漸在歐盟國家中失去影響力。

簡而言之，從一九七〇年起，芬蘭便出現兩種相異但彼此連結的教育改革趨勢，各自受到不同的改革理論影響，概念的來源與創新的動力也不盡相同。一方面，各種教育改革方針持續依循**共好**原則，和公部門政策保持互動。另一方面，教育改革的理念，特別是和學校教學有關的部分，則建立在芬蘭過去良好的教育實踐與傳統之上，這種現象有時稱做「**教育保守主義**」（*pedagogical conservatism*），透過「以古鑑今」、「為未來而教」等理念，在進步主義與保守主義之間取得平衡（Simola, 2005, 2015）。一般認為，一九七〇年代以後，芬蘭的社會與經濟政策，在打造教育體系上所扮演的角色，便是證明了社經環境對教育成就的影響。換句話說，這顯示個人幸福、收入公平分配、社會資本等因素，都會影響學生在國際評比中的表現。

現在，讓我們進一步探討社會政策與福利國家制度，是如何影響芬蘭教育體系的表現。

福利、平等與競爭

一九五〇、六〇年代的芬蘭社會政策，相當重視家庭農業經濟的重要性。儘管從二十世紀下半葉開始，芬蘭已經開始急速邁向工業化，農業對 GDP 的貢獻也日漸降低，但這個國家的農業形象仍屹立不搖，無論芬蘭民眾的生活形式發生多麼劇烈的改變，全球化的速度有多快，傳統社會價值依然挺立。深度探討芬蘭文化的路易斯（Richard Lewis, 2005）指出，這些傳統價值包含重要的文化特徵，像是法治國家、信任權威當局（包括學校）、奉獻於團體生活、對個人社會地位有清晰認知、愛國情操等。這些芬蘭社會特有的文化價值，以及建立共識的原則，便是一九七〇年代引領芬蘭教育改革的關鍵。

芬蘭第二次世界大戰後的主要社會政策，大致和其他北歐國家類似。這種理念創造出獨特的福利國家，讓包括教育在內的各種基礎社會服務，成為向所有民眾提供的公共服務，並且特別照顧弱勢，同時提升了芬蘭的社會資本；國家政策也改善了孩童的社會處境、教育機會、學習意願。卡諾伊（Martin Carnoy, 2007）將之稱為

「國家創造的社會資本」，即國家社會政策為教育成就創造的社會脈絡。芬蘭社會重建與教育改革帶來的影響非常深遠，而且可謂立竿見影。芬蘭家長渴望改善孩子的經濟與社會條件，因而轉向教育體系，教育體系正是促進社會流動的重要制度。

一般認為，收入不均對人們生活的影響，遠遠不只是經濟能力以及生活條件而已。更為平等的社會，教育成就真的會比較好嗎？威金森（Richard Wilkinson）與皮克特（Kate Pickett）在二〇〇九年的著作《靈魂的等級》（*The Spirit Level*）中認為，平等社會的教育體系在各個層面上都表現得更好，他們也說明了收入不均和其他社會問題之間的關係。衡量收入不均的方式有很多種，常見的方式是計算一國的貧富差距，我在圖 4.1 中使用 OECD 資料庫的數據，試圖描繪 OECD 國家中收入不均和兒童貧窮之間的關係；結果顯示，財富分配和兒童貧窮之間呈高度正相關，在更為平等的社會中，孩童也能從財富的公平分配中受益。此外，威金森與皮克特在二〇一八年的著作《內在階級》（*The Inner Level*）中也指出，更平等的社會能夠降低壓力、穩定心智、改善所有人的福祉，而這些不平等的狀況也都和教育成就密切相關。

國際學生評比的數據顯示，學生所在國家的經濟狀況和家庭收入，在學生表現

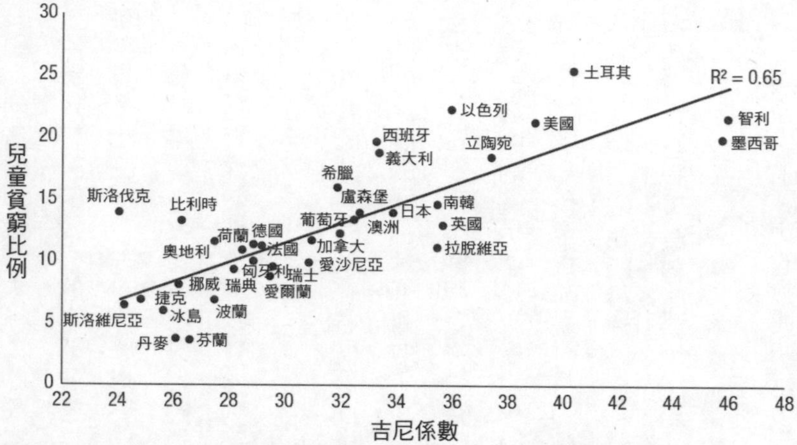

圖4.1　二〇一八年OECD國家的吉尼係數和兒童貧窮比例

資料來源：OECD資料庫

中也扮演重要角色。這也是帕特爾（Dev Patel）和桑德佛（Justin Sandefur）二〇一九年的研究得出的結論，他們研究的是人力資本的差異，能在多大程度上解釋世界各地的經濟成長、貿易、不平等趨勢。二〇二〇年，《經濟學人》（*The Economist*）也直言：「在富裕國家當個窮人，也比在窮國當個有錢人好。」值得注意的是，國際評比其實不一定能顯示學生實際擁有的知識與技能，因為如同第二章所述，許多學生都沒有認真參與這些測驗。

收入不均、兒童貧困以及缺乏合適的兒童校園福利政策，的確是提升教育品質的重要課題。早在半個世紀前，芬蘭便已瞭解這個道理，因而所有芬蘭學校都開始對每位學童提供免費的營養午餐和完整的福利政策，對弱勢學生也提供早期支持。根據法律，每個學童都享有使用學校福利服務的權利。

本章認為，檢視芬蘭教育改革時，必須採取更宏觀的社經發展角度，並且同時關照芬蘭國內與國際局勢。有趣的是，芬蘭教育部門成長的同時，經濟領域也從生產導向的農業經濟，轉型為現代知識導向的資訊社會。確實，芬蘭在相對短暫的時間內，就成為現代的福利國家，並擁有極具動能的知識經濟。一九九〇年代的芬蘭經驗，是少數寫下教育與知識，如何成為驅動經濟成長與轉型動力的典範。在那十年之間，芬蘭成為全球資通訊科技的專業經濟體，芬蘭的經濟與教育體系，也終於擺脫過去仰賴資源的模式，一舉成為知識及創新導向的系統。

到了二〇〇〇年代，芬蘭在經濟競爭力、政府治理及透明程度、性別平等、科技進步、創新、永續發展政策等國際評比中，皆維持非凡表現；更令人驚訝的是，芬蘭民眾的幸福指數也居高不下，根據世界經濟論壇的〈全球競爭力指數報告〉（Global Competitiveness Index Report），[33]在二十一世紀的第一個十年內，芬蘭數次獲選為全球最具競爭力的經濟體系。考慮到芬蘭在一九九〇年代初期遭遇的重大經濟衰退，這項成就可謂更為卓越。身為一個競爭力十足的知識經濟體，以及世界的創新及研發領袖，同時還是第一個將寬頻網路視為公民基本人權的國家，芬蘭的經濟體系自然經歷過相當重大的改革；此外，芬蘭的法治也備受推崇，國內的貪污程度極低，而貪污可說是左右經濟與公部門表現的重要因素。

在一九九〇年代的經濟危機中，良好的治理、團結的社會、福利國家提供的廣泛社會安全網，讓芬蘭有機會創造非凡的經濟復甦。另一個類似的芬蘭經濟轉捩點，則發生在二〇〇八年的全球金融海嘯。如前所述，將芬蘭經濟拉出衰退深淵的其中一個戰略原則，便是持續大規模投資研發領域。儘管一九九〇年代與二〇〇八年的經濟危機，讓芬蘭必須大幅刪減公共支出，但芬蘭人對知識生產與創新的信念，仍然屹立不搖。二〇一八年，即便因為經濟不景氣，芬蘭投入研發的支出僅占GDP的百分之二・七，但這個比例仍高於OECD平均。

性別平等也是芬蘭社會極為重視的價值。二〇一九年十二月，新上任的聯合政府共有五位女性首長，包括總理、財政部長、教育部長、內政部長，年紀通通都小於三十五歲。芬蘭首任女總統哈洛寧（Tarja Halonen）領導芬蘭長達十二年，從二〇〇〇年至二〇一二年為止，而芬蘭商界的女性領袖人數也日漸增長。此外，芬蘭法律也規定，社會重大事項的討論與決定，皆需經男女比例相同的專家和代表表決通過。某些教育政策，例如立法保障所有兒童接受學前教育的權利，也都是由女性政治家發起。還有一個有趣的數據：目前芬蘭國會中的兩百名議員，有二十三人出身教育背景，另外七人則是直接來自教育部門；二〇一九年的國會選舉，使芬蘭女性議員的人數來到九十三人，占百分之四十七，圖 4.2 即為二〇一九年 OECD 國家的國會中，女性議員的比例。

如前所述，本章認為教育體系的表現，必須在和社會其他系統互動的脈絡下檢視，包括健康、環境、法治、政府治理、經濟、科技等。芬蘭的教育體系不僅表現傑出，同時也屬於民主福利國家中運作良好的一部分；如果想嘗試解讀芬蘭教育體系的成功，就應該在更廣闊的脈絡之下討論，並將之視為公民社會的一部分。經濟學家一直想要瞭解芬蘭為何能夠成為全世界最有競爭力的國家，教育學家則是想探索芬蘭卓越教育表現背後的祕密，但無論是一國整體或是其內部某個部門的品質，都不會只由單一因素決定，因為社會整體必須和諧運作，才能達成系統卓越。

積極的教育與經濟發展通常擁有四個常見的特質。第一，政策發展必須考量整體性，而不只是為單一部門設計。教育部門的發展，是由中程的政策驅動，這類政

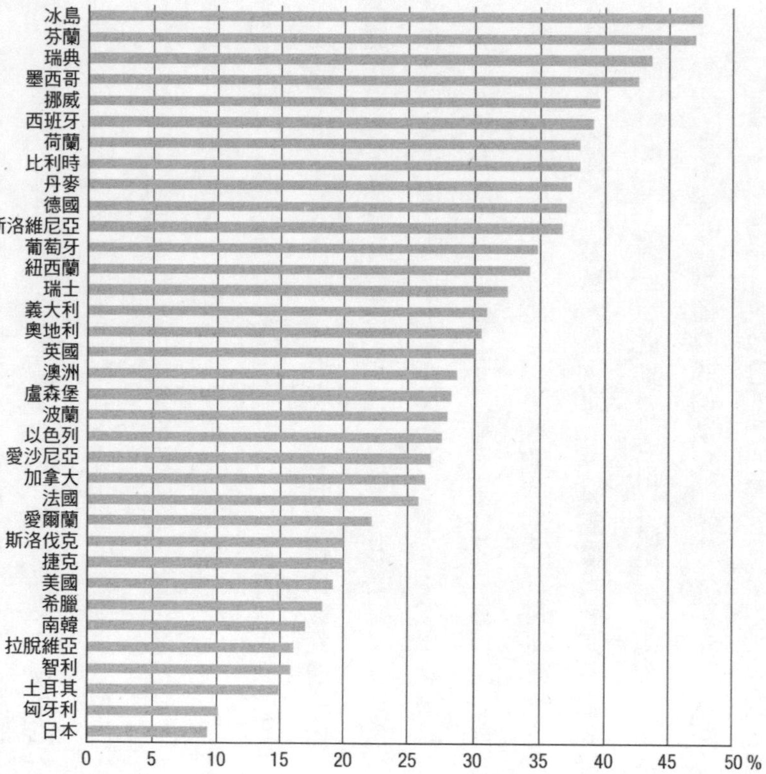

圖4.2　二〇一九年 OECD 國家國會女性議員比例

資料來源：OECD 資料庫

策則仰賴永續的基本價值，包括為所有人提供優質平等的教育機會、包容所有學生的主流公立教育，以及對公立教育擁有強烈的信心，視之為公民權利，而不只是義務。這些中程政策可以整合教育及訓練，並促進私人企業和產業的參與，以共同創造並監測教育成果。經濟與產業政策也同樣使用了產業群落的概念，整合科技發展政策與創新系統。政策整合可以增進系統表現與各部門的互動，也讓政治領導能夠永續發展，成為未來成功的基石。

第二，政策架構的發展與變遷必須建立在長期的遠見之上。芬蘭的國家發展策略，包括一九九五年的資訊社會、一九九七年的國家終身學習策略、「二〇二〇年教育部策略」等，都屬於教育政策的整體架構，所有政策都應強調彈性、跨部門整合、地方與區域政府責任發展、機構創新等特質。

第三，無論在教育或經濟領域，政府治理與公共機構的角色，都是政策發展與執行的核心。優秀的政府治理、高品質的公共機構、良好的法治運作，都是政策執行與發展的要角。我們應採取「發展導向」的評鑑策略，系統中的人員也都必須為過程與結果負責，像是「國會未來委員會」等特殊機構中，便同時擁有民間代表與官方代表，以及社會中重要的利害關係人，這將有助於創造社會共識。

第四，受過良好教育、擁有優質技能的勞動力，以及各層級教育的廣泛參與，能夠確保**人力資源**的品質；人力資源可說是良好教育體系與經濟成長的基本要素。所有芬蘭教師都必須擁有碩士學位，芬蘭也鼓勵大多數的勞工持續參與專業發展，並將之視為工作內容的一部分，教師的地位等同學校裡的專業人士，因而更會積極參與教育改革的規畫與執行。

彈性是芬蘭教育與經濟發展的重要元素。芬蘭教育體系在一九九〇年代初期經歷重大轉型，當時廢除了大部分的教育管制，教育機會均等的程度大幅提高；針對私部門的管制也變得寬鬆，導入了更有彈性的評鑑標準，特別有助於建立企業、大學、公共研究、發展機構之間的合作。

健全的政策整合架構與具備長期眼光的政策視野，增強了教育與私部門發展的永續領導。由於芬蘭教育體系採取永續發展的觀點，因而不受全球教育改革運動鼓吹的市場導向原則影響。芬蘭私人企業領導者與公立教育部門之間，也經常進行公開對話，促使雙方在如何促進社會共好與提升知識經濟發展上，達成共識。的確，產學積極互動會鼓勵校方採用創意教學，特別有助於培養企業家精神以及積極的工作態度。最重要的是，芬蘭社會的主要發展原則，一直都在鼓勵所有人民的智識成長與終身學習；在教育機構與職場中，發展成長與學習的文化便是成功關鍵，這也是為什麼，所有芬蘭校長同時也都是老師，如同補充資料4.1所示。

補充資料 4.1　芬蘭的教育領導

芬蘭學校的規模正在擴大。距今一百五十年前，芬蘭舊式的公立學校誕生，當時許多學校都只有一位老師，時至今日，這些學校已不復存在。現代的教師需要與其他教師共同合作，一起教育學生，每位教師都必須根據同事的風格，調整自己的教育哲學與原則，因此，學校需要打造一種優質的文化氛圍，讓所有教師都可以為了共同目標努力，這就是為何每個學校都需要一名校長。

芬蘭的校長也是教師，永遠都是如此。幾乎所有的芬蘭校長每個星期都還是會教幾節課，他們的行政工作職責越來越多，許多校長抱怨工作量變得太大，因此為了可以順利完成所有校務與責任，校長勢必要擁有優質的領導理論。我認為，校長也得瞭解什麼是好的學校，以及如何領導才能幫助學校完成這個遠景。

在我擔任校長期間，我將我的領導建立在基本價值之上。在一間好學校裡，日常工作會非常平順，教育也會極具效率，我的任務就是協助教師拿出最好的一面，並做出必要的決策，讓學校能夠維持良好運作。我努力在學校營造正向的氛圍，讓學生與教師都能受到鼓舞。身為學校的領導人，同時身處同一區域公立學校形成的網絡之中，我必須熟知全國與地方政府的各種教育政策。此外，確保國家經費在所有學校間妥善分配也非常重要，包括我的學校。上述這些事情可以讓人成為一個好校長。

我努力成為一個好校長，這代表我必須成為最好的管理者、領導者、首長以及師生在教學上的榜樣。換句話說，我希望自己能夠成為一個備受信任的好人。對我而言，最大的挑戰是將所有層面和我的工作結合在一起，擔任校長不只是擔任球隊的經營者或教練。校長的職責，屬於持續變化的複雜社會系統的一部分。如果沒有擔任教師的經驗，那麼這份工作將會變得非常艱難。

——赫爾史東（Martti Hellström），
埃斯波市奧羅拉學校（Aurora School）榮譽校長、赫爾辛基大學講師

外國創意，芬蘭實踐

許多外國人在得知芬蘭學校中只有少部分創新是源自芬蘭時，都相當驚訝。不過，只要深入檢視芬蘭現今的教學模式起源、教育改革實踐、教育創新，就會發現芬蘭教育另一個耐人尋味的特質，就是許多讓芬蘭學校成功的創意，都能追溯至其他國家，通常是美國。以芬蘭在世界創新及知識經濟上的帶領者地位，這個現象確實令人相當驚訝。

另一個觀察則是所有成功的教育體系，都是從國外學習重要的經驗和實踐模式。以教改最成功、學習表現也最好的新加坡來說，他們就曾派遣學生到美國和英國的大學學習教育，並鼓勵本國的大學教授和外國同儕合作進行教學和研究。日本、香港、南韓也採用類似的作法，中國近年來也從美國和其他西方教育體系引進的教育創新中獲益匪淺。

芬蘭也是這股潮流的一員。芬蘭最成功的教學實踐、學生評量、學校領導、學校變革都是來自國外。芬蘭教師和校長在師資培育階段，便會研究由美國大學和研究機構發展的教育心理學、教學方法、課程理論、評量模式、班級經營。芬蘭大學提供的小學師培課程（參見表3.3），也包含由國際學者撰寫的教科書和研究，囊括各式教學模型、方法、理論。教師專業發展和學校改革課程，以及為期更久的課程，也常會邀請來自國外的客座講者，和芬蘭教師分享他們的知識和經驗。芬蘭對美國創意的依賴相當普遍，有些人甚至將芬蘭教育體系稱為美國教育創新的大型實驗室。

不過美國在OECD二〇一四年的教育創新評比（OECD, 2014b）中較低的名次（芬蘭並未參加），則是顯示了一個相當有趣的問題：為什麼現今的美國教育政策制訂者和教育體系領導者，無法善用美國的教育創新？明明其他國家在上個世紀中，都能運用美國的經驗來改善其教育體系的表現。根據OECD的數據，美國的教育體系創新程度排名僅為中等，但在研究、實務模型、對國外帶來的創新上，卻是名列前茅。以下的五個美國教育理念，都在芬蘭成功的教育中扮演了重要角色。

一、**杜威的教育哲學**。芬蘭教育理念的起源可以追溯至一八六〇年代，當時我高祖父萊因哈德．費迪南．薩爾博格一八三〇年代在赫爾辛基大學的室友兼一八四〇年代一同前往阿拉斯加矽地卡（Sitka）的旅伴，賽格納耶斯（Uno Cygnaeus），為芬蘭國民學校提出了宏大的規畫。賽格納耶斯有芬蘭「公立教育之父」之稱，認為在理想的教室中，學生的發言應該比教師還踴躍；他同時也提倡教育的實用觀點，堅持男孩女孩都應學習日常生活所需的技能。由此可見，杜威以兒童為中心的實用取向教育哲學，在芬蘭教育家間可謂廣受歡迎；他的教育哲學也為芬蘭研究導向的學術型師資培育建立了基礎，並在一九四〇年代影響了芬蘭最具影響力的學者柯斯肯尼耶米。芬蘭所有的小學教師在碩士學位的課程中，都會閱讀及探討杜威和柯斯肯尼耶米的理念。許多芬蘭學校也採用杜威民主教育的觀點，讓學生能夠決定和自己的生活及學習切身相關的事務。

二、合作學習。和大部分的國家不同，芬蘭各層級教育體系都已廣泛採用合作學習法。芬蘭一九七〇年代初建立的九年制綜合學校，其基礎便是定期的小組合作，組員來自多元背景。不過仍是要到一九九四年的國家課程改革，才讓合作學習獲得今日的地位，在此之前，研究合作學習的學者，包括大衛·強森、羅傑·強森、孔亨、亞耶爾·敘朗、習羅摩·敘朗等人，都曾來訪芬蘭，協助教師學習合作教學法，他們的書籍和文章也譯為芬蘭文，在各級學校中流通。芬蘭一九九四年的課綱，要求所有學校按照建構主義的教學理念，來設計自身的課程，以便提升教學品質；即便並未規定一定要採用合作學習，課綱仍是建議教師能夠將合作學習的元素融入自身的教學中。從此以後，合作學習便成為芬蘭師資培育的一部分，同時也是教師及校長專業發展中，最受歡迎的主題。二〇一四年針對基礎教育和二〇二一年針對普通體系後期中等教育的國家核心課綱，也都強調合作在教學中的重要性。

三、多元智能。一九七〇年代芬蘭教改的精神，也包含了另一個來自美國大學和學者的概念，那就是全人教育。芬蘭教育的整體目標，便是透過注重不同面向的天賦和才能，支持孩童整體的發展和成長。芬蘭於一九八〇年代中期廢除分班政策後，教育政策和學校實務改採相信所有學生都能學習的原則；孩子擁有各式各樣不同的才能，學校必須找到方法，以均衡的方式，培養這些不同的天賦。嘉納的多元智能理論（Gardner, 1983, 2020）在將政策原則轉化為學校實務上，扮演非常重要的角色。一九九四年的國家課綱，也強調學校教育必須提供所有學生發展各式潛能的機會。因此課程架構要求所有學校建立均衡的系統，將學科和藝術、音樂、工藝、體育融合；這個架構還進一步規範，所有學校必須提供學生足夠的時間發展自身的興趣。嘉納的理論對芬蘭教育體系還有另一個影響，就是拓展了「天賦」的定義；現今的芬蘭教師都相信，如果提供全人發展的機會，那麼超過百分之九十的學生都能在學校中獲得成功。

四、多元評量。芬蘭教育體系沒有頻繁的標準化測驗，而是依賴當地的評估和教師的學生評量。國家課綱強調學生中心、富含互動、全人發展的教學方式，需要多元的評量方式輔助。此外，芬蘭的小學生在四年級前也不會得到任何標準化成績。對芬蘭教師而言，多元評量方式可謂非常合理；諷刺的是，這些評量方式很多都是出自美國大學，但在芬蘭卻比在美國更受歡迎，這類方式包括學習檔案評量、表現評量、自我評量和自我反思、學習法評量等。芬蘭的師資培育體系也受達琳－漢蒙德和柏林納等人的著作影響，他們專門研究教學評量和評量理論，同時也讓所有學生，擁有運用多元評量的實務知識和技能。

五、同儕領導。芬蘭教育體系另一個驚人之處，便是它缺乏一般來說能夠在規畫和實施教育改革上，引導政策制訂者和教育當局的變革知識。芬蘭學界缺少和系統層級教育改革相關的研究和發展，所以芬蘭教育專家依靠的是國外的專業和知識。美國創意的一個例子，便是所謂的同儕領導，這個概念因為喬伊斯及其同事的推廣（Joyce & Showers, 1995），在一九八〇年代至一九九〇年代間蓬勃發展；喬伊斯本人也曾在一九八〇年代拜訪芬蘭，針對如何提升教師專業發展的影響，培訓教師和教育領袖。同儕領導意即教師共同合作，一起反思目前的實踐，拓展、改進、學習新技能，交流想法，進行相關研究，解決問題的過程。從一九九〇年代中期開始，同儕領導便在芬蘭的教改和教師專業發展中，成為不可或缺的一部分。

對包括我在內的許多教育家來說，美國擁有許多教育變革相關的知識、研究、創意，因此為什麼在國際評比，例如國際學生評量或近期 OECD 進行的教育創新調查中，無法顯現這點，便是個重要的問題。確實，許多曾拜訪美國的人常會疑惑，為什麼這些能為世界各地的教育體系帶來成功的創新想法，在美國的教育體系卻沒有大規模實施？從芬蘭的經驗，我們可以知道，美國學校的運作方式，長期受官僚體系、測驗導向的績效責任制度、學校的政治角力桎梏，在這種尷尬的情況下，學校因而無法自由發展。許多來自美國的訪客都提到，他們在芬蘭學校看到的一切，都讓他們想起一九七〇年代及一九八〇年代時，在美國學校所見的景象。

芬蘭教育的迷思

我們已經瞭解為什麼某些教育體系，例如加拿大亞伯達省、安大略省、日本、愛沙尼亞、芬蘭等，在學生的表現及教育均等上，能夠年年超越其他國家。我們現在也得知，為什麼其他教育體系，像是英格蘭、澳洲、美國、瑞典等，在過去二十年間，就算政治家做出承諾、進行大規模的改革、砸了大筆金錢試圖改變教育，卻都遭逢失敗。

以下便是我們學到的重要教訓：

- 教育體系及學校不應以企業方式管理，強調激烈競爭、測驗導向的績效責任制度、根據學生表現決定的薪資等。成功的教育體系，依賴的是合作、信任、學校本身及學校之間的集體責任。
- 不應將教師這個職業視為技術性的臨時工作，認為只要經過一點訓練，任何人都能勝任。成功的教育體系，憑藉的是持續建立教師及學校領導的專業，這可以透過進一步的教育、紮實的科學和實務知識、持續的在職進修達成。
- 教育的品質，不該單憑讀寫和數理測驗的分數決定。成功的教育體系，應強調學生的全人發展、均等的教育成就、學生的福祉，並將藝術、音樂、戲劇、體育等視為課程的重要元素。

世界也從芬蘭的教育改革中學到許多教訓，尤其是如何為所有人設計一個更均等也更好的教育體系。但是除了這些教育體系為什麼能成功，又是如何成功的有用教訓外，針對如何改革教育體系，也存在許多誤解、誤詮、迷思，甚至刻意的謊言（Sahlberg, 2018, 2019）。由於芬蘭是非常受歡迎的教改榜樣，因而也出現許多和芬蘭教育相關的錯誤謠言。

無法以更宏觀、更精確的角度描繪芬蘭的真實情況，部分原因是大多數和芬蘭教育體系相關的文獻及資源，都沒有英文或其他語言的版本，只有芬蘭語和瑞典語，所以多數的外國教育觀察家和評論家，都無法跟上芬蘭國內最新的對話和討論。

例如只有非常少數評論芬蘭教育的人士，真正讀過芬蘭的教育法規、各級教育的國家核心課綱，或是任何一份由地方當局和學校設計的課程，但這些文件卻詳盡解釋了學校的目標和背後的意義。

另一個總是無法完整描繪芬蘭教育，有時甚至還會出錯的原因，是因為這些人將教育視為和其他公部門及政策隔絕的孤島。他們認為可以單憑檢視學校本身及其作為，就瞭解學生在學校中該學什麼，又不該學什麼，但這絕對是一種錯誤的想法。希望透過這本書，能夠非常明確地讓大家知道，世界上所有地方，特別是在芬蘭，學生在學校中學習的內容，都是校門外的各式因素角力之後的結果。

大部分試圖解釋為什麼芬蘭學校表現比較好，以及為什麼芬蘭近年表現逐漸下滑的嘗試，都沒有看見芬蘭社會各個領域的依存性，但這對透過生態系統的方式理解教育，其實非常重要。和芬蘭之道有關的故事，幾乎無一例外，都忽視了學前教育及照護、非政府部門透過提供青年及運動服務的積極參與、稠密的公共圖書館網絡，在基礎教育的學生表現上所扮演的角色。這些嘗試都太常假設僅憑特定的校內因素，便能解釋芬蘭教育的所有現象，最終因而成為應該摒棄的迷思（Sahlberg, 2019）。

以下便是幾項關於芬蘭教育的常見迷思。

第一，近年來常出現一種說法，那就是芬蘭教育成功的祕密，在於學生沒有回家作業。摩爾二〇一五年的紀錄片《插旗攻城市》（*Where to Invade Next*），便出現了這種說法。他希望瞭解，芬蘭如何排除萬難擊敗所有國家，並在國際教育評比上得到第一名；電影中，摩爾在赫爾辛基教育部長辦公室外的走廊上如此說道：「這就是我想問的唯一問題，但我什麼都還沒說，她就揭露了芬蘭最重要的祕密。」因為部長回答：「我們沒有作業。」所以事情就這麼發生了，世界各地的媒體很快便報導學生表現如此優秀的芬蘭奇蹟，全都是因為很短的上課時數以及沒有回家作業。芬蘭教師可能會同意前者，但後者絕對是錯誤的；如同我在第二章所述，和其他國家相比，芬蘭學生的上課時數確實比較短，但他們還是有回家作業要做，只是和其他國家的形式不一樣而已。在芬蘭的小學中，學生通常還沒放學就做好作業了；而對中學生來說，他們的回家作業其實相當繁重，甚至讓他們產生不必要的壓力，並對心理健康帶來影響。

另一個常見的迷思，是芬蘭政府決定把學科從學校課程中去除，並以跨學科的任務或主題取代。近期還有人指出，芬蘭的各級學校都必須遵守最新的國家課綱，採用稱為「現象導向學習」的教學法，這種教學法有時也稱為「任務導向學習」，但這同樣也是個迷思。

二〇一四年，芬蘭基礎教育開始實施新的國家核心課綱，正式宣布二〇〇四年的課程架構成為歷史（Finnish National Agency of Education, 2016）。新的核心課綱提供了發展的共同方向，以及教育改革的基礎及指導。但國際上的芬蘭教育評論家，只有少數透徹瞭解這份將近五百頁的文件，其中包含芬蘭教育的價值、原則、運作方式；不幸的是，也沒多少芬蘭家長熟悉這份文件。不過，仍有許多人對芬蘭教育發展的方向有著強烈的意見，他們認為芬蘭教育正在往錯誤的方向發展，卻沒有真正理解學校及教師在社群中的角色和責任，以及芬蘭教育需要的是什麼。在評斷什麼對芬蘭是好的，什麼又會帶來壞處時，先瞭解芬蘭教育體系的基礎相當重要，以下便是我在第一章簡略提過的基礎。

首先，芬蘭共有三百一十個地方當局依法提供教育，並管理學校按照國家核心課綱為學前教育、基礎教育、後期中等教育設計的當地課程和年度計畫。因此學校其實是在當地教育機關的監督下，領導課程發展的方向。

第二，國家核心課綱文件提供當地教育機關的規範架構，其實頗為寬鬆，包含課程內容、課程安排、預期結果等。因此，學校在課程設計上，擁有非常大的彈性和自主權，所以每間學校的課程差異可能會相當大。

最後，因為芬蘭教育體系權力去中心化的本質，芬蘭學校可以擁有不同的樣貌及實務安排，使其課程模式在世界上可謂獨樹一格。也正是因為如此，只根據少數幾間學校的案例，並無法對整體芬蘭教育做出結論。在系統層級上，芬蘭教改目前的目標，是許多學生都認為對自身相當重要的那些整體目標，包括發展友善及充滿合作氛圍的學校文化，以及能夠促進全人發展的教學方式等。國家核心課綱是建立在跨域素養的教學原則之上，而非傳統的學科領域，同時也特別指出兒童應能：

- 瞭解不同學習內容間的關係和連結。
- 以有意義的方式結合從不同領域學到的知識和技能。
- 在合作學習的情境中應用所學的知識。

所有芬蘭學校都必須根據這些新的共同課程架構，調整它們的課程。幼稚園和基礎教育目前已經完成，後期中等教育則是從二〇二一年八月開始進行。某些基礎教育的學校不用花太多力氣就能調整完畢，有些則是運用芬蘭學校擁有的專業自主，設計了更大膽的計畫，位於芬蘭東部拉培蘭塔（Lappeenranta）的龐圖斯公立學校（Pontus Public School），便是其中一間進展較為快速的學校。

龐圖斯公立學校是一間新創立的小學暨幼稚園，學生人數約為五百五十人，年齡介於一歲到十二歲間，幾年前才剛建立，宗旨便是和二〇一四年國家核心課綱相同的教育學和精神。二〇一九年，龐圖斯公立學校還登上國際新聞，因為根據芬蘭國家廣播公司（Finnish Broadcasting Company，簡稱 YLE）報導，某些家長投訴這間新學校辦學「失敗」，這又是一個學校因壞消息登上新聞版面的負面例子。

但是拉培蘭塔教育當局表示，只有收到兩則來自家長的投訴，都由地方當局處理中，就只有這樣，根本說不上辦學失敗。然而，對學校及教師的傷害已經造成，而要修補學校損壞的聲譽以及隨之而來的氣餒，還需要很長一段時間。

我們能從芬蘭的經驗再次學到，確保家長、學生、媒體更瞭解現今教改的本質非常重要。拉培蘭塔教育局的局長莉里亞史東（Anu Liljeström）便表示：「某些家長不瞭解學校在做什麼，要解釋現今的教學方法有哪裡不同、如何不同，又為什麼不同，我們還有很長一段路要走。」（轉引自 Sahlberg & Johnson, 2019）龐圖斯公立學校是間新學校，而它選擇把握新課綱帶來的機會，來改變教學和學習，但新學校的成果，一定需要一年以上的時間才會顯現。

世界各地的媒體宣稱芬蘭教育將會去除傳統學科，學生將會透過完成不同任務進行主題式學習，但認為閱讀、寫作、算數會在芬蘭教室中絕跡，絕對是大錯特錯。事實是在學年的大部分時間中，芬蘭學校的教學仍然會繼續以學科導向的課程進行，包括龐圖斯公立學校。新的改變在於，現在所有的學校都必須根據學生的興趣，為他們設計至少一門跨領域課程，某些學校的進展比較快，因而也更快獲得成功。

沒錯，實施新措施一定會遭遇挑戰，但我已經看見很多學校成功為學生創造新的機會，以學習日常生活中所需的知識和技能，不過，要論斷目前芬蘭教育發展的方向，是否已經符合預期，還言之過早。然而，整體上來說，芬蘭學校應該要採取更大膽的措施，以便因應國家發展目標和國際策略提及的未來需求。若要讓一切成真，務必需要學校間的合作、教師間的信任，以及具有遠見的領導階層。

第 5 章

芬蘭之道的未來

一個好的冰球員會追著球跑，一個偉大的冰球員則會瞭解球的動向。

——葛雷斯基（Wayne Gretzky），加拿大冰球名人堂成員芬蘭從一九七〇年代開始進行綜合學校改革，而針對公立學校特色的研究，也促進了芬蘭大學應用教育學和學科教學法的發展，但是我們對教育改革的理解仍有未竟之處，缺乏更寬廣的視野，直到二〇〇〇年代初期為止。不過即便到了今天，芬蘭針對教育改革、學校進步、教學效能的研究水準，在國際上仍是相對平庸；大部分針對芬蘭教育系統的分析與研究，主要都還是以不同階段的教育政策發展為主。芬蘭如此缺乏和本國教育政策改革相關的知識及研究，卻又能在過去二十年間發展出本書所述的教育改革，的確有些矛盾。芬蘭教育改革的模型大多取自外國經驗，但其教育政策則如前述所言，大多是按照芬蘭之道規畫與執行。

二〇二〇年初，全世界受到百年來最嚴重的傳染病侵襲。疫情爆發前沒有太多徵兆，所有國家都沒有準備好面對這樣的情況，幾週後，情況變得相當明顯，許多國家都必須關閉公共服務和企業，人民改成遠距上班，教師也在學校關閉後改成遠距教學，還有數百萬人失業。新冠肺炎疫情爆發初期，便顯示在這場危機中，那些擁有健全的公共健康照護服務、彈性十足的就業政策，而且政府值得信賴並鼓勵所有人盡力維護社會安定的國家，人民及經濟受到的損害會比較小（Sahlberg, 2020c）。世界各地的報告也支持，在新冠肺炎橫行的時代，比起那些以科層體制運作，或是僅只遵守外部命令的社群，自我組織的社群才能維護人們的安全。

本章將討論幾項一九七〇年代後促進芬蘭教育成功的重要因素，這些因素不只是讓芬蘭在教育上成功，也在整體上成功。本章也建議芬蘭必須找出一個共同的未來遠景，藉此鼓勵所有教育實務工作者與社群，持續為校園與社區教育注入嶄新活力。本書所處理的最後一個核心問題，則是芬蘭未來能夠繼續維持這個平等又高水準的教育系統嗎？

從差異中尋找卓越

二〇一七年四月，我在布蘭森爵士（Richard Branson）位於加勒比海的家中作客了四天，他從一九八〇年代起便住在英屬維京群島的內克島（Necker Island）。布蘭森爵士的就學經歷非常短暫，卻相當著名，他在十六歲時便輟學，創辦了一本學生雜誌及一間唱片公司，後來成為維珍集團（Virgin Group）的老闆以及英國最成功的企業家之一。布蘭森爵士本身有閱讀障礙，所以在念書時沒有留下什麼美好回憶，這便是為什麼他邀請我和其他幾名賓客，想深入瞭解現在的教育到底出了什麼問題，以及究竟該怎麼解決。

他公開承認自己不太瞭解教育體系是怎麼運作，又該如何改進，不過他卻有許多從商時發生的有趣故事可以和我們分享。布蘭森爵士之所以能夠在航空旅遊業持續成功，有個很重要的原因，就是他看待機會和挑戰的不同方式。他告訴我們當許多競爭者尋求快速擴大規模和更高利潤時，他則是轉向自己的員工，並詢問他們該怎麼做才能讓員工覺得自己擁有權力，並帶來超乎預期的表現。布蘭森爵士的領導原則相當簡單，那就是相信第一線的員工，並讓他們找出怎樣才是服務顧客的最佳方式。

芬蘭在一九九〇年代也採用了類似的商業理念，與其促進激烈的競爭或追逐更高的測驗分數，芬蘭讓教師和校長能夠運用專業及智慧，來設計學校的運作，使得讓所有學生受益成為芬蘭教育體系的宗旨。但現在有許多芬蘭教育者開始質疑，這樣的領導模式還有沒有用，能不能為未來的成功打下基礎。

我在本書中傳達了我對堅持遵循錯誤的商業模型和教育政策的擔憂，這將導致學校無法找出學生的個別興趣，教導他們過上美好的人生，並為永續的未來做出貢獻。地區和系統層級的教育改革遵循來自錯誤商業模式的策略，可謂相當常見，包括設立高標準、加強績效責任制度、促進競爭、拉長學習時間、增強數據導向的管理、只投資學校中的人力資本等；前述章節提供的證據，顯示全球教育改革運動根本無法改善教育成果，即教育的品質和均等，因此便沒有任何理由相信，依靠這些原則進行的系統改革將會成功。芬蘭摒棄了全球教育改革運動的各種原則，並且從一九七〇年代初就開始持續進行教育改革，學生也能維持優秀的表現，而且如同先前章節所述，芬蘭各校的運作也都能配合多元包容的福利國家以及競爭激烈的知識經濟發展。因此，瞭解芬蘭社會如何因應全球挑戰，改革其教育系統，並增進整體的效能，以達成二十一世紀美好人生所需的知識與技能，將會非常有用。

芬蘭整體的成功大多來自與眾不同的勇氣。當其他國家追求個人成就時，芬蘭追求的是共好和均等，近期的例子則是芬蘭如何因應迫使學校關閉，人民也必須待在家中的全球新冠肺炎疫情。大多數的芬蘭人都接納了來自衛生機關和政府的建議，在照顧自己外，也看顧他人；伴隨巨大的經濟損失和個人犧牲，芬蘭人仍採取了必要措施，讓國家免於徹底崩毀。芬蘭人以前就這樣做過了，而且他們瞭解挺過危機的最佳方式，就是信任彼此並追求共好。

和大多數國家相比，芬蘭人對教師和教學的看法也截然不同。在許多國家中，隨便什麼人都能成為教師，但芬蘭學校需要教師的高度專業；其他國家投注巨資發展教育數據管理系統時，芬蘭人則是注重在教學上，並建立了獨一無二的進步導向教學評量文化。一九九〇年代初期，當大多數的公家機構與行政組織正在經歷徹底的去中央化時，芬蘭教改專注於培養教育者的專業責任，並且鼓勵各校和教師之間見賢思齊，而不是採用任何科層體系、由上到下的績效責任制政策，因此，抽樣調查、主題式課程評量、反思性的自我評鑑、強調創意的學習模式，創造了芬蘭教育體系內部互信與彼此尊重的文化。如前所述，在後期中等教育結束前，芬蘭教育體系並不會實施任何外部高風險測驗；芬蘭也不會評鑑教師，只會運用十分寬鬆的外部教學標準來指導學校，這樣的政策讓教師能夠專注於個人化教學，而無須應付標準化的學習成果、頻繁的考試以及汲汲營營追求學校排名。一九九〇年代中期，曾有政策制訂者預言芬蘭將轉向採取許多歐洲國家流行的績效責任制度，但這番言論問世的十年後，芬蘭的教育政策發展甚至從來沒有提到測驗導向的績效責任制度（Laukkanen, 2008）。其他北歐國家則採取了類似全球教育改革運動的政策，不僅與他們的東鄰芬蘭漸行漸遠，也脫離北歐傳統的信任文化和鼓勵合作的學校氛圍。

解釋某個國家或學校的教育政策如何取得成功向來不易，人們總說芬蘭具備準備萬全的教師、遵循教學法理念設計的課程、優質的校長領導、多元包容的全國教育體系、強調特殊教育的需求等特質，這些特質雖然彼此獨立，卻共同創造了芬蘭高水準的教育表現（Hautamäki et al., 2008、Kasvio, 2011、Matti, 2009、Rautopuro & Juuti, 2018、Simola, 2015、Väljärvi et al., 2007）。批評者認為，因為芬蘭是個族群單一的小國，不像其他國家一樣組成複雜，所以在教育上能擁有較好的表現，也有人覺得極低的兒童貧窮率和凝聚力較佳的社會，能夠解釋芬蘭學生優質的教育成就，但我認為，是因為芬蘭讓「學校」成為真正教育及照顧學童的所在，教師才能專注於對所有孩童成長和幸福最重要的事情上，而這也是他們最擅長的，那就是幫助孩子學習，芬蘭教師不會因頻繁的測驗、與他校競爭、滿足上級要求與目標等事項感到苦惱。從一九九〇年代起，芬蘭教育當局便開始系統性鼓勵各校發展獨特的學習理念，以及符合學習理論與行動的教學法，並打造能夠滿足所有學生需求的教育環境，這一切就是為什麼芬蘭所有學校的學生，都能夠獲得成功的原因。

芬蘭是一塊遍布非政府組織的國度，共有十三萬五千個立案的團體或社團，其中七萬個相當活躍，會員人數總計有一千五百萬人，每個芬蘭人平均參與三個協會或社團。芬蘭年輕人也積極參與體育活動或青年協會，這些組織通常都具有相當明確的教育目標與原則，年輕人參與這類活動時，可以從中學習社交技巧、問題解決、領導力等。芬蘭人普遍認為，這些協會、單位對正式學校教育提供了相當正面的附加價值。

芬蘭改善所有學生學習的方法，和其他許多國家採用的都截然不同，包括：

一、確保每個人都擁有平等的機會，能夠接受良好的公立教育。

二、強化教師的專業與信任。

三、讓教師和校長參與教育的各種面向，包括計畫、實施、評鑑、課程、評量、政策等。

四、促進學校、非政府組織、當地社群之間的合作，以發展社群導向的教育改革。

本書的重點之一，便是教育一旦陷入競爭導向的氛圍，就會讓學校落在艱困的教育環境中。未來之道需要面對教育的勇氣和全新思維，英格蘭、北美以及世界各地公部門現行的績效責任制文化[34]會威脅學校，讓社群無法建立社會資本，而且只會破壞信任，並不會促進信任（Sahlberg & Walker, 2021）。如同歐尼爾（O' Neill, 2002）所觀察，績效責任制只會引起「猜忌危機」，讓教師和校長不再受到信任。雖然追求校務治理的透明與績效責任制，可以讓家長與政治人物得到更多資訊，但也同樣帶來猜忌和士氣低落，甚至讓教育專業陷入相互質疑的犬儒心態。

瞭解芬蘭之道

教育史中充滿了各種願景遠大，卻沒什麼成效的教育改革故事。失敗的原因很多，但通常是來自實施；一旦低估教育改革的錯綜複雜，那麼即便是優秀的構想，結果也可能讓人失望。泰耶克（David Tyack）和托賓（William Tobin）二十五年前就曾寫過一篇有關學校教育「論述」（grammar）的文章，思索教改為何如此困難，而根據趙勇的說法，所謂的學校論述，便是決定學校文化及教學的行為和架構準則（Zhao, 2020）。泰耶克和托賓認為，全球教育改革曾試圖採用以下的方式，來改變學校的架構和規則，卻常常無法成功（Tyack & Tobin, 1994, p. 454）：

- ■建立不分年級的學校
- ■把時間、空間、學生人數視為具備彈性的資源，試圖讓學校多元化
- ■統一上課時間、教室大小、班級規模
- ■在國中和高中將特殊科目融入主科中，或是將分科的概念引進小學
- ■促進教師組成團隊，而不是讓他們在封閉的教室中個別作業

但這些在其他地方幾乎難以執行的創新措施，對芬蘭教師和教育者來說卻是相當熟悉，因為正是這些重要因素，讓芬蘭得以從一九九〇年代起成功推動教育改革。如果這是真的，那麼就會出現一個耐人尋味的問題，為什麼其他人苦苦掙扎時，芬蘭卻能成功改變教育和學校的論述？

芬蘭教育的一項特色，就是鼓勵師生嘗試新的概念與方法，從創新中學習，並在校園中耕耘出各種創意，但教師同時也尊重過去良好的教學傳統。我們今日所熟知的芬蘭教育政策，是這三十年來的系統發展成果，這些發展大多來自前人的堅持，才能在芬蘭社會創造多元、信任與尊重的文化，特別是在教育體系之中。

OECD 的教育總監史萊契認為，芬蘭教育成功的一個重要原因，是它能夠「讓

政策制訂者採用特別的方式進行教育改革，這種方式不是就現有的教育結構、政策與實踐進行調整而已，而是徹底改革了一九六〇年代前宰制教育政策與實踐的典範與信念」（Schleicher, 2006, p. 9）。儘管一九九〇年代興起的公部門管理政策與新自由主義浪潮，使芬蘭教育政策的論述劇烈改變，但芬蘭仍能免於走向市場化的教育改革思維，芬蘭教育部門的發展原則是建立在均等價值之上，堅持公正分配資源，而非以競爭與選擇為主要考量。更重要的是，芬蘭教育工會始終拒絕在教育部門採用商業管理模型。此外，儘管教育和芬蘭其他社會領域一樣充滿高度政治色彩，但芬蘭仍然一直都能在處理重大的社會與政治議題時，跨越黨派界線，達成共識；公立學校義務教育的創辦，就是非常好的例子（可參見補充資料 1.1）。

外界經常詢問：為什麼芬蘭學生的國際表現比其他國家更好？本書即描述了芬蘭人如何透過採用截然不同的教育政策，來提升學生的成就、均等的教育成果以及教育的生產力。[35]法利賈維研究國際學生評量已有數十年，第一次 PISA 的結果在二〇〇一年公布後，他隨即觀察到：

> 芬蘭卓越的教育成就，可歸功於以下各種相互連結的元素共同形成的網絡：學

生的興趣與休閒活動、學校提供的教育機會、家長的支持與參與、社會與文化的學習脈絡，以及結合以上所有元素的教育體系。（Välijärvi et al., 2002, p. 46）

在芬蘭教育體系中，一項經常受到忽略的成就，便是芬蘭孩童在年紀非常小的時候，就已經擁有非常好的閱讀能力，他們的閱讀能力是來自教育與社會文化。芬蘭學校在教導閱讀時，是根據學生的個人發展和速度調整，而非標準化的教學目標。芬蘭家長也非常喜歡閱讀，在這個圖書館林立的國家中，可以輕易取得各種書籍與報章雜誌，芬蘭孩童也從小就開始接觸配有字幕的電視節目與電影。優秀的閱讀與快速理解文本的能力，使芬蘭孩童在接受 PISA 的數學和科學測驗時，擁有很大的優勢，因為他們能夠充分瞭解所有題幹。

另一項常常受到忽略的芬蘭教育政策成就，則是遵照國家核心課綱與其教學及哲學原則進行的校園建築改革。芬蘭在興建新校舍時，一定會讓教師與建築師共同合作設計，因而得以配合各種不同的社群教學需求，同時，實體的教育環境也為師生提供了重要的脈絡。鈕奇南（Kaisa Nuikkinen）解釋道：「如果人們能夠意識到建築也是一種學習的工具，建築本身便能成為極具啟發效果的實體教學工具，也是良好人體工學設計與永續發展原則的鮮活範例。」（Nuikkinen, 2011, pp. 13-14）校園建築能夠創造出幸福、尊重、快樂等感受，這些都是芬蘭學校的重要特質。

芬蘭教育專家經常使用以下五個彼此相關的因素，來解釋芬蘭教育體系長久以來的良好表現。這五個因素都與教育或學校有關，也證明了社會、社群、實體環境、家庭因素等環節，在教育中皆扮演重要角色。瞭解這些相關因素之間複雜的互動非常重要，因為正是這些因素，影響了芬蘭教育體系的發展。

公立學校為每個人提供平等的教育機會。所有芬蘭孩童都會在七歲那年的八月開始接受正式教育，雖然公立學校制度基本上已經統一為九年學校，但仍可區分為小學六年以及隨後的三年初期中等教育。六年的小學階段，可說是芬蘭高品質教育的基礎。芬蘭公立學校的規模普遍較小，每班大約只有十五到二十五名學生；二〇二〇年時，百分之十五的芬蘭基礎教育學校只有不到五十名學生，擁有超過五百名學生的學校比例則是百分之十三（Statistics Finland, n.d.a）。以國際標準來看，芬蘭學校的規模也算是相當小，小學的學生人數通常少於三百人，而且雖然公立學校漸漸消除小學與初期中等教育的區隔，但在實務上，小學仍然獨立於初期中等教育運作。隨著都市化和芬蘭地方當局的財務緊縮，從二〇一〇年代起，大約有七百所綜合學校遭到關閉，其中許多都是小型的鄉村學校。

教育是值得追求的終身職涯。如同第三章所述，教育在芬蘭社會一直以來都相當受到重視及尊重，教學是獨立且高度專業的工作，每年都能吸引最優秀的後期中等教育畢業生投入。教育的吸引力如此之強，主因是碩士學位的資格限定；碩士學位是擔任芬蘭教師的必要資格，擁有碩士學位也開啟學生未來的各種就業可能，因此，每位將教育當成第一份工作的年輕人，都無須擔憂未來會受限於校園之中。確實，擁有碩士學位的教師，經常能夠吸引私人企業的人資部門以及非政府組織等單位的注意，同時也擁有到大學繼續攻讀博士學位的資格與管道。在過去十年間，芬蘭各校的校長與教師，也有許多人成功取得教育學博士學位。

研究指出，自一九七〇年代中期開始，芬蘭師資培育的核心概念，就是以研究為主軸發展（Hammerness et al., 2017、Sahlberg, 2012、Westbury et al., 2005）。教師擁有的高度專業訓練，讓學校可以積極參與課程規畫、評估教育成果、領導整體校務改善。OECD 檢視芬蘭均等的教育體系後，描述了芬蘭是如何讓教育成為備受尊崇的職業：

> （芬蘭的教育工作）地位崇高，擁有良好的工作環境，小班制、充足的諮商師與特教教師支援、表達校務意見的自由、學生秩序的良好、高度的專業自主，讓許多年輕學子都有意投身教育，進而使師資培育課程充滿競爭，能夠挑選出最優秀的人才。這也成功讓新手教師擁有優異的表現，建立相對穩定的教師品質，同時孕育成功的教育成果（PISA 測驗的分數只是其中一例），並且維持教育工作的崇高地位。（OECD, 2005, p. 21）

現今芬蘭教職已經能夠與其他備受尊崇的職業相提並論；教師可以找出班級和學校的問題，並運用各種具備實證基礎的解決方式來回應這些問題，隨後評估與分析執行的過程。家長也將教師視為專業人士，相信他們能做出對孩子最好的決定。

以信任為基礎的專業責任。芬蘭並未追尋全球教育改革運動鼓吹的績效責任制，它主張學校與教師是提升學生成績的關鍵。芬蘭的教育傳統認為，評量學生的學習成果，是所有芬蘭教師和學校的共同責任。不過，芬蘭的公立學校並未採用任何來自外部的標準化高風險測驗，學生評量的基礎是教師自行設計的測驗，範圍只在學校層級，旨在讓家長和學生瞭解學生學習的情況；芬蘭的教育當局則是透過國家抽樣調查來監測學生的學習成就。在小學四年級之前，芬蘭學校也不會使用任何成績當成學生學習成果評量的基準，因為這會導致互相比較；在這個階段，只會使用描述性的評量及回饋，而且會依據學校的課程或市政府的教育計畫進行相關作業。因此，芬蘭小學幾乎可說是完全沒有標準化測驗，孩童能在此專心學習各種知識、培養創造力、保持天生的求知欲，校園裡也很少出現學習恐懼或焦慮。

芬蘭教育脈絡下的績效責任制，則是稱為專業責任，能夠維護和促進教師、學生、學校領導人、教育當局之間的信任，也讓所有人都能參與過程，進而創造出強烈的專業責任與自主決策的能力。芬蘭專業責任的特色，是讓所有人一起為教育負責；相較於其他國家盛行的外部標準化測驗文化，芬蘭的家長、學生、教師，都比較喜歡以信任為基礎的專業責任，這讓學校可以專注於教學，並讓課程設計擁有更大的自由。

將促進教育均等視為教育政策的重點。芬蘭之道的宗旨，便是所有學生都能學習，而且必須提供他們平等的機會，以在學校中成功。一九七〇年代和一九八〇年代時，許多芬蘭人都很擔心如果把平等與均等當成教育的主要目標，將會犧牲學生的學習成就。芬蘭之道以下列措施促進均等：根據每間學校真正的需求調整經費分配；彈性十足的普及特殊教育，以便在早期提供協助和介入；在所有學校為所有學生建立健康服務；確保教育系統中平衡的課程設計，能夠配合多元智能和不同的人格特質；確保所有學校都擁有優質的教師。唯有等到第一次 PISA 結果於二〇〇一年年底公布後，許多人才願意承認芬蘭透過投資教育均等達成的豐碩成果。確實，最成功的教育體系都是那些能夠兼顧品質和均等的教育體系。二〇一二年，OECD 在其報告《教育平等及品質》（*Equity and Quality in Education*）中便提及：

> 教育選擇權的支持者常常認為將市場機制引進教育，能夠為所有人提供獲取高品質教育的管道。他們認為，擴大教育選擇的機會，能夠促使所有學生，包括弱勢學生以及低成就學校的學生，選擇高品質的學校，因為引進教育選擇權可以促進效能、激發創意、提高整體的教育品質。然而，實際證據卻不支持這些假設，反倒顯示教育選擇權和相關的市場機制，會造成教育區隔的現象。

（OECD, 2012, p. 64）

圖 5.1 顯示了教育均等（包括經濟、社會、文化地位）和教育品質（以閱讀、數

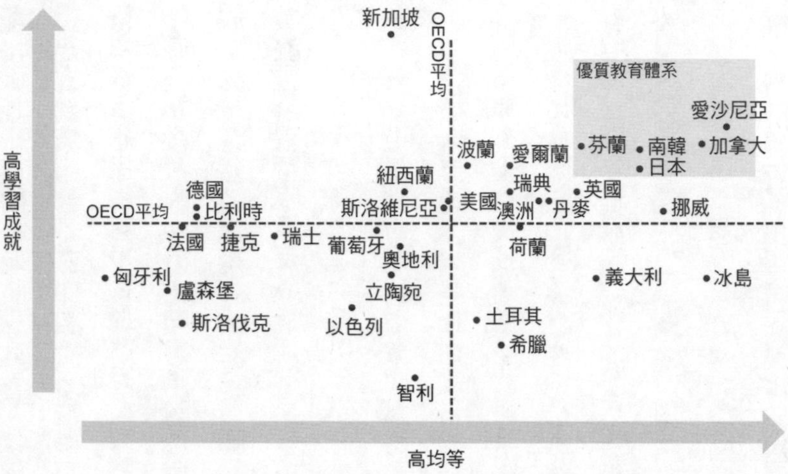

圖5.1　二〇一八年 OECD 國家教育均等和教育品質的關係

資料來源：OECD, 2019b

學、科學成績當成衡量標準）之間的關係。以成功教育體系的定義，也就是兼顧成就和均等的教育體系來看，二〇一八年的優質教育體系包括加拿大、愛沙尼亞、芬蘭、日本、南韓（以字母順序排序）。

另一項檢測教育均等的指標，則是來自弱勢家庭背景的學生成功「扭轉局面」，獲得高度學業成就的比例。這些學生在學業上擁有很強的韌性，因為他們克服了困境並在學業上獲得成功。有許多不同的方式可以界定具備**學業韌性**的學生，OECD二〇一八年的 PISA 調查便將這類學生定義為「在 PISA 的經濟、社會、文化地位指標（ESCS）中，位於倒數四分之一的弱勢學生，但在閱讀素養的分數卻是全國前四分之一」（OECD, 2019b, p. 66）。透過計算教育體系中這類學生的比例，我們便能得到另一項教育均等指標；在所有 OECD 國家中，具備學業韌性的學生比例為百分之十一．三，和其他學生相比，這些學生突破了自身的社經障礙。如圖 5.2 所示，加拿大具備學業韌性的學生比例為百分之十三．九、澳洲百分之十三．一、芬蘭百分之十二．六、美國百分之十．三。此外，OECD 也補充「學業韌性是個相對的指標，會依各國社經弱勢和學業成就的門檻變化」（OECD, 2019b, p. 66）。

圖 5.2 的數據顯示學業韌性在某些弱勢學生中，可說是一種趨勢，因為其家庭、社群、學校讓他們能夠克服社會上的弱勢，並擁有超乎預期的學業表現，這類學生的比例因而能夠讓我們對教育均等有更多瞭解。上述的所有均等指標，都顯示芬蘭教育在為所有學生提供高品質教育上非常成功。值得注意的是，即便芬蘭在國際教育評比的排名正在下滑中，政府的教育政策仍是將投資教育平等與均等視為優先（參見表 2.2），而非想要透過加強學校教授的讀寫和數理科目來改善問題。芬蘭逐漸下滑的教育表現，背後最重要的原因並非課程或教學，而是學生之間的學習成就

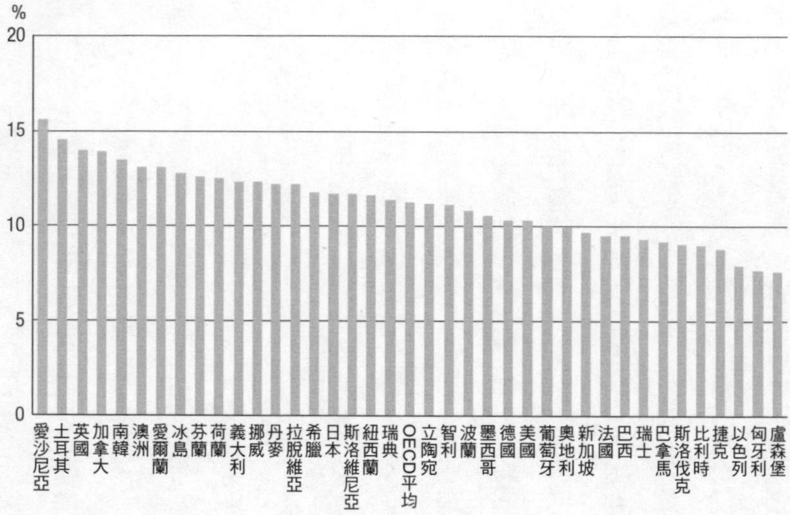

圖5.2　二〇一八年PISA閱讀分數為全國前四分之一的弱勢學生比例

資料來源：OECD, 2019b

差距越來越大，因為就在不到幾年前，二〇〇六年時，在所有 OECD 國家中，芬蘭不僅表現頂尖的學生比例最高，低成就學生的數量也最少。

永續領導力。芬蘭教育的成功，不是任何重大的國家教育改革單獨帶來的結果；芬蘭的教育發展，反倒是建立在學校針對個人和社會不斷改變的需求，所做的持續調整上。瑞內（Risto Rinne, 2002）認為，雖然後來盛行的新公共管理風潮，象徵芬蘭教育論述已經發生了革命性的轉變，但新的教育論述與實踐難以在教育領域扎根，不像在芬蘭其他社會領域中這麼容易，因此，教育作為一種公共服務的基礎價值與主要願景，一直保持自一九七〇年代以來的原本樣貌。無論左右翼政府都非常重視教育，一致認為教育是相當重要的公共服務，也相信唯有教育程度優良、公立教育普及的國家，才能在全球市場中成功。

在頻繁改革的教育體系中，經常會強調實施及鞏固各種來自外部的改變，但這只會帶來沮喪，甚至讓人抗拒改變，而不是促進學校的進步。芬蘭自一九八〇年代起就相當穩定的政治環境，以及永續的教育領導，讓芬蘭的學校與教師能夠專注在教學發展上。芬蘭教師擁有專業自主權，可以根據自身不同的需求，發展教學知識與技能，而無須為了執行新的改革政策，憂慮財務資源與時間該如何分配。在經過十年的中央管制師資培育發展，並在一九七〇年代啟動綜合學校改革後，芬蘭的師資培育系統，也開始將重點放在滿足學校與學生真正的需求和期待上。

教育改革知識的移轉性

現今的芬蘭已成為教育改革的成功典範，如同哈格里大斯及其同事所言：「當許多國家開始超越低技術標準，準備向前邁進時，芬蘭擁有許多寶貴的教育與經濟發展經驗，能夠當作師法的對象，以成功邁向永續發展的知識社會。」（Hargreaves et al., 2008, p. 92）不過芬蘭從一九七〇年代開始採用的教育改革理念與政策原則，不見得完全適用於其他的文化或社會脈絡。舉例來說，如同其他北歐國家，芬蘭人民彼此信任，因此也比其他國家更信任老師與校長（OECD, 2008、Sahlberg & Walker, 2021）。同樣地，不少外部研究者也觀察到其他因素，例如社會資本、族群同質性、教師高度專業，都是從不同的教育改革模型或政策學習時，必須考量的重要議題。

很多人都希望向芬蘭學習如何發展出優質的教育體系（Barber & Mourshed, 2007、Darling-Hammond & Lieberman, 2012、Hargreaves et al., 2008、Mortimore, 2013、Ofsted, 2010），從二〇〇〇年代初期開始，上萬人不遠千里來到芬蘭，學習芬蘭成功的教改經驗。但若想要瞭解芬蘭教育的成功，就必須瞭解本書所說的社會文化、政治、經濟層面。

OECD 的一支外部專家小組在造訪芬蘭之後表示：「芬蘭社會相當多元，樂於接受各種獨特的社會價值，但是對其他更為個人主義且不均等的社會來說，這件事情有點難以想像。然而，如果不從這個角度認識芬蘭，就很難理解芬蘭的教育為何能夠持續成功。」（Hargreaves et al., 2008, p. 92）另一支來自 OECD 的訪視小組，也認為芬蘭均等的教育體系，仰賴的是多樣化的介入，以及教師可以獲得的各式協助，包括特教老師與課程助教（OECD, 2005）。此外，芬蘭也證明教育改革必須非常有系統且連貫一致，而不是像許多國家現在這樣雜亂無章，結論便是「發展學校能力遠比拚命測驗學生重要，此外，其他並非和教育直接相關的福利國家政策，也是必備條件」（Grubb, 2007, p. 112）許多研究芬蘭教育的文章，都認為信任、教師專業、照顧特教學生，是讓芬蘭教育如此特別的主因。[36]不過也有許多教改理論，相信的是和芬蘭之道截然不同的典範。

上述教育改革知識轉換性的觀點，和另外一派理論衝突，他們主張，對教育體系及其領導者來說，要追求真正的教育進步，社會脈絡、文化、政治、政府治理，都不是重點。麥肯錫顧問公司分析了二十五國的教育政策與實踐，希望找到世界優質教育體系背後的原因，雖然他們承認社會脈絡會決定系統領導者採用的方式，以達成真正的教育進步，卻還是認為以下三項教育改革原則，遠比文化、政治、政府治理還重要（Barber & Mourshed, 2007, p. 40）：

一、教育體系的品質，取決於教師品質。

二、唯有改善教學，才能改善教育成果。

三、想要達成普遍的高學業成就，唯有透過設立各種機制，以確保學校讓每個孩子都獲得高品質教育。

麥肯錫顧問公司對教育改革的觀點，可說是一種機器化又簡化的典範，它建立在傳統的知識及人力資本理論上，但在當代系統化教改思潮面前，上述三項教改原則都相當不堪一擊。我在第三章已經針對第一項原則回應；至於第二跟第三項原則，則是在解釋教育成就時，忽略了社會資本和其他校外因素的影響力。有趣的是，芬蘭的經驗並不符合麥肯錫顧問公司的發現和建議，也不符合世界銀行和某些保守派英美智庫提出的類似看法。

另一個值得和芬蘭之道比較的案例便是美國教育改革，即《有教無類法案》。該法案於二〇〇二年由兩大黨表決通過，要求州政府、學區、學校，在二〇一四年以前，讓所有學生具備應有的數學和閱讀學力。但是由於美國聯邦政府在教育上的影響力有限，所以是由各州自行界定所謂的應有學力，不過根據這條聯邦法律，學校必須「每年都有進步」，因而學力指標應該會逐年成長，直到二〇一四年。如果學校中有任何一名學生沒有達到標準，這所學校就算是低成就學校，而改革背後的主要機制則是績效責任制、標準化測驗、矯正計畫、組織調整，要是學校無法達成年度目標，就會失去員額，甚至遭到關閉。但許多教師與學者表示，該法案不僅造成教學的破碎化，進一步的介入也無法和基本的教室實務整合，和學生及教師合作的，甚至是專業不足的輔導員（Darling-Hammond, 2010、Ravitch, 2010）。這使得學校在學生身上嘗試太多教學方法，並導致更多不道德的行為，包括考試作弊、行政人員操控測驗標準、使教學變得破碎、破壞系統性教育改革。

新英格蘭北部的佛蒙特州，可說是彰顯《有教無類法案》矛盾本質的最佳例證。按照計畫，二〇一四年本應是美國教改能讓所有學生達成基本閱讀和數學學力的那年，但佛蒙特州教育局長霍爾坎（Rebecca Holcombe）卻在八月寫了一封信給州裡所有家長，她想讓所有州民知道，前一年曾參加新英格蘭地區共同評量（New England Common Assessment Program）的學校，現在都被美國教育部視為低成就學校。但佛蒙特州在美國的國家教育進展評測（National Assessment of Educational Progress）其實表現相當優異，畢業率也是全國最高，學生幸福度則是全國第二。教育局長在信中也提到，佛蒙特州教育局並不認為州裡的學校屬於低成就學校。除了《有教無類法案》之外，實在很難想像世界上有其他高成就國家的教育改革或教育政策，能和芬蘭之道如此大相逕庭。

二〇一二年，我受到白宮的邀請，和歐巴馬總統的教育顧問分享我對《有教無類法案》的看法，會面在白宮餐廳舉行，這是一個由美國海軍負責的小型餐廳，位於白宮西翼的地下室，就在戰情室隔壁。我們在席間聊得相當開心，話題包括各式美國教育議題，像是《有教無類法案》，以及該法案究竟能否改善美國教育。我對總統的主要建議，便是除非聯邦政府或州政府的教育政策，可以接受世界上還有其他國家能夠成功打造出世界級的優質教育體系，但其改革理念和美國大相逕庭，而且有許多值得借鏡之處，否則美國的改革注定會失敗。諷刺之處在於，竟然是由我這個外國人，來告訴他們這番言論，因為美國本身就擁有許多更瞭解情況的教育專家，能夠以嚴謹又不容質疑的方式，告訴他們一樣的事，像是嘉納、瑞薇琪、羅賓森爵士、達琳－漢蒙德等人。但這並沒有在歐巴馬任內發生，讓許多美國教師、教育者、家長感到失望又沮喪。我雖然從未遇見總統本人，但有人告訴我，我們那天吃早餐時，他就坐在距離我頭頂幾公尺之上的橢圓辦公室內。

上述的改革理念和芬蘭之道之間的差異，相當值得關注：比起依靠數據導向的科層制教育政策以及目標精確的教育改革，芬蘭人是透過逐步在學校中建立信任，並強化教師和校長間的專業責任，來讓教育體系蛻變為一個不斷進步的組織（Sahlberg & Walker, 2021）。芬蘭人在過去三十年間持續進行系統性改革，以確保所有學校都能擁有具備素養的專業人士，能為所有學生創造最棒的學習環境，而不是認為標準化教學和相關測驗，能夠在最後一刻提升學習成果，拯救失敗的學校。上述的理性化科層制教育理念，可謂呼應了全球教育改革運動的核心概念，它在世界許多國家和地區的教育政策中都相當盛行，但絕對不是芬蘭。

對希望改善教育體系的國家來說，只是單純引進芬蘭教育的特定部分，例如課程綱要、師資培育、特殊教育、學校領導，其實並沒有太大幫助；因為是芬蘭的福利系統，確保所有孩童都可以擁有安全、健康、營養、道德等協助，而這造就了優質學習的必要條件。如同第一章開頭引述的小說《七兄弟》所言，提升普遍的識字率與教育程度，一直是成為完整芬蘭社會成員的重要條件，因此，我們能從芬蘭經驗學到的另一個教訓便是，想要達成成功的教育改革與優質的教育成果，通常需要同時改善社會、就業、經濟環境。專門研究複雜系統的學者考夫曼（Straut Kauffman）

在一九九五年時便指出，任何一個複雜系統中的個別元素，都無法單獨在不同於原生環境的新環境中，發揮完整功能。因此，比起從其他教育體系引進個別的概念或創意，重點應該是從更巨大也更複雜的系統，汲取其特色和政策原則。此外，在複雜的系統中，各種元素間的互動影響系統行為的程度，和個別元素也不相上下，所以在思考如何將芬蘭教育體系的概念，移轉到其他國家時，也應該要把以下事項納入考量：

一、**優質教育表現的技術動力**：對所有人提供的普遍綜合學校、研究導向型師資培育、為教師提供專業協助、睿智的績效責任制政策、規模較小的學校、良好的教育領導（特別是校內領導）。

二、**社會文化因素**：相信識字與教育的社會價值、強烈的專業倫理、信任公家機關（包括學校在內）、福利國家創造的社會資本。

三、**和其他公部門政策連結**：特定部門的成功仰賴其他所有部門，良好的教育表現因而必須依靠更廣泛的公共政策原則，包括其他的公部門政策，像是健康、青年、就業等。

芬蘭人也必須更加小心，避免陷入一種錯覺，認為現行的教育系統表現評估指標將會永遠持續下去。雖然依賴全球教育指標，特別是和教育經濟有關的指標，以及 PISA 和其他測驗提供的學生成績，可以帶來某些好處，但未來將會有越來越大的壓力，要發展出涵蓋範圍更廣、能夠評估教育成就和健全並因應未來社會變遷的指標。PISA 或許將芬蘭教育推向世界舞台，卻只能檢視教育成果的某些面向，如同摩堤莫（Peter Mortimore, 2009, p. 2）所說：

> PISA 也有其限制，例如僅能評估學校教學內容極為有限的部分，只能採用片面的橫斷式設計，忽略了教師的角色與貢獻。而且它呈現結果的方式，至少是在圖表上，也只不過是鼓勵一種膚淺的「記分板」思維，但其結果本應更為有趣，也更為複雜。

許多芬蘭教師與校長，都對國際評比指標與基準，透過標準化測驗，為國家和學校進行排名的方式有所質疑。他們認為教學應該是極為複雜的過程，所以要以量化方式精準評估其效能，可謂非常困難。

考量所有因素，芬蘭的教育改革究竟有何值得學習之處？如同我在本書中不斷強調，我並非建議其他國家都應該完全效法芬蘭教育體系，或是擷取其中的某些元素，像是公立學校體系、研究導向型師資培育等，不過，在教育中確實有許多值得互相借鑑之處。即便我深知教育理念移轉至其他系統時會產生各種問題，我仍要在此提出芬蘭最重要的三個經驗，這些經驗都能協助改善世界各地的教育品質，並提升教育均等。

第一，我們應該**重新思考，提倡教育選擇權、競爭、私有化的教育政策**，是否能夠推動永續的教育改革，因為沒有任何現存的優質教育體系，是仰賴這三種原則建立。芬蘭經驗顯示，持續關注均等與集體責任，而不是個人選擇與競爭，才能夠打造出一個優質的教育體系，讓所有孩童都學得比以前更好。

第二，我們應該**重新思考師培政策，包括讓教師能夠以公費攻讀碩士學位，提供更多專業協助，讓教育變成受尊重的職業**。如果教師的專業不受信任，社會也不認為他們是專業人士，芬蘭的青年才俊就不可能將教育視為一生職志；即使他們從事教職，也會因為缺乏受尊重的專業工作環境而早早轉換跑道。芬蘭與其他成功教育系統的經驗，清楚證明了這點。

最後，我們應該**清楚瞭解，影響各國教育表現背後的原因，而非匆忙做出雜亂無章的決定，想要改善局面**。複雜系統的改變，通常都很難解釋。針對每況愈下的教育表現，芬蘭主要有兩種回應：一是讓教師擁有權力，另一則是促進學生的參與，而國家核心課綱便是達成目標的重要工具。同樣重要的還有，芬蘭政府和教育領導者也理解，要讓教育表現回歸正軌、持續進步的最佳方式，便是找出社會中的不平等之處，並促進教育均等。不過，要評斷目前實施的這些方法到底有沒有用，現在還言之過早。

芬蘭教育的壓力測試

二〇二〇年以令人擔憂的方式展開，新冠肺炎在中國武漢爆發，接著傳播到歐洲、北美、亞洲、拉丁美洲，三月時疫情便已襲捲全球，許多國家的政府都必須迅速應變，以阻止這種致命傳染病的擴散。民眾外出的自由很快受到限制，各種公共設施和大眾運輸關閉，最終則是輪到學校，大部分的學生和教師都無法上課。二〇二〇年四月，根據聯合國教科文組織的統計，共有超過十五億名兒童受到學校關閉影響，大部分都必須在家學習，並借助網路和科技產品和教師聯絡。

所謂的壓力測試，便是針對機構因應外部劇變或災難的能力，所進行的模擬或分析。二〇〇八年金融海嘯過後，世界各地的銀行都經過了壓力測試，看看它們是否能撐過未來坎坷的前景。良好的壓力測試，可以評估這些機構的領導力、風險管理、彈性、回復力等面向；在最理想的情況下，壓力測試可以辨識出哪些機構的體質健全，哪些又較為脆弱。

為了防止新冠肺炎疫情擴散，芬蘭政府在二〇二〇年三月十六日這個星期一下午宣布關閉邊境。兩天後，除了小學低年級外，各級學校也都必須關閉。這個情況使得芬蘭各地的教育當局，必須想辦法因應接下來這四個星期的教學，後來禁令更延長到五月十四日才結束。雖然學校針對小型的突發事件有緊急措施，但沒有人想得到情況會如此嚴重，新冠肺炎因而成了芬蘭教育體系的壓力測試。

由於芬蘭教育體系屬於去中心化的系統，所以各地學校如何因應，是由三百一十個地方教育當局負責統籌。雖然提供地方當局國家核心課綱的芬蘭國家教育局，也設立了學校關閉期間遠距教學的指導及原則，但大部分的細節仍需由各地自行決定，最終這個責任則是落到學校的教師及校長身上。如同世界上大部分國家，芬蘭各級學校數位學習的建置程度落差也非常大，有些學校擁有非常先進的設備和人員，因此在這八個星期的期間，遠距教學該如何安排，從一開始就很明顯會有非常大的差異。

新冠肺炎疫情使得學校被迫進行史無前例的社會實驗，這個實驗將會測試學校的彈性、創意、專業、回復力。雖然現在還沒有針對芬蘭學校如何因應遠距教學的系統性研究和證據，但某些由芬蘭教育當局在學年結束時蒐集的數據顯示，主要的問題在於學生缺少科技產品，以及無法為需要的學生提供線上幫助。不過，教育當局的初步結論，仍是除了上述問題外，學校都應對得相當良好。芬蘭教育工會的會長便提到：「我們成功度過艱困的情況，關鍵在於教師和學校領導者紮實的教育背景，以及他們對工作的積極貢獻。」以下便是幾個芬蘭學校能夠成功因應疫情的重要因素，是根據我二〇二〇年八月和某些芬蘭頂尖教育專家的訪談整理而來。

彈性：專業自主權讓芬蘭學校能夠在共同的規範和原則下，自由探索最佳的教學方式。缺少全國性的標準化測驗及外部評鑑，也讓學校在課程設計及實施上有更多彈性。彈性是芬蘭面對疫情時能夠不花太多力氣，便可迅速調整的主因。

創意：芬蘭的國家核心課綱，是圍繞創意以及尋找創新教學模式的需求建立。

其他國家的學校忙著滿足外部的規則和期望時，芬蘭學校可以運用創意，找出最佳的問題解決方式，並安排自己的教學。許多教育當局和學校領導者都表示，創意在芬蘭教育因應疫情帶來的挑戰時，扮演非常重要的角色。

回復力：合作和彼此幫助在芬蘭教育文化中非常重要。其他國家的學校不怎麼合作，反而彼此競爭，芬蘭學校則是為了孩子和家庭的福祉攜手努力，而學校間的互信以及彼此支持的意願，也提升了芬蘭教育的回復力。教師表示彼此之間的凝聚力，讓他們在遠距教學期間覺得充滿能量，並隨時準備好盡力貢獻，芬蘭的「習俗」又再次幫了大忙！

學校關閉能為我們帶來什麼啟發？二〇二〇年四月，學校關閉的頭兩個星期間，芬蘭教育評鑑中心進行了一項調查，對象包含五千名教師，試圖找出遠距教學對教師及學生的影響。我也在八月時訪談了一些教育專家，以下便是我的結論。

首先，所有人都強調，國家面臨公衛危機時，學校在維護健康及安全上，扮演重要角色。教育工作者和衛生人員及醫學專家攜手合作，確保孩子在家學習時，還有他們在五月中回到學校後，每個人都能保持健康，不會染疫。在面臨這次危機時，孩子和教師的健康是第一要務，而非在學校關閉期間的學習進度。第二，和我談話的教師和教育專家也都認為，在新出現的困境下，學校也都因應得非常良好，主要原因便是教育體系的彈性，以及對學校能力的強烈信任，相信學校會找出最佳的方式，來因應普遍的要求和限制。最後，遠距教學期間教師和教育當局最大的擔憂，就是確保所有學生都能跟上，並為需要的學生及時伸出援手。芬蘭基礎教育中約有四分之一的學生擁有特教需求，無法到校上課時，這些學生便是最需要幫助的族群。

芬蘭教育的未來

在千禧年後第一個十年間，芬蘭成了全球教育模範大國。國際媒體的推波助瀾在其中扮演重要角色，《新聞週刊》於一九九九年五月二十四日，便刊載了一篇以〈未來是芬蘭的〉（The Future is Finnish）為題的文章，極力讚揚芬蘭創造國家願景的方法，以獨一無二的方式，發展以創新為基礎的社會，並完美結合通訊產業與資訊科技（Newsweek, 1999）。本書先前章節，描述了芬蘭教育體系如何從一九七〇年代初期至二〇〇〇年代中期穩定成長。行動電話製造商、交響樂團指揮、世界一級方程式賽車手，象徵了珍視創造力、創意、冒險患難的芬蘭社會建立的過程。但芬蘭的教育體系未來還適用嗎？

一方面來說，芬蘭具備三個重要的特質，確保未來的教育表現能夠繼續保持傑出，包括一九七〇年代後的系統化教育領導、穩定的政治結構、公部門之間的互補支援。但是從另一方面來看，PISA 測驗的結果，卻使教育政策制訂者、政治人物以及芬蘭大眾都對芬蘭教育顯得志得意滿，這可能會導致守舊心態，讓教育政策與原本的高品質教育傾向維持現況，而不是準備好迎接教育體系未來可能面臨的挑戰。

位於赫爾辛基的芬蘭教育主管機關，在第一次 PISA 結果將芬蘭評為世界第一的教育體系後，就無心繼續推動一九九〇年代興起的教育改革。到了二〇〇〇年代末，芬蘭教育政策面臨的最大問題，便是要如何將芬蘭教育在國際上的成功，以及逐漸打響的名號，透過教育出口轉化為經濟效益。同一時間，其他國家受芬蘭之道啟發，也開始增加教改預算，但芬蘭卻沒有繼續堅持。而在二〇一〇年代初期，芬蘭許多地區的財政狀況大幅緊縮時，教育當局和許多專家，依舊把時間和精力，花在思考芬蘭教育「帶領者」的國際名聲，該如何轉化成商品和經濟效益上。

不久之前，芬蘭還擁有兩項引以為傲的成就，諾基亞和教育，但在二〇一三年時，諾基亞被迫把手機部門賣給微軟，不過其實二〇〇七年蘋果推出iPhone時，諾基亞仍宰制全世界的手機市場，卻受成功蒙蔽，無法及早因應未來的挑戰。觸控螢幕其實是由諾基亞發明，但它卻憑恃自身市場「帶領者」的地位，不願繼續發展，承擔風險的蘋果此後便遠遠將諾基亞拋在腦後。

上述的故事和二〇一三年芬蘭教育遭遇的情況類似，從世界各地蜂擁而至，遠到芬蘭取經的各界人士，讓芬蘭的教育當局和政治人物開始害怕改變；一九九〇年代由有志之士，包括離經叛道的校長和教師，所領導的教育改革動力，也宣告熄火。雖然芬蘭教育在國際上的表現仍相當亮眼，但就像第二章所說，這個健全、均等的教育系統的某些部分，已經開始崩壞。因為學校經費有很大一部分是由當地稅收支持，而在這個協助和諮商需求更甚以往的時代，許多地區嚴峻的經濟狀況，更是大大消磨了教師的士氣，並影響了原先為學生提供的各式幫助，如同資深教師暨校長強森（Peter Johnson）在補充資料5.1中所述。而遭到新冠肺炎改寫的未來更是黯淡無光，歷史後來可能會顯示，芬蘭無法從自身的經驗中獲取教訓，及時投資教育均等和系統改革，並因此在這趟教改旅程中迷航。

補充資料5.1　領導地方學區

芬蘭教育體系的發展，是建立在一套系統化的永續財務政策上，也非常仰賴公共補助。因此，二〇〇八年金融海嘯爆發時，隨著芬蘭政府受到強烈影響，各地市政當局也經歷嚴峻的預算緊縮；過去十年，芬蘭各地市政當局的負債增加超過三倍，芬蘭政府整體的負債也達到前所未有地龐大。新冠肺炎疫情則為芬蘭公部門的補助，帶來更嚴重的影響，我們目前對於未來幾年會如何發展，仍然沒有任何頭緒。

開源節流因而成為芬蘭目前普遍的政策，合併或關閉小型學校便是其中一個結果。不過從國際角度來看，芬蘭的學校規模仍相當小，芬蘭綜合學校的平均學生人數大約是兩百四十人，而在二〇二〇年時，芬蘭全國共有兩千三百所綜合學校，其數量從二〇〇〇年開始減少了百分之四十二。

這個現象劇烈改變了芬蘭綜合學校的密度與本質。更多學生必須拉長通勤距離。根據最新的預測，在接下來二十年內，鄉村地區的學校會有六到七成遭到關閉，這當然也和學生人數減少有關。許多鄉村地區都會受到學校關閉的影響，但造成這種結構轉型的原因是經濟環境，而不是教育政策的考量。

新設立的學校規模通常比舊學校要大很多。二〇〇〇年時，全芬蘭學生人數超過七百人的綜合學校只有十三間，目前則是超過一百間。雖然學校規模擴大在經濟上更有效益，卻也需要設計良好的教學法，以及教師間優異的團隊合作，才能成功。

芬蘭公部門的財政每況愈下，也造成許多地區必須暫時讓教師放無薪假，以解決燃眉之急。教師只好被迫休假，接連幾天、甚至幾週都領不到薪水。一個老師放無薪假，就代表有另一個老師必須接手其班級與學生，這種政策節省下來的開銷微乎其微，卻為學校帶來了嚴重的傷害。

我非常關心這些公部門政策帶來的長期影響。芬蘭未來的經濟前景令人擔憂，新冠肺炎疫情將讓全球經濟長期疲軟，芬蘭和世界各國都無法倖免。雖然經驗一方面告訴我們，單純增加財務預算，根本無法解決學校日常的問題，但教育預算持續萎縮，會讓許多重要的教育基礎受到損害。學校與市政當局有辦法在未來用更少的資源完成更多的事情嗎？我認為確實有可能，但這必須透過謹慎分析現有的結構與措施，清楚知道應該從何處節流，又有哪些資源可以用來進行教育發展與革新。但是，如果教育沒有辦法從整體預算中分配到足夠的資源，這些事情就會變得非常困難。減少預算並讓教育的品質變得越來越差，絕對不是回報國民努力的聰明方式。

——強森，科科拉市（Kokkola）資深教育顧問

數十年來，芬蘭教育改革的動力，都來自追求社會、政治、經濟生存時孕育的文化與情感。芬蘭讓世人明白，教育改革仍有其他方式，無須重蹈其他國家的覆轍；芬蘭人也清楚，如果缺少情感投入，只有技術知識和政治利益，那也永遠不足以成事。全球教育改革運動證明了太過理性的改革方法無法成功，革新需要動力，而動力來自情感；在這個巨變的時代中，情感與熱情通常來自危機，或者追求生存的信念，這正是芬蘭的情況；但我們也能在經濟、科技、文化的創新中，獲得情感與熱情。面對艱困的時代，只靠生存動力也可能遠遠不夠。

有些芬蘭人會在意在這個競爭激烈的全球化世界中，其他國家對芬蘭有什麼看法。多個國際評比指標指出，芬蘭在許多層面上，都是全世界運作最良好、也最吸引人的國家之一，包括幸福程度、政府治理、經濟表現、永續發展、教育、快樂等，對一個年輕的小國來說，這樣的表現可謂已相當不錯。二〇〇八年，芬蘭外交

部也邀請了一群極具影響力的思想領袖，共同思考如何在未來保持現有的優勢，甚至試著強化；小組最後提出的報告指出，芬蘭的未來應該要建立在國家運作、自然保育、教育之上，該報告同時也強調，儘管現在的情況非常良好，或者說，正是因為目前情況如此良好，芬蘭必須在所有領域都繼續自問：「我們接下來應該怎麼做？」（Ministry of Foreign Affairs, 2010）

上述的大方向建議，也適用於教育領域。它們強調**共好**的原則，表示教育體系在發展時，應該作為一個整體，而不是東改一點西改一點。它們的假設，是芬蘭教育體系將會在未來幾年維持同樣良好的表現；然而，在目前芬蘭教育體系的運作與社會的普遍氛圍中，卻出現了一些值得擔憂的趨勢。

某些國際指標指出，芬蘭社會與教育體系的不平等現象正在增加。圖4.1便顯示，當國家的貧富差距越來越大，就代表壞事即將降臨。和其他北歐國家相同，芬蘭是世界上貧富差距最低的國家之一。圖5.3顯示了一九八七年起芬蘭貧富差距的情況。根據威金森和皮克特的研究（Wilkinson & Pickett, 2009, 2018），貧富差距擴大將導致各種社會問題，包括暴力事件盛行、社會信任減少、孩童幸福降低、貧窮增加、教育水準降低等。因此，對貧富差距擴大速度為 OECD 國家之最的芬蘭來說，

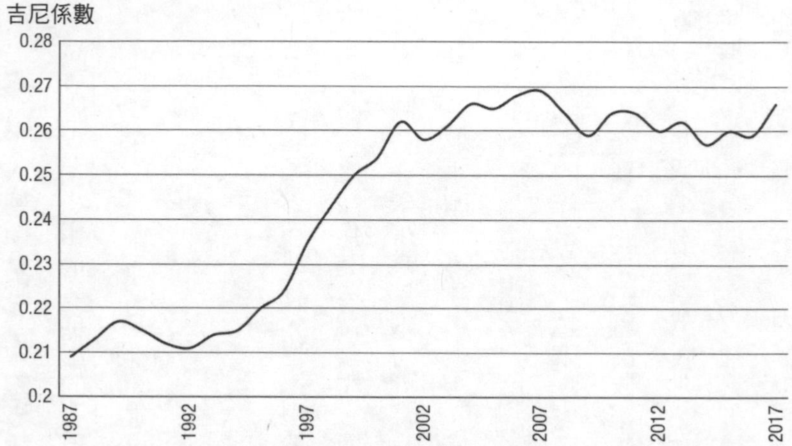

圖5.3　一九八七年至二〇一七年間芬蘭的貧富差距情況，以吉尼係數統計

資料來源： Statistics Finland, n. d. c

真正的挑戰不僅是如何維持高水準的學生表現，還有如何維持社會的平等，並維持其全球最均等教育體系的美名。

芬蘭進行教育改革時，相當積極傾聽其他國家的建議，瞭解如何提升教學品質以及因應各種全新的教育挑戰。芬蘭教育當局特別注重國際組織的建議，包括OECD、歐盟委員會、聯合國相關機構等，認為這是芬蘭教育政策不可或缺的一部分；芬蘭的教育研究社群，也採用了外國同儕提出的模型與概念。但現在的芬蘭需要另一種方向：和外國維持積極的溝通與合作，仍然相當重要，但芬蘭的角色已從接收者轉為提供者，因此，芬蘭需要準備與其他教育體系合作交流，特別是那些能夠提供啟發、想法、創新的國家。我認為，為了發展教育改革領導力，芬蘭需要**嶄新的全球合作關係**，這類合作需要更多優質的系統和良好的實踐，以及能夠為了教育的未來，大膽採用創新理念和解決方法的意願。在芬蘭和許多國家，這類合作都已開始萌芽，其中發展最成熟，也最知名的，便是 HundrEd.org 社群，這是一個總部位於赫爾辛基的非營利組織，在世界各地分享和 K-12 教育相關的創新理念。[37]

但如果沒有充滿啟發性的教育願景，芬蘭便無法真正成為全球教育的帶領者。在二〇〇〇年的 PISA 讓芬蘭教育成為世界楷模後，芬蘭的教育政策為地方當局帶來了破碎的計畫和嶄新的法案，並強迫其執行，卻沒有針對教育的未來，規畫出一個共同的願景。

任何改革運動都需要基礎，從各式核心價值和哲學，以及一個共同的遠景而來。在我看來，**下一個階段的芬蘭教育**，應該建立在學習社群的概念之上，所有人的興趣、熱情、創意，以及協助所有學生適性發展的目標，都能夠在此激盪出全新的想法。而無論這個教育願景為何，都必須將新形態的學校納入考量。新興的全球教育改革合作關係，便應以此為出發點。

這種激勵人心的想法，或說「芬蘭夢」，通常都能夠團結芬蘭人民，並提供追求改革的情感動力。第二次世界大戰結束之後，芬蘭普遍盛行的想法是讓每個人都擁有接受優質公立教育的平等機會，不會受居住地、社經地位、其他生活條件影響，這也是芬蘭在一九七〇年代建立公立學校體系時，採取的主要原則。二〇〇〇年的第一次 PISA 調查，證明當時的芬蘭夢已經實現，而二〇一八年的第七次 PISA 調查，則顯示我們迫切需要提出新的芬蘭夢想。

我在第二章已提過芬蘭近年教育表現下滑的可能原因。我還訪談了幾名教育專家，詢問該如何解釋這樣的現象，大部分的回答都指向兩個原因，而正是這兩個原因為芬蘭的教學帶來負面影響。首先，從二〇一〇年起逐漸減少的預算，使得學校和班級的規模擴大，讓許多擁有特殊需求的學生，無法獲得適當的協助，同時也使得教學效能優先於教學本身。第二，青少年在數位科技上花費過多時間的現象，也讓擁有心理、情緒、社交、認知問題的學生人數增加。此外，也有一些專家認為學校變得更為官僚，使教師和校長花更多時間在行政上，而非放在學生身上。根據許多政策制訂者和教師的看法，和上述兩個原因相關，芬蘭教育體系最讓人擔憂的問題，便是逐漸擴大的教育不均等現象，而均等從前可是芬蘭教育體系的基石。根據分析二〇一五年芬蘭 PISA 成績的研究，在二〇〇六年到二〇一五年間，芬蘭教育已經不再能夠彌補家庭背景所帶來的學業成就差距（Ahonen, 2018, p. 340）。

某些芬蘭人覺得這是一個危機，其他人則認為，芬蘭的教育體系只是變得跟其他遭遇同樣挑戰和問題的國家一樣，還有人相信測驗分數降低，並不是因為現在的學生比較愚笨，而是因為他們缺少認真看待這類測驗的動機。本書強調的一個重點，便是芬蘭起初成功的背後，有很大一部分都是來自睿智的系統層級改革，以及充滿啟發性的教育政策，透過賦予教師、校長、其他教育工作者權力，讓他們一起為共同目標努力。在前方等待芬蘭的會是什麼？或許芬蘭需要「學習不要太過依賴由政策驅動的改革，而是仰賴能夠在不同文化情境，成功發揮功效的想法，以及不需政府強制，便能傳播這類想法的強大社群」（Sahlberg, 2020a）。還是，我們應該以古為鏡？

一九九〇年代初期，芬蘭歷經了第二次世界大戰後最嚴重的經濟危機，並且再次將關注轉至教育，無論如何都要成為全球最具競爭力的知識經濟體，因為這樣才能讓芬蘭重回先進經濟體的行列。當時的願景，是要讓教育體系帶來社會團結、經濟轉型、創新，並協助芬蘭成為歐盟的一員，同時又保有完整的主權。正如前述章節所言，教育因而成為帶領芬蘭脫離經濟危機的關鍵。但過去的教育願景已經達成，現在正是時候擘畫一個新的願景，能夠在未來數十年引導芬蘭的教育改革。在本書的結論部分，我將提供一些創造芬蘭未來教育願景的種子。

我對芬蘭教育的未來願景是受羅賓森爵士啟發，我認為未來的教育，應當**幫助所有學生在學校中找到熱情**，可能是學術、藝術、創意、運動，或任何其他方面；好奇心驅使每個人發現自身獨特的天賦後，便會激發熱情。每間學校也都必須成為安全的學習社群，讓所有學生都能積極參與及探索，並與他人互動；學校的職責一如往常，就是教導知識與技能，但也必須讓年輕人準備好運用自己的天賦，創造新的想法，並從錯誤中學習。羅賓森爵士認為（Robinson, 2009），如果人沒有準備好接受自己會犯錯，就無法從中獲得寶貴的教訓，樂於承擔風險以及從錯誤中學習，而這也是芬蘭人能夠善用稀少人力資源的唯一方式。

現存的教育體系需要劇烈的改革，新冠肺炎疫情為學校帶來的嚴重影響，正好提供了一個非常棒的機會，讓我們能夠重新思索過去的實踐和架構，並挑戰舊有的學校論述（Sahlberg, 2020a, 2020c、Zhao, 2020）。首先，芬蘭學校必須恢復從前引以為傲的學生參與，這樣學校中才會出現更多自主學習。新的芬蘭學校也必須是一個充滿啟發的安全社交環境，讓所有學生都能在此學會往後人生所需的社交技巧。個別化的學習進度及合作學習，能讓學生發揮自己的天賦，但這必須建立在穩固的知識和技能上。在這個芬蘭教育新願景中，務必要納入以下四種全新思維。

一、從一體適用的大班教學轉為充滿彈性的自主學習。發展更為個人化的活動導向學習，就能夠讓學生隨時隨地透過數位設備，學習學校教導的大部分內容。智慧手持裝置讓人可以隨時獲取知識，並和其他學習者互動。知識共享與素養已成為現代生活不可或缺的一部分，專業技巧也會成為學校與傳統教室的一部分。芬蘭與某些國家已經證明了學年長度與教學時數不是重點（參見圖2.12），教學時數減少其實可以讓更多學生願意認真學習，前提是必須擁有正確的教學環境以及聰明的解決方案，這裡所指的「環境」，包括學校中的信任、為所有學生提供的支持與指引、可以根據當地社群興趣及需求調整的課程。

現在正是芬蘭拿出勇氣，重新思考學校中時間安排的時刻。無須再以將時間分配到學科的思維來思考未來的教育形態，代表傳統科目的授課時間將會減少，包括母語、數學、科學，但是投入主題式課程、計畫、活動的時間將會增加。學前教育、基礎教育、普通體系後期中等教育的核心課綱，也為學校提供了非常好的機會，可以透過共通的跨域素養，來設計學校的課程和規畫學生的學習計畫，並達成上述目標。當然，小學低年級仍然需要傳統課程，但這類需求將會隨著年級漸升而減少，因為此時學生都已發展出能力，可以管理自己的行為和學習發展。這也表示教育要從過往追求僵化的預期成果，轉為追求全新的想法、知識、技能，這便是創新和多元學習帶來的結果（Sahlberg, 2020a）。如此一來，所有學生都能擁有更多時間參與對自己有意義的工作坊、計畫、藝術活動。

二、從冷冰冰的教學到個人化學習。每個年輕人都必須學會某些基本知識和技能，例如識字、寫作、數理能力等，這在未來非常重要。不過，我們應該提供各種學習這類基本素養的方法。現在的學生可以透過媒體、數位設備、各自所屬的社群，在學校之外，學會我們從前在學校學到的東西，而且還會學到更多；這將使越來越多的學生認為學校的教學不夠有趣，因為他們早就在別的地方，學到了更有意義的事物。

在大部分 OECD 國家中出現了一種普遍趨勢，也就是青少年在學校中的參與度越來越低，他們對上學沒有興趣，芬蘭也不例外。有些人認為，孩子長得越大，對學校就會越來越沒興趣。但根據我在世界各地學校和教室的觀察，我發現大家最常失去的東西其實是好奇心，孩子和成人都是；如果我們同意好奇心和探索、嘗試、深入瞭解、發現有關，那它就應該是各層級學校教育的重點才對。好奇心代表渴求知識，因此可說是學習和成就感背後的主要動力。增加各級學校中的玩樂時間，就是個非常好的解決方法，而且也很便宜，可以參見我的著作《讓孩子玩耍》（Sahlberg & Doyle, 2019）。

我們應該重新思考學校教育，讓學習更趨近於量身訂作的個人學習計畫，並減少標準化課程。芬蘭在落實這點上，同樣也有非常好的進展；新的國家核心課綱，將會鼓勵學校促進學生的參與，包括共同設計教學，以及反映自身和學校的成功。未來教育的「藝術」，就在於取得「個人化」與「標準化」的平衡，由於數位世界拓展了教育的可能，年輕學子將帶著不同的先備知識和能力進入校園，彼此之間的差異也可能相當巨大，這也代表他們對許多事物都很有興趣，但教師卻可能對這些東西一無所知。

三、**從知識資本到社會資本**。未來的學生會比現在花費更多時間與注意力在數位媒體與科技上，從教育的觀點來說，這代表兩件事情。首先，人們參與具體社交場合的時間會越來越少，社交互動將會更仰賴應用數位科技的社群網絡與工具，第二，人們可以透過數位工具，對這個世界與其他人有更多瞭解，社群媒體與網絡的參與度提升，創造了嶄新的學習資源，讓我們能從其他志同道合的朋友身上學習。這些新興社交工具設計的目的，就是用來激盪人類彼此的創意，舉例而言，人們可以參與設計遊戲的開放計畫，或是在社群網絡中與其他人一起發展數位解決方案。

因此，學校也務必重新思考教育的核心任務到底是什麼，絕對不可故步自封，只讓年輕人學會未來需要的基本知識與技能。對孩童而言，未來就是現在；今日的許多年輕人早就已經開始大顯身手。學校一定要確定所有學生都擁有良好的閱讀、數學、科學能力，因為這對他們往後的人生相當重要；同樣重要的，還有讓所有學生發展和學習相關的態度和技能，並運用現有的知識和機會，來達成自身的目標。同時，學生還要在數位世界與現實生活中，都發展出更好的社交技巧，學會如何與截然不同的他人合作，並妥善應對複雜的社群問題，即建立社會資本。未來最需要且只有在學校才能學會的技能，便是和他人合作解決問題的能力；這就是未來學校應該具備的一種基礎功能，也就是在多元的小型團體中，學會同理、合作、領導、批判思考。

四、從追求成績到發現熱情。標準化測驗的結果與成績，是現代教育體系判斷學生個人天賦的主要依據，但是標準化測驗的內容可能只有選擇題，而選擇題對學生帶來的負面影響已眾所皆知（Koretz, 2017）。在最好的情況下，標準化測驗雖然能夠測出學生一般知識以外的知識、分析能力、批判思考、問題解決技巧，卻無法涵蓋任何非學科能力，包括創意、藝術技巧、處理複雜資訊、與他人交流新概念。因此，測驗不僅應評估學生擁有的基礎知識與技能，還要瞭解他們如何發展溝通方式、問題解決技巧、創意。

我們熟知的傳統知識測驗，將會慢慢被新的評量方式取代。隨著學校開始強調在這個複雜難測的世界中需要的技能，成功學校的標準也將改變；人們會藉由數位工具與媒體學到更多所需的知識，因此，定位學校在教育中扮演的角色，將變得更為困難，包括該讓學生學習什麼，又不該讓他們學習什麼。對二〇二〇年代芬蘭學校的教育改革來說，有兩件事情非常重要。

第一，教育中的好奇心將會變得前所未有的重要，不僅是學習的原動力，也能促進所有學生參與智識、社會、文化、體育活動。現代教師在教室與校園遭逢的各種挑戰，主要就是來自學生缺乏參與感和內在動機。在完成公立學校教育後，認為學校教育根本就與生活沒有關係的芬蘭年輕人越來越多，他們也開始在學校之外尋找能夠實現興趣的替代方式。因此，學生的好奇心和參與程度，便成為未來檢視學校成功與否的重要指標。

第二，學生創造新興價值的能力也會比以前更為重要，這不只適用於特定學生，而是所有學生。如果我們按照羅賓森爵士的定義（Robinson, 2011），將創意視為「創造具備價值的原創性概念」，那創意就應該跟識字能力獲得相同的重視與對待。芬蘭教育的傳統是鼓勵冒險、創意、創新，現在更要加強這些傳統。在測量學生表現或學校成功時，也應重視個人學習與合作行為中的創意，換句話說，我們也應評估學生及教師創意的價值，而不是他們對學科知識的掌握。成功的學校，就是可以讓每個人，包括學生和教師，都激發出比單打獨鬥更多的創意。

新冠肺炎疫情是對芬蘭教育專業和彈性的重大考驗。二〇二〇年三月，教師和校長在幾天中就必須找出辦法，讓學生在無法到校的情況下不中斷學習，這個社會實驗，顯示了一個充滿彈性的教育體系，在面臨外部變遷時，具備多大的優勢，而這個教育體系也是建立在教師專業，以及對教師能力的信任上，相信他們能夠為學生做出最好的選擇。因此，我們可以說芬蘭教育順利通過了這次壓力測試，也證明未來在決定如何處理複雜的危機時，學校值得信任。

現今芬蘭教育的另一項成就，便是成功教導學生如何辨別媒體上的假新聞。根據「歐洲政策倡議」（European Policy Initiative）二〇一九年發布的《媒體素養指標》（*Media Literacy Index*），芬蘭在辨別假新聞這個項目上，於三十五個歐洲國家中排名第一，二至四名則依序為丹麥、荷蘭、瑞典（European Policy Initiative, 2019）。調查還顯示，辨別假新聞的能力和教育品質、新聞自由、社會高度信任有關。芬蘭學生在小學時就會學習媒體識讀，因為國家核心課綱規範學校必須教導數位和媒體素養，以及批判思考；在數學和科學課程中，學生也會學習如何避免錯誤解讀數據。

兩千三百年前，亞里斯多德說過幸福是人類存在的最終意義。幸福也確實成為衡量國家發展的一項指標；某些教育體系，例如芬蘭，會將學生的幸福和快樂視為學校教育不可或缺的一部分。我認為幸福就是人們可以做自己喜歡，並且能夠在其中找到意義和成就感的事，隨著我們離自己的本性越近，幸福便會出現，如同羅賓森爵士所說，幸福「和發現自己有關，而如果你受到強迫，就不可能辦到。你在群體中無法成為自己」（Robinson, 2009, p. 148）。

芬蘭想要實現以上四個重要改革思維的方法，不是發起另一場教育改革，而是要持續進行嶄新的教學系統轉型，以步步邁向所謂的芬蘭夢想。芬蘭擁有這樣的條件，但必須依賴全球教育合作以及教育改革領導。芬蘭經驗帶給我們的重要啟示，在於通往優質教育有許多方法，而這些方法都與前述章節提及的全球教育改革運動截然不同。增進生產力與改善效率，或許能夠節省財務支出，帶來稍縱即逝的改善，但日益緊縮的預算，絕對無法帶來永續的進步，除非同時進行新的投資。根據最新的預估，芬蘭的經濟與社會，需要更多資源的投入，才可以在教育與經濟發展中，獲得新的想法與創意，並維持高度的社會資本，而社會資本便是過往芬蘭優質教育表現背後的動力。

一九九〇年代末期，芬蘭仍能從身為全球最具競爭力的經濟體受益。當時教育改革的核心是實驗精神、創意、社群建立，而教師間和學校中的信任，也是教育管理的關鍵。教育改革必須提供充分的鼓勵與支持，讓人願意承擔風險，如此才能讓教室與校園內的創意開花結果。唯有繼續革新，接受睿智的領導，並持續與其他公部門保持密切合作，芬蘭教育體系才有可能不斷進步。

許多國家都在尋找可以實踐社會正義的教育體系，以及能夠讓教師和學生發揮潛能的學校。沙拉森（Seymour Sarason, 1996, p. 367）提醒所有教改參與者，「要先為教師提供**具備生產力的學習**脈絡，教師才能進一步對它施加創意與維繫」。芬蘭教育政策完全證明了這個說法，芬蘭政府理解教師的重要性，所以不僅在師資培育與專業發展投入了大量資源，也致力於創造優質的工作環境，讓教育這份職業擁有吸引力，以留住人才。

在二〇〇〇年的 PISA 結果公布，替芬蘭贏得大量關注前，我有幸在一九九五年時，於赫爾辛基招待沙拉森一週，當時他正在重新編修《學校文化與改革問題》（*The Culture of the School and the Problem of Change*），這本書為我帶來許多啟發。我帶著沙拉森拜訪許多學校，和許多教授討論，並向一些資深的芬蘭教育當局人士，傳達他對芬蘭教育改革法案的觀點與看法。沙拉森也閱讀了一九九四年的芬蘭國家課程架構，包括基礎教育和後期中等教育的部分，以及我們未來預計進行的教育發展計畫。在最後一次討論中，我請沙拉森總結他此行的發現，他回答：「你為什麼要帶我來這裡呢？對我來說，你們的教育體系非常接近杜威心中的想法，也跟我在過去三十年間，對教育與學校的看法一模一樣。」

杜威確實希望教師能夠成為協助學生思考問題、找尋解答的嚮導。在杜威眼中，學生自己的經驗才是「理解」的關鍵，而不是教師強迫施加的任何資訊，他同時也認為，民主應該是所有學校的重要價值，如同所有自由社會的情況。正如沙拉森所說，芬蘭教育體系的建立，便是受到杜威的想法影響，同時加入了各式各樣的芬蘭實踐、創意、價值。世界可以從芬蘭的教育改革學到一件事，那就是我們可以替所有孩子創造一個均等優質的教育體系，但這一切需要準確無誤的創意、時間、耐心以及決心。

對那些認為競爭、選擇、測驗導向的績效責任制以及由表現決定的薪資制度已是窮途末路的人來說，芬蘭之道應該能讓他們參考。此外，上述提及的芬蘭教育未來願景，也能為個人化學習帶來一些想法。對芬蘭人來說，個人化不是讓學生在電腦螢幕前單打獨鬥，而是用非常有彈性的安排與多元的學習方式，處理每個孩子的需求。芬蘭教育的大智慧非常簡單，即教師的任務便是協助學生發揮潛能。

作為全球教育改革運動的反對力量，芬蘭之道持續向世人證明，充滿創意的課程、專業的教師、激勵人心的教育領導、傑出的教育表現，四者之間密不可分。而這一切都是建立在一個教學原則之上，也就是系統化根據每個學生的需求打造教學，同時考量他們的個別差異。芬蘭教育的目標，便是教出全人發展的下一代，能夠運用自身具備的知識學習，並成為社會的一份子。同時，芬蘭經驗也讓我們明白，唯有和教師合作才能帶來優質的教育成果，這是任何衝突與競爭都無法達成的。這一切都有充分的證據支持，未來的方向因而也不言可喻。

後記　不斷變動的故事

常常有人問我，世界上有沒有什麼國家提供我所倡導的那種教育，我總是回答芬蘭，而在前面的篇幅中，薩爾博格已經詳細解釋了我為什麼會這麼認為。他描述了芬蘭教育體系是如何及為何演變成現今的模樣、運作的方式、根據的原則，以及未來面對的挑戰。芬蘭教育是完美的嗎？當然不是。芬蘭教育會永遠維持現在的模樣嗎？更不可能。

和人類建立的所有系統一樣，芬蘭教育永遠都在變動，隨著影響芬蘭人生活各種層面的經濟、社會、文化變動一同改變，而這些變動，則是屬於影響我們所有人生活的全球潮流的一部分。國家的教育體系就該隨著全球變動而調整，而這本書便是有關教育體系該如何調整。

《芬蘭教改之道》的主題，便是教育體系改革的目的，是為年輕人創造最佳的環境，讓他們成為積極的學習者、滿足的個體以及擁有同理心、具備生產力的公民。全球教育改革運動（或如薩爾博格慧黠的簡稱 GERM），表面上看起來可能是為上述目標努力，但它在學校中推動的實務，則是完全朝著相反的方向；在許多國家中，標準化測驗的風潮使得課程越發狹隘、削弱士氣、降低學習動機、提高焦慮、束縛學習成就，學生跟教師都深受荼毒。在標準化測驗中表現優異的國家，時常需要付出沉重的代價，包括失去創意、創新、學生的積極參與等在個人、文化、經濟發展上，不可或缺的特質。

近年我個人的著作大多聚焦在創新對學校的重要性，以及如何讓學生發展個人的天賦及熱情上。薩爾博格在本書的最後一章，同樣認為在芬蘭教育改革的下一個階段，也必須將上述事項視為優先，那麼該怎麼做？

我將創新定義為創造有價值原創概念的過程。關於創新，有不少誤解，其中一個便是認為創新是一種超能力，只有少數人擁有，但事實並非如此，創新是一個從我們所有人都擁有的各式能力中汲取的過程。另一個誤解，則是創新只存在於特定活動中，尤其是藝術，但並不是這樣，創新在教育中也非常重要，並非只和藝術有關。在所有需要運用智慧的活動中，我們都能相當創新，包括數學、自然、科技以及所有你可能會從事的活動。

我也區分了「**普遍**創意」和「**個人**創意」（Robinson, 2011）。提出原創想法的一個障礙，便是那些我們習以為常的思考模式，我們所有人都可能很容易就受常識蒙蔽。每個人都能學習並練習普遍的創新思考技能，以挑戰固有的想法，並產生新的概念和觀點。學校應該將這視為重要技能教導，也應成為教師專業發展的一部分，如此教師便能運用這些技能，幫助他們的學生學習。

我的著作《讓天賦自由》（*The Element: How Finding Your Passion Changes Everything*），則是深入探討了**個人**創意。所有人都有獨特的天賦和興趣，發揮自己的天賦有一部分便和發現天賦有關，只知道自己擅長什麼是不夠的，很多人都很擅長他們不在乎的事，就像你可能擁有音樂、數學、設計或烹飪天分，卻完全不享受這些事。要讓天賦自由，就必須先愛上天賦。如果你非常喜愛你擅長的事，就永遠不會像是在工作，反而會從中獲得能量以及新的意義感。

有些事情我們希望所有學生都知道、瞭解並能夠做到，但他們也需要找出及發展自身獨特的興趣和能力。如果能夠達成這點，他們就更有可能用信心和熱忱面對人生，並以韌性和智慧迎接前方的挑戰。

要幫助所有學生找到他們的天賦，便需要改變課程架構、教學法、評量方式，也和所謂的個人化教育有關。如同薩爾博格所說，如何全心全意、貫徹始終達成這點，是現今教育體系面臨的最大挑戰，意即該如何幫助年輕人在日新月異的世界獲得成功。

在過去十五年中，芬蘭都是全世界教育領域的帶領者，其他國家肯定能從芬蘭經驗學到許多寶貴的事物。其中最重要的一課，便是這個故事仍在持續演變，離結束的那天還很遠。

——羅賓森爵士，

沃里克大學藝術教育學院榮譽教授

注釋

1 譯注：germ 也有病毒之意。

2 世界銀行與 OECD 都將芬蘭視為相當重要的教改典範，參見 Aho, Pitkanen & Sahlberg, 2006 及 OECD, 2011a。麥肯錫顧問公司認為芬蘭是檢測教育體系的國際基準，見 Barber & Mourshed, 2007 及 Auguste, Kihn & Miller, 2010。Schleicher, 2018 則將芬蘭視為 PISA 表現最佳的國家，世界經濟論壇也會定期報導芬蘭卓越的教育表現。

3 譯注：高風險學生測驗，是指任何與學生未來發展有相當程度利害關係的評估方式或測驗。入學考試就是典型的高風險學生測驗，但是高風險學生測驗不只包括入學考試（Kihn & Miller, 2010）。

4 譯注：薩米人（Sami people，另一些常見的拼法是 Sami 或 Saami）是寒帶地區的原住民，居住地區遍布瑞典、挪威、芬蘭與俄羅斯的科拉半島。一般認為薩米語是數種語言的綜合稱呼，而保護薩米語問題迄今仍是芬蘭國內相當重要的多元文化議題。

5 OECD 公布第一次 PISA 報告後，芬蘭媒體立刻掀起一場論戰，某些芬蘭學者認為這些測驗測量的不是「純粹」的數學與物理，也過於關注某些日常生活的知識，與未來的學科發展沒有太多關聯，這些爭論的細節可參考 Sahlberg, 2018。

6 嘉納曾於二〇一〇年五月拜訪芬蘭，他的訪談刊載於二〇一〇年五月二十八日的《赫爾辛基郵報》（*Helsingin Sanomat*），B9 版。

7 譯注：各地「文法學校」的意義不太相同，但功能都近似美國所謂的「基礎學校」，即小學。傳統的文法學校可追溯至中世紀，最初的目的為教授拉丁文與文法，第一間以芬蘭語為主的文法學校成立於一八五八年。

8 譯注：奇韋（一八三四—一八七二），芬蘭的重要民族作家。《七兄弟》（芬蘭文 *Seitseman veljesta*）於一八七〇年開始連載，一八七三年成書問世，迄今仍是芬蘭最重要的小說作品之一。

9 在芬蘭教育體系，公立學校指九年的基礎教育系統，包含六年的初期綜合學校教育（小學），以及三年的後期綜合學校教育（初期中等教育），目前芬蘭基礎教育的體制已經統一，不再區分前述的兩個階段。

10 譯注：後期中等教育是芬蘭於九年義務教育後的教育機制，相當於台灣的高中職階段。芬蘭將後期中等教育分為普通體系的後期中等教育（相當於台灣的一般高中）與技職體系的後期中等教育（相當於台灣的高職）。

11 「第二共和」指一九四六年至一九九四年間的芬蘭歷史時期，參見 Alasuutari, 1996。

12 譯注：農民中央黨（Agrarian Centre Party）即今日之中央黨（Centre Party）。

13 譯注：克斯勒曾因當選環球小姐後拒絕好萊塢的各式合約而引來不少爭議，但此舉也令芬蘭人引以為傲。

14 十年級是義務教育完成後可以自由選擇就讀的學年。學生在十年級時會擁有個人化的學習計畫，通常會融合學術與實務等主題或科目。設立十年級的其中一項重要目的，在於提供年輕人提升知識與技能的第二次機會，以成功進入後期中等教育，十年級屬於公立學校的正式編制，也由公立學校教師負責授課。

15 參見：https://www.washingtonpost.com/news/answer-sheet/wp/2014/03/20/weird-list-of-topics-avoided-on-california-high-school-exit-exam/?variant=116ae929826d1fd3

16 水族館計畫是芬蘭政府補助的學校改革計畫，宗旨為讓教育體系從中央集權式的管理，過渡到在地領導，並持續進行改革，赫爾史東以芬蘭語撰寫的博士論文，詳細探討了這個主題（Hellstrom,

2004）。

17 芬蘭國家衛生及福利署為隸屬芬蘭社會事務及衛生部（Ministry of Social Affairs and Health）的研發機構，專門服務社會大眾、科學社群、領域相關人士、中央政府及地方的政策制定者，宗旨為促進芬蘭的衛生及福利發展，參見：https://thl.fi/en/web/thlfi-en。

18 芬蘭國家教育局是國家級的教育機關，目的為發展教育及訓練、學前教育、終身學習，及促進芬蘭的國際化，參見：https://www.oph.fi/en/education-and-qualifications /national-core-curriculum-ecec-nutshell。

19 KiVa 這個反霸凌計畫的效果具有實證研究的支持，它提供許多工具與教材讓學校處理霸凌問題，更多資訊可參見：https://www.kivaprogram.net/

20 IEA 舉辦 TIMSS 和 PIRLS 的間隔分別為每隔四年和五年，TIMSS 測量的是四年級和八年級生的數學和科學成就發展趨勢，從一九九五年起每四年舉辦一次，二〇一一年為第五次。PIRLS 則測量四年級生的閱讀理解能力發展趨勢，第一次於二〇〇一年舉辦，此後每隔五年舉辦一次。二〇一一年恰逢 TIMSS 和 PIRLS 同時舉辦，相關資訊和測驗結果可參見：https://timssandpirls.bc.edu/

21 此處除了美國以外的所有數據都來自 OECD《一窺教育二〇一九》（*Education at a Glance, 2019*）第四百二十九頁的表格 D4.2，可參見 https://www.oecd.org/education/education-at-a-glance/。美國的數據則來自哥倫比亞大學師範學院教育成本研究中心的亞伯罕斯二〇一五年一月的文章〈授課時數的誤解〉（The Mismeasure of Teaching Time），可參見：https://www.cbcse.org/publications/the-mismeasure-of-teaching-time。亞伯罕斯在文中認為 OECD 的美國數據是來自有缺陷的教師調查，因此並不準確；他自己的數據則是建立在教師的合約和學校的課表上，其他國家的數據也是來自法定的教師合約。有關不同國家蒐集教師授課時數的方法，可參見《一窺教育二〇一九》第二八九至第二九二頁〈附錄三：資源、方法、技術細節〉的表格 X3.D4.1，https://www.oecd-ilibrary.org/education/education-at-a-glance-2019d138983d-en。

22 赫爾辛基市政府提供了詳盡的移民數據，包括移民人數、母語為外語的人數、擁有外國籍的人數、移民的人口結構、遷徙狀況、住居狀況、教育程度、失業率等，可參見：https://ulkomaalaistaustaiset

helsingissa.fi/en/content/education。

23 譯注：K-12 教育指幼稚園到十二年級間的教育，是美國、加拿大與澳洲常見的教育名詞。

24 Vipunen 是芬蘭教育行政部門的報告平台，由芬蘭教育及文化部和芬蘭國家教育局負責維護，數據來自芬蘭統計局、芬蘭教育及文化部、芬蘭國家教育局。你可以使用這個服務，獲得各個教育部門的相關數據及指標、畢業生的流向、高等教育機構進行的研究、芬蘭人口的教育程度、學生的社經背景等，可參見：https://vipunen.fi/en-gb。

25 波隆那進程是一項跨國計畫，目前有四十六個國家簽署，宗旨為建立歐洲高等教育區，擁有互通的學位系統，並運用 ECTS 轉換學分，關於其中的師資培育，可參見 Pechar, 2007、Jakku-Sihvonen & Niemi, 2006。

26 泛歐洲地區的師資培育合作，因為波隆那進程以及歐洲交換學生計畫而蓬勃發展，不過芬蘭仍然與北美、英國、澳洲地區的大學，保持緊密活躍的學術交流。

27 對於國家入學考試是否為後期中等教育教師的教學造成負面影響，一直都有相當多討論，相關實證研究的結果可參見 Häivälä, 2009。

28 芬蘭參與了美國國家教育暨經濟中心（National Center on Education and the Economy，簡稱 NCEE）及福特基金會（Ford Foundation）二〇一四年至二〇一七年間進行的國際教師政策研究（International Teacher Policy Study），完整的個案研究可參見 Hammerness et al., 2017。介紹芬蘭師資培育學院的短片則可參見：https://edpolicy.stanford.edu/node/1520，影片中學生和指導老師一同合作，這樣的關係能夠幫助學生和實習老師建立信任。芬蘭的師資培育模式還有另一個優點，那就是教師和大學的教育系所合作，如此便能促進教學理論轉化為實務。

29 這兩本是探討教育改革與變革的主要學術期刊。

30 「教育新正統」的概念最初是由哈格里夫斯提出，參見 Sahlberg, 2011。

31 我曾經領導過「校園創意問題解決」（Creative Problem-Solving）國家計畫，這個計畫由芬蘭國家教育委員會出資及管理，部分靈感來自紐約水牛城的「創意問題解決」計畫，並與諸多芬蘭創新企業密切合作，例如諾基亞、通力（Kone）、維薩拉（Vaisala）等。

32 譯注：芬蘭於一九九二年申請加入歐盟，一九九三年開始與歐盟談判，一九九四年六月簽署協定，同年十月舉行公投，將近百分之六十的民眾贊成加入歐盟，後於一九九五年正式成為歐盟會員國。

33 世界經濟論壇是位於瑞士的國際經濟研究組織。國際發展管理機構（International Institute for Management Development，簡稱 IMD）也進行過類似的國際競爭力調查報告。在歐盟二〇一〇年針對會員國所做的經濟競爭力調查報告中，芬蘭與瑞典則並列第一。

34 教育績效責任制文化的著名範例就是充滿爭議的「教育傳遞主義」（deliverology），它側重於設定目標、評鑑、績效責任制，以管理及監控教育改革政策和策略實施的情況。支持教育傳遞主義的論點，可參見 Barber, Moffit & Kihn, 2011，批判的論點則可參見 Seddon, 2008。

35 包括哈格里夫斯、史萊契與格魯伯等人，都非常強調取代傳統教育改革政策的重要性，參見 Hargreaves, 2003、Schleicher, 2006、Grubb, 2007。

36 許多外部研究者也探討了芬蘭教育中的文化因素，參見 Hargreaves et al., 2008、Schleicher, 2006、Grubb, 2007、Abrams, 2016。

37 HundrED.org 的宗旨為在世界各地尋找及分享和 K-12 教育相關的創新理念，由芬蘭的資深企業家暨創新教育家托瓦米寧（Saku Tuominen）領導。它的願景如下：世界改變的速度比學校更快，但在世界各地的教育中，還是正在發生美麗的事物；我們將這些事物稱為教育創新，也就是能夠為 K-12 教育帶來正面影響的活動、計畫、組織，它們在世界上到處都是，能夠協助孩童茁壯，但要擴大規模可能相當困難；我們眼中的未來，是所有孩子都能接觸到最棒的教育創新，並為所有人提供高品質的教育。可在 https://hundred.org/en#header 找到更多資訊。

參考文獻

Abrams, S. E. (2015). *The mismeasure of teaching time*. Working Paper, Center for Benefit-Cost Studies of Education. Teachers College, Columbia University. www.cbcse.org/publications/the-mismeasure-of-teaching-time

Abrams, S. E. (2016). *Education and the commercial mindset*. Harvard University Press.

Adams, R. J. (2003). Response to "Cautions on OECD's recent educational survey (PISA)." *Oxford Review of Education, 29*(3), 377-389.

Adamson, F., Åstrand, B., & Darling-Hammond, L. (Eds.). (2016). *Global education reform: How privatization and public investment influence education outcomes*. Routledge.

Aho, E. (1996). *Myrskyn silmässä* [In the eye of the storm]: *Kouluhallituksen pääjohtaja muistelee*. Edita.

Aho, E., Pitkänen, K., & Sahlberg, P. (2006). *Policy development and reform principles of basic and secondary education in Finland since 1968*. World Bank.

Ahonen, A. (2018). Muuttuvatko koulut? In J. Rautopuro & K. Juuti (Eds.), *PISA pintaa syvemmältä. PISA 2015 Suomen pääraportti* (pp. 311-342). Suomen kasvatustiteteellinen seura.

Ahtiainen, R. (2017). *Shades of change in Fullan's and Hargreaves's models: Theoretical change perspectives regarding Finnish special education reform*. PhD thesis, University of Helsinki.

Alasuutari, P. (1996). *Toinen tasavalta: Suomi 1946-1994*. Vastapaino.

Allerup, P., & Mejding, J. (2003). Reading achievement in 1991 and 2000. In S. Lie, P. Linnakylä, & A. Roe (Eds.), *Northern lights on PISA: Unity and diversity in Nordic countries in PISA 2000* (pp. 133-146). University of Oslo, Department of Teacher Education and School Development.

Alquézar Sabadie, J., & Johansen, J. (2010). How do national economic competitiveness indices view human capital? *European Journal of Education*, *45*(2), 236-258.

American Statistical Association. (2014). *ASA statement on using value-added models for educational assessment*. www.amstat.org/asa/files/pdfs/POL-ASAVAM-Statement.pdf

Amrein, A. L., & Berliner, D. C. (2002). High-stakes testing, uncertainty, and student learning. *Education Policy Analysis Archives*, *10*(18).

Asplund, R., & Maliranta, M. (2006). Productivity growth: The role of human capital and technology in the road to prosperity. In A. Ojala, J. Eloranta, & J. Jalava (Eds.), *The road to prosperity: An economic history of Finland* (pp. 263-283). SKS.

Atjonen, P., Halinen, I., Hämäläinen, S., Korkeakoski, E., Knubb-Manninen, G., Kupari, P.,⋯ Wikman, T. (2008). Tavoitteista vuorovaikutukseen. Perusopetuksen pedagogiikan arviointi [From objectives to interaction: Evaluation of the pedagogy of basic education]. *Koulutuksen arviointineuvoston julkaisuja*, 30, 197. Koulutuksen Arviointineuvosto.

Au, W. (2009). *Unequal by design: High-stakes testing and the standardization of inequality*. Routledge.

Auguste, B., Kihn, P., & Miller, M. (2010). *Closing the talent gap: Attracting and retaining top third graduates to a career in teaching*. McKinsey & Company.

Baker, E., Barton, P., Darling-Hammond, L., Haertel, E., Ladd, H., Linn, R.,... Shepard, L. (2010). *Problems with the use of student test scores to evaluate teachers: Briefing paper 278*. Education Policy Institute.

Barber, M., Moffit, A., & Kihn, P. (2011). *Deliverology 101: A field guide for educational leaders*. Corwin.

Barber, M., & Mourshed, M. (2007). *The McKinsey report: How the world's best performing school systems come out on top*. McKinsey & Company.

Bautier, E., & Rayon, P. (2007). What PISA really evaluates: Literacy or students' universes of reference? *Journal of Educational Change, 8*(4), 359-364.

Berliner, D., & Sahlberg, P. (2017). Foreword: PISA: A good servant but a bad master. In S. Sellar, G. Thompson, & D. Rutkowski (Eds.), *The global education race: Taking the measure of PISA and international testing* (pp. vii-xii). Brush Education.

Berry, J., & Sahlberg, P. (2006). Accountability affects the use of small group learning in school mathematics. *Nordic Studies in Mathematics Education, 11*(1), 5–31.

Bracey, G. (2005). Research: Put out over PISA. *Phi Delta Kappan, 86*(10), 797.

Breakspear, S. (2012). *The policy impact of PISA: An exploration of the normative effects of international benchmarking in school system performance*. OECD Education Working Papers, No. 71. OECD Publishing.

Brophy, J. (2006). *Grade repetition: Education Policy Series 6*. International Institute for Educational Planning.

Campbell, D. T. (1976). *Assessing the impact of planned social change*. Paper #8. Dartmouth College, Public Affairs Center.

Carnoy, M. (with A. Gove & J. Marshall). (2007). *Cuba's academic advantage: Why students in Cuba do better in school*. Stanford University Press.

Castells, M., & Himanen, P. (2002). *The information society and the welfare state: The Finnish model*. Oxford University Press.

Center for American Progress & The Education Trust. (2011). *Essential elements of teacher policy in ESEA: Effectiveness, fairness, and evaluation*. www.americanprogress.org/issues/education/report/2011/02/23/9167/essential-elements-of-teacher-policy-in-esea-effectiveness-fairness-and-evaluation

Chaker, A. N. (2014). *The Finnish miracle*. Talentum.

Coleman, J., Campbell, E., Hobson, C., McPartland, J., Mood, A., Weinfeld, F., & York, R. (1966). *Equality of educational opportunity*. U.S. Government Printing Office.

Cunha, F., & Heckman, J. (2010). *Investing in our young people* (NBER Working Paper 16201). National Bureau of Economic Research. www.nber.org/papers/W16201.pdf

Dahlman, C., Routti, J., & Ylä-Anttila, P. (2006). *Finland as a knowledge economy: Elements of success and lessons learned*. World Bank.

Darling-Hammond, L. (2006). *Powerful teacher education: Lessons from exemplary programs*. Jossey-Bass.

Darling-Hammond, L. (2010). *The flat world and education: How America's commitment to equity will determine our future*. Teachers College Press.

Darling-Hammond, L., Burns, D., Campbell, C., Goodwin, A. L., Hammerness, K., Low, E. L., McIntyre, A., Sato, M., & Zeichner, K. (2017). *Empowered educators: How high-performing systems shape teaching quality around the world*. Jossey-Bass.

Darling-Hammond, L., & Lieberman, A. (Eds.). (2012). *Teacher education around the world: Changing policies and practices*. Routledge.

Department for Education. (2010). *The importance of teaching: The schools white paper*. Department for Education.

Dohn, N. B. (2007). Knowledge and skills for PISA. Assessing the assessment. *Journal of Philosophy of Education, 41*(1), 1-16.

Economist. (2020, October 3). *A rising tide*. www.economist.com/graphic-detail/2020/10/03/its-better-to-be-a-poor-pupil-in-a-rich-country-than-the-reverse

Elley, W. B. (Ed.). (1992). *How in the world do students read?* Grindeldruck.

Engel, L., & Rutkowski, D. (2019, March 28). *Is PISA worth its cost? Some challenges facing cost-benefit analysis of ILSAs*. Laboratory of International Assessment Studies blog series .https://bit.ly/2Wp3c9S

Engel, L., & Rutkowski, D. (2020). Pay to play: What does PISA participation cost in the US? *Discourse: Studies in the Cultural Politics of Education*, *41*(3), 484-496.

European Policy Initiative. (2019). *Just think about it. Findings of the Media Literacy Index 2019*. Open Society Institute.

Finnish Education Evaluation Centre. (2016). *National Plan for Education Evaluation 2016-2019*. FINEEC.

Finnish Education Evaluation Centre. (2020a). *National Plan for Education Evaluation 2020-2023*. FINEEC.

Finnish Education Evaluation Centre. (2020b). *Poikkeuksellisten opetusjärjestelyjen vaikutukset tasa-arvon ja yhdenvertaisuuden toteutumiseen*. Karvi. https://karvi.fi/app/uploads/2020/05/Poikkeuksellisten-opetusjärjestelyjen-vaikutukset-osa-I-Karvi-7.5.2020-1.pdf

Finnish Institute for Health and Welfare. (2019). *Kouluterveyskyselyn tulokset*. https://thl.fi/fi/tutkimus-ja-kehittaminen/tutkimukset-ja-hankkeet/kouluterveyskysely/kouluterveyskyselyn-tulokset

Finnish National Agency for Education. (2014). *National Core Curriculum for Preprimary Education*. Finnish National Agency for Education.

Finnish National Agency for Education. (2016). *National Core Curriculum for Basic Education*. Finnish National Agency for Education.

Finnish National Agency for Education. (2018). *National Core Curriculum for ECEC in a nutshell*. Finnish National Agency for Education. www.oph.fi/en/education-and-qualifications/national-core-curriculum-ecec-nutshell

Finnish National Agency for Education. (2020). *Core Curriculum for General Upper Secondary Schools in a nutshell*. Finnish National Agency for Education. www.oph.fi/en/statistics-and-publications/publications/core-curriculum -general-upper-secondary-schools-nutshell

Fischman, G., Sahlberg, P., Silova, I., & Marcetti Topper, A. (2019). International large-scale student assessments and their impact on national school reforms. In Larry E. Suter, E. Smith, & B. Denman (Eds.), *The handbook of comparative studies in education*. SAGE Publishing.

Fullan, M. (2010). *All systems go: The change imperative for whole system reform*. Corwin.

Fullan, M. (2011). *Choosing wrong drivers for whole system reform* (Seminar Series 204). Centre for Strategic Education.

Fullan, M. (2016). *The new meaning of educational change*. Teachers College Press.

Fuller, K., & Stevenson, H. (2019). Global education reform: Understanding the movement. *Educational Review*, *71*(1), 1-4.

Gameran, E. (2008, February 29). What makes Finnish kids so smart? *Wall Street Journal*. wsj.com/article/SB120425355065601997.html

Gardner, H. (1983). *Frames of minds: The theory of multiple intelligences*. Basic Books.

Gardner, H. (2010, January 10). *The ministers' misconception*. www.thegoodproject.org/the-ministers-misconceptions

Gardner, H. (2020). *A synthesizing mind: A memoir from the creator of multiple intelligences theory*. MIT Press.

Goldstein, H. (2004). International comparisons of student attainment: Some issues arising from the PISA study. *Assessment in Education: Principles, Policy & Practice*, *11*(3), 319-330.

Grek, S. (2009). Governing by numbers: The PISA "effect" in Europe. *Journal of Education Policy*, *24*(1), 23-37.

Grubb, N. (2007). Dynamic inequality and intervention: Lessons for a small country. *Phi Delta Kappan*, *89*(2), 105-114.

Haertel, E. H. (2013). *Reliability and validity of inferences about teachers based on student test scores*. Educational Testing Service.

Häivälä, K. (2009). *Voice of upper-secondary school teachers: Subject teachers perceptions of changes and visions in upper-secondary schools*. Annales Universitatis Turkuensis, C 283 (in Finnish). University of Turku.

Halme, K., Lindy, I., Piirainen, K., Salminen, V., & White, J. (2014). *Finland as a knowledge economy 2.0: Lessons on policies and governance*. World Bank.

Hammerness, K., Ahtiainen, R., & Sahlberg, P. (2017). *Empowered educators in Finland: How high-performing systems shape teaching quality*. Jossey-Bass.

Hanushek, E., & Woessmann, L. (2019). *The economic benefits of improving educational achievement in the European Union: An update and extension*. EENEE Analytical Report No. 39. The European Commission.

Hargreaves, A. (2003). *Teaching in the knowledge society: Education in the age of insecurity*. Teachers College Press.

Hargreaves, A., Crocker, R., Davis, B., McEwen, L., Sahlberg, P., Shirley, D., & Sumara, D. (2009). *The learning mosaic: A multiple perspectives review of the Alberta initiative for school improvement*. Alberta Education.

Hargreaves, A., Earl, L., Moore, S., & Manning, M. (2001). *Learning to change: Teaching beyond subjects and standards*. Jossey-Bass.

Hargreaves, A., & Fink, D. (2006). *Sustainable leadership*. Jossey-Bass.

Hargreaves, A., & Fullan, M. (2012). *Professional capital: Transforming teaching in every school*. Teachers College Press.

Hargreaves, A., Halasz, G., & Pont, B. (2008). The Finnish approach to system leadership. In B. Pont, D. Nusche, & D. Hopkins (Eds.), *Improving school leadership, Volume 2: Case studies on system leadership* (pp. 69-109). OECD.

Hargreaves, A., Lieberman, A., Fullan, M., & Hopkins, D. (Eds.). (2010). *Second international handbook of educational change*. Springer.

Hargreaves, A., & Shirley, D. (2009). *The Fourth Way: The inspiring future of educational change*. Corwin.

Hargreaves, A., & Shirley, D. (2012). *The Global Fourth Way: The quest for educational excellence*. Corwin.

Hausstätter, R., & Takala, M. (2010). Can special education make a difference? Exploring the differences of special educational systems between Finland and Norway in relation to the PISA results. *Scandinavian Journal of Disability Research*, 1-11.

Hautamäki, J., Harjunen, E., Hautamäki, A., Karjalainen, T., Kupiainen, S., Laaksonen, S.,... Jakku-Sihvonen, R. (2008). *PISA06 Finland: Analyses, reflections and explanations*. Ministry of Education.

Hautamäki, J., Kupiainen, S., Marjanen, J., Vainikainen, M.-P., & Hotulainen, R. (2013). *Oppimaan oppiminen peruskoulun päättövaiheessa. Tilanne vuonna 2012 ja muutos vuodesta 2001.* [Learning to learn at the end of basic education. Results in 2012 and changes from 2001.] Faculty of Behavioral Sciences, Department of Teacher of Education Research Report No. 347. University of Helsinki.

Hellström, M. (2004). *Muutosote. Akvaarioprojektin pedagogisten kehittämishankkeiden toteutustapa ja onnistuminen* [The way of change—The implementation and success of pedagogical development projects at the experimental schools of the Aquarium Project]. University of Helsinki.

Itkonen, T., & Jahnukainen, M. (2007). An analysis of accountability policies in Finland and the United States. *International Journal of Disability, Development and Education, 54*(1), 5-23.

Jakku-Sihvonen, R., & Niemi, H. (Eds.). (2006). *Research-based teacher education in Finland: Reflections by Finnish teacher educators.* Finnish Educational Research Association.

Jennings, J., & Stark Rentner, D. (2006). *Ten big effects of the No Child Left Behind Act on public schools.* Center on Education Policy.

Jensen, B., Weidmann, B., & Farmer, J. (2013). *The myth of markets in school education.* Grattan Institute.

Jimerson, S. (2001). Meta-analysis of grade retention research: Implications for practice in the 21st century. *School Psychology Review, 30*, 420-437.

Jokinen, H., & Välijärvi, J. (2006). Making mentoring a tool for supporting teachers' professional development. In R. Jakku-Sihvonen & H. Niemi (Eds.), *Research-based teacher education in Finland: Reflections by Finnish teacher educators* (pp. 89-101). Finnish Educational Research Association.

Joyce, B., & Showers, B. (1995). *Student achievement through staff development: Fundamentals of school renewal* (2nd ed.). Longman.

Joyce, B., & Weil, M. (1986). *Models of teaching* (3rd ed.). Prentice Hall.

Jussila, J., & Saari, S. (Eds.). (2000). *Teacher education as a future-moulding factor: International evaluation of teacher education in Finnish universities*. Higher Education Evaluation Council.

Kangasniemi, S. (2008, February 27). Millä ammatilla pääsee naimisiin? [With which profession to get married?] *Helsingin Sanomat Koulutusliite*, pp. 4-6.

Kärnä, A., Voeten, M., Little, T., Alanen, E., Poskiparta, E., & Salmivalli, C. (2011). Going to scale: A nonrandomized nationwide trial of the KiVa antibullying program for comprehensive schools. *Journal of Consulting and Clinical Psychology*, *79*, 796-805.

Kasvio, M. (Ed.). (2011). *The best school in the world: Seven Finnish examples from the 21st century*. Museum of Finnish Architecture.

Kauffman, S. (1995). *At home in the universe: The search for the laws of self-organization and complexity*. Oxford University Press.

Kirjavainen, T., & Pulkkinen, J. (2017). Pisa-tulokset heikentyneet huippuvuosista—kuinka paljon ja mistä se voisi johtua? [PISA results have declined—How much and why?] *Talous ja yhteiskunta*, *45*(3), 8-12. www.labour.fi/ty/tylehti/ty/ty32017/unnamed-file.pdf/ty32017Kir

Kiuasmaa, K. (1982). *Oppikoulu 1880-1980: Oppikoulu ja sen opettajat koulujärjestyksestä peruskouluun* [Grammar school 1880-1980: Grammar school and its teachers from school order to comprehensive school]. Kustannusosakeyhtiö Pohjoinen.

Kivi, A. (2005). *Seven brothers* [*Seitsemän veljestä*, R. Impola, Trans.]. Aspasia Books. (Original work published 1870)

Komatsu, H., & Rappleye, J. (2017). A new global policy regime founded on invalid statistics? Hanushek, Woessmann, PISA, and economic growth. *Comparative Education*, *53*(2), 166-191.

Komatsu, H., & Rappleye, J. (2020, July 22). TINA comes to European education? The European Commission, PISA, PIAAC, and American-Style Knowledge Capital Theory. *NORRAG* blog.

Koretz, D. (2017). *The testing charade: Pretending to make schools better*. University of Chicago Press.

Koskenniemi, M. (1944). *Kansakoulun opetusoppi* [Didactics of primary school]. Otava.

Kreiner, S., & Christensen, K. B. (2013, June). Analyses of model fit and robustness: A new look at the PISA scaling model underlying ranking of countries according to reading literacy. *Psychometrika*, 1-22.

Kupari, P., & Välijärvi, J. (Eds.). (2005). *Osaaminen kestävällä pohjalla. PISA 2003 Suomessa* [Competences on the solid ground. PISA 2003 in Finland]. Institute for Educational Research, University of Jyväskylä.

Kuusi, P. (1961). *60-luvun sosiaalipolitiikka* [Social politics of the 1960s]. WSOY.

Laukkanen, R. (2008). Finnish strategy for high-level education for all. In N. C. Sognel & P. Jaccard (Eds.), *Governance and performance of education systems* (pp. 305-324). Springer.

Lavonen, J., Krzywacki-Vainio, H., Aksela, M., Krokfors, L., Oikkonen, J., & Saarikko, H. (2007). Pre-service teacher education in chemistry, mathematics and physics. In E. Pehkonen, M. Ahtee, & J. Lavonen (Eds.), *How Finns learn mathematics and science* (pp. 49-68). Sense Publishers.

Lawrence, M. (2020). *Testing 3, 2, 1: What Australian education can learn from Finland.* Melbourne Press.

Lehtinen, E. (2004). *Koulutusjärjestelmä suomalaisen yhteiskunnan muutoksessa* [Education system in the changing Finnish society]. Sitra.

Lehtinen, E., Kinnunen, R., Vauras, M., Salonen, P., Olkinuora, E., & Poskiparta, E. (1989). *Oppimiskäsitys* [Conception of knowledge]. Valtion painatuskeskus.

Lewis, R. (2005). *Finland, cultural lone wolf.* Intercultural Press.

Liiten, M. (2004, February 11). Ykkössuosikki: Opettajan ammatti [Top favorite: Teaching profession]. *Helsingin Sanomat.* www.hs.fi/artikkeli/Ykk%C3%B6ssuosikki+opettajan+ammatti /1076151893860

Linnakylä, P. (2004). Finland. In H. Döbert, E. Klieme, & W. Stroka (Eds.), *Conditions of school performance in seven countries: A quest for understanding the international variation of PISA results* (pp. 150-218). Waxmann.

Linnakylä, P., & Saari, H. (1993). *Oppiiko op-pilas pe-ruskoulussa? Pe-rus-koulu arviointi 90 tutkimuksen tuloksia* [Does the pupil learn in peruskoulu? Findings of the Peruskoulu 90 research]. Jyväskylän-yliopiston kasvatustieteiden tutkimuslaitos.

MacKinnon, N. (2011). The urgent need for new approaches in school evaluation to enable Scotland's Curriculum for Excellence. *Educational Assessment, Evaluation and Accountability, 23*(1), 89-106.

Martin, M. O., Mullis, I. V. S., Gonzales, E. J., Gregory, K. D., Smith, T. A., Chrostowski, S. J.,... O'Connor, K. M. (2000). *TIMSS 1999 international science report: Findings from IEA's repeat of the third international mathematics and science study at the eighth grade.* Boston College.

Matriculation Examination Board. (2020). *Digital matriculation examination.* www.ylioppilastutkinto.fi/en/matriculation-examination/digital-matriculation -examination

Matti, T. (Ed.). (2009). *Northern lights on PISA 2006. Differences and similarities in the Nordic countries.* Nordic Council of Ministers.

Meyer, H.-D., & Benavot, A. (2013). PISA and the globalization of education governance: Some puzzles and problems. In H.-D. Meyer & A. Benavot (Eds.), *PISA, power, and policy: The emergence of global educational governance* (pp. 9-26). Symposium Books.

Miettinen, R. (1990). *Koulun muuttamisen mahdollisuudesta* [About the possibilities of school change]. Gaudeamus.

Ministry of Education. (2009). *Ensuring professional competence and improving opportunities for continuing education in education* (Committee Report 16).

Ministry of Education. (2019). *PISA18 ensituloksia. Suomi parhaiden joukossa.* OKM julkaisuja #40. Ministry of Education.

Ministry of Foreign Affairs. (2010). *How Finland will demonstrate its strengths by solving the world's most intractable problems: Final report of the country brand delegation.*

Mortimore, P. (2009). *Alternative models for analysing and representing countries' performance in PISA.* Paper commissioned by Education International Research Institute. Education International.

Mortimore, P. (2013). *Education under siege: Why there is a better alternative.* Policy Press.

Mourshed, M., Chijioke, C., & Barber, M. (2010). *How the world's most improved school systems keep getting better.* McKinsey.

Murgatroyd, S. (2007). *Accountability project framework—Developing school-based accountability*. Unpublished report. Innovation Expedition.

National Board of Education. (1999). *A framework for evaluating educational outcomes in Finland.*

National Institute for Health and Welfare (2020). *Varhaiskasvatus 2019*. Tilastoraportti 33/2020. www.julkari.fi/bitstream/handle/10024/140541/Tr33_20.pdf?sequence=1&isAllowed=y

National Youth Survey. (2010). *KNT 2010*. 15/30 Research.

Newsweek. (1999, May 24). *The future is Finnish*. www.newsweek.com/1999/05/23/the-future-is-finnish.html

Ng, P. T. (2018). *Learning from Singapore: The power of paradoxes*. Routledge.

Nichols, S. L., & Berliner, D. C. (2007). *Collateral damage: How high-stakes testing corrupts America's schools.* Harvard Education Press.

Niemi, H. (2008). Research-based teacher education for teachers' lifelong learning. *Lifelong Learning in Europe, 13*(1), 61-69.

Nuikkinen, K. (2011). Learning spaces: How they meet evolving educational needs. In M. Kasvio (Ed.), *The best school in the world: Seven Finnish examples from the 21st century* (pp. 10-19). Museum of Finnish Architecture.

OECD. (2001). *Knowledge and skills for life: First results from PISA 2000.*

OECD. (2004). *Learning for tomorrow's world: First results from PISA 2003.*

OECD. (2005). *Equity in education: Thematic review of Finland.*

OECD. (2007). *PISA 2006: Science competencies for tomorrow's world* (Vol. 1).

OECD. (2008). *Trends shaping education.*

OECD. (2010). *PISA 2009 results: What students know and can do. Student performance in reading, mathematics and science* (Vol. 1).

OECD. (2011). *Strong performers and successful reformers in education: Lessons from PISA for the United States.*

OECD. (2012). *Equity and quality in education.*

OECD. (2013a). *PISA 2012 results: What students know and can do. Resources, policies and practices* (Vol. 1).

OECD. (2013b). *PISA 2012 results: What makes schools successful: Resources, policies and practices* (Vol. 4).

OECD. (2013c). *OECD skills outlook: First results from the survey of adult skills.*

OECD. (2014a). *TALIS 2013 results: An international perspective on teaching and learning.*

OECD. (2014b). *Measuring innovation in education: A new perspective.*

OECD. (2016). *PISA 2015 results. Excellence and equity in education.*

OECD. (2018). *Equity in education: Breaking down barriers to social mobility.*

OECD. (2019a). *PISA 2018 results: What students know and can do.*

OECD. (2019b). *PISA 2018 results: Where all students can succeed.*

OECD. (2019c). *PISA 2018 results: What school life means for students' lives.*

OECD. (2019d). *Education at a glance: Education indicators.*

OECD. (2019e). *PISA 2018: Insights and interpretations.*

OECD. (2019f). T*ALIS 2018 results. Teachers and school leaders as lifelong learners.*

OECD. (2020a). *Education at a glance. Education indicators.*

OECD (2020b). *PISA 2018 results. Effective policies, successful schools.*

Ofsted (Office for Standards in Education, Children's Services and Skills). (2010). *Finnish pupils' success in mathematics: Factors that contribute to Finnish pupils' success in mathematics.*

O'Neill, O. (2002). *A question of trust.* Cambridge University Press.

Opetushallitus. (2017). *Opettajat ja rehtorit Suomessa 2016. Raportit ja selvitykset 2.* Opetushallitus.

Panzar, K. (2018). *Finding Sisu: In search of courage, strength, and happiness the Finnish Way.* Hodder & Stoughton.

Patel, D., & Sandevur, J. (2019). *A Rosetta stone for human capital.* Published on Harvard University's website.

https://scholar.harvard.edu/files/devpatel/files/rosettastone.pdf

Pechar, H. (2007). "The Bologna Process": A European response to global competition in higher education. *Canadian Journal of Higher Education, 37*(3), 109-125.

Popham, J. (2007). The no-win accountability game. In C. Glickman (Ed.), *Letters to the next president: What we can do about the real crisis in public education* (pp. 166-173). Teachers College Press.

Prais, S. J. (2003). Cautions on OECD's recent educational survey (PISA). *Oxford Review of Education, 29*(2), 139-163.

Prais, S. J. (2004). Cautions on OECD's recent educational survey (PISA): Rejoinder to OECD's response. *Oxford Review of Education, 30*(4), 569-573.

Pulkkinen, J., Räikkönen, E., Jahnukainen, M., & Pirttimaa, R. (2020). How do educational reforms change the share of students in special education? Trends in special education in Finland. *European Educational Research Journal, 19*(4), 364-384.

Quintero, E. (Ed.). (2017). *Teaching in context: The social side of education reform*. Harvard Education Press.

Ramirez, F., Luo, X. W., Schofer, E., & Meyer, J. (2006). Student achievement and national economic growth. *American Journal of Education, 113*(1), 1-29.

Rautopuro, J., & Juuti, K. (Eds.). (2018). *PISA pintaa syvemmältä*. PISA 2015 Suomen pääraportti. Suomen kasvatustieteellinen seura.

Ravitch, D. (2010). *The death and life of the great American school system: How testing and choice are undermining education*. Basic Books.

Ravitch, D. (2013). *Reign of error: The hoax of the privatization movement and the danger to America's public schools*. Alfred A. Knopf.

Ravitch, D. (2020). *Slaying Goliath: The passionate resistance to privatization and the fight to save America's public schools*. Alfred A. Knopf.

Riley, K., & Torrance, H. (2003). Big change question: As national policy-makers seek to find solutions to national education issues, do international comparisons such as TIMSS and PISA create a wider understanding, or do they serve to promote the orthodoxies of international agencies? *Journal of Educational Change, 4*(4), 419-425.

Rinne, R., Kivirauma, J., & Simola, H. (2002). Shoots of revisionist education policy or just slow readjustment? *Journal of Education Policy, 17*(6), 643-659.

Robert Wood Johnson Foundation. (2010). *The state of play: Gallup survey of principals on school recess.*

Robinson, K. (with L. Aronica). (2009). *The element: How finding your passion changes everything*. Viking Books.

Robinson, K. (2011). *Out of our minds: Learning to be creative*. Capstone Publishing.

Robitaille, D. F., & Garden, R. A. (Eds.). (1989). *The IEA study of mathematics II: Context and outcomes of school mathematics*. Pergamon Press.

Saari, S., & Frimodig, M. (Eds.). (2009). Leadership and management of education: Evaluation of education at the University of Helsinki 2007-2008. *Administrative Publications, 58*. University of Helsinki.

Sahlberg, P. (2006). Education reform for raising economic competitiveness. *Journal of Educational Change, 7*(4), 259-287.

Sahlberg, P. (2007). Education policies for raising student learning: The Finnish approach. *Journal of Education Policy, 22*(2), 173-197.

Sahlberg, P. (2009). Ideat, innovaatiot ja investoinnit koulun kehittämisessä [Ideas, innovation and investment in school improvement]. In M. Suortamo, H., Laaksola, & J. Välijärvi (Eds.), *Opettajan vuosi 2009-2010* [Teacher's year 2009-2010] (pp. 13-56). PS-kustannus.

Sahlberg, P. (2010a). Rethinking accountability for a knowledge society. *Journal of Educational Change, 11*(1), 45-61.

Sahlberg, P. (2010b). Educational change in Finland. In A. Hargreaves, A. Lieberman, M. Fullan, & D. Hopkins (Eds.), *Second international handbook of educational change* (pp. 323-348). Springer.

Sahlberg, P. (2011). The fourth way of Finland. *Journal of Educational Change, 12*(2), 173-185.

Sahlberg, P. (2012). The most wanted: Teachers and teacher education in Finland. In L. Darling-Hammond & A. Lieberman (Eds.), *Teacher education around the world: Changing policies and practices* (pp. 1-21). Routledge.

Sahlberg, P. (2013a). Teachers as leaders in Finland. *Educational Leadership, 71*(2), 36-40.

Sahlberg, P. (2013b, May 15). What if Finland's great teachers taught in U.S. schools? *Washington Post*. www.washingtonpost.com/blogs/answer-sheet/wp/2013/05/15/what-if-finlands-great-teachers-taught-in-u-s-schools-not-what-you-think

Sahlberg, P. (2015a). Developing effective teachers and school leaders. In L. Darling-Hammond (Ed.), *Teaching in a flat world* (pp. 30-44). Teachers College Press.

Sahlberg, P. (2015b). Finnish schools and the Global Educational Reform Movement. In J. Evers & R. Kneyber (Eds.), *Flip the system: Changing education from the ground up* (pp. 162-174). Routledge.

Sahlberg, P. (2016a). Global Educational Reform Movement and its impact on teaching. In K. Mundy, A. Green, R. Lingard, & A. Verger (Eds.), *The handbook of global policy and policymaking in education* (pp. 128-144). Wiley-Blackwell.

Sahlberg, P. (2016b). The Finnish Paradox: Equitable public education within a competitive market economy. In F. Adamson, B. Åstrand, & L. Darling-Hammond (Eds.), *Global education reform: How privatization and public investment influence education outcomes* (pp. 130-150). Routledge.

Sahlberg, P. (2018). *FinnishEd Leadership: Four big, inexpensive ideas to transform education*. Corwin Press.

Sahlberg, P. (2019). *Facts and myths about Finnish Schools*. Seminar Series 290. Centre for Strategic Education.

Sahlberg, P. (2020a). Will the pandemic change schools? *Journal of Professional Capital and Community, 5*(3/4), 359-365. DOI 10.1108/JPCC-05-2020-0026.

Sahlberg, P. (2020b). Lessons for the United States from International Education Systems. In M. Soskil (Ed.), *Flip the system US: How teachers can transform education and save democracy* (pp. 139-146). Routledge.

Sahlberg, P. (2020c). Does the pandemic help us make education more equitable? *Educational Research for Policy and Practice*, pages not available.

Sahlberg, P., & Doyle, W. (2019). *Let the children play: How more play saves our schools and helps children thrive.* Oxford University Press.

Sahlberg, P., & Johnson, P. (2019, August 30). What Finland is really doing to improve its acclaimed schools? *Washington Post.* www.washingtonpost.com/education/2019/08/30/what-finland-is-really-doing-improve-its-acclaimed-schools

Sahlberg, P., & Walker, T. (2021). *In teachers we trust: The Finnish way to world-class schools.* Norton.

Sarason, S. B. (1996). *Revisiting "the culture of the school and the problem of change."* Teachers College Press.

Schleicher, A. (2006). *The economics of knowledge: Why education is key for Europe's success.* Lisbon Council.

Schleicher, A. (2007). Can competencies assessed by PISA be considered the fundamental school knowledge 15-year-olds should possess? *Journal of Educational Change, 8*(4), 349-357.

Schleicher, A. (2018). *World class. How to build a 21st-century school system.* OECD Publishing.

Schleicher, A. (2019). The state of the teaching profession. *ACER Teacher Magazine.* www.teachermagazine.com.au/columnists/andreas-schleicher/the-state-of-the-teaching-profession

Schulz, W., Ainley, J., Fraillon, J., Losito, B., Agrusti, G., & Friedman, T. (2018). *Becoming citizens in a changing world.* IEA International Civic and Citizenship Education Study 2016 International Report. Springer Open.

Seddon, J. (2008). *Systems thinking in the public sector: The failure of the reform regime...and a manifesto for a better way.* Triarchy Press.

Sellar, S., & Lingard, B. (2013). The OECD and the expansion of PISA: New global modes of governance in education. *British Educational Research Journal, 40*(6), 917-936.

Sellar, S., Thompson, G., & Rutkowski, D. (2017). *The global education race: Taking the measure of PISA and international testing.* Brush Education.

Silliman, M. (2017). *Targeted funding, immigrant background, and educational outcomes: Evidence from Helsinki's "positive discrimination" policy*. Working Papers 134. VATT Institute for Economic Research.

Simola, H. (2005). The Finnish miracle of PISA: Historical and sociological remarks on teaching and teacher education. *Comparative Education, 41*(4), 455-470.

Simola, H. (2015). *The Finnish education mystery: Historical and sociological essays on schooling in Finland.* Routledge.

Spieghalter, D. (2013, December 3). East Asian countries top global league tables for educational performance. *Guardian*. www.theguardian.com/world/2013/dec/03/east-asian-top-oecd-education-rankings

Statistics Finland. (n.d.a). *Education*. www.stat.fi/til/kouen.html

Statistics Finland. (n.d.b). *Research and development*. www.stat.fi/til/tkke/index_en.html

Statistics Finland. (n.d.c). *Income and consumption*. www.stat.fi/til/tulen.html

Statistics Finland. (n.b.d). *Isät tilastoissa 2019*. www.stat.fi/tup/tilastokirjasto/isattilastoissa2019.html

Teddlie, C. (2010). The legacy of the school effectiveness research tradition. In A. Hargreaves, A. Lieberman, M. Fullan, & D. Hopkins (Eds.), *The second international handbook of educational change* (pp. 523-554). Springer.

Toom, A., Kynäslahti, H., Krokfors, L., Jyrhämä, R., Byman, R., Stenberg, K.,... Kansanen, P. (2010). Experiences of a research-based approach to teacher education: Suggestion for the future policies. *European Journal of Education, 45*(2), 331-344.

Tucker, M. (2011). *Surpassing Shanghai: An agenda for American education built on the world's leading systems.* Harvard Education Press.

Tyack, D., & Tobin, W. (1994). The "grammar" of schooling: Why has it been so hard to change? *American Educational Research Journal, 31*(3), 453-479.

UNICEF. (2020). *Worlds of influence: Understanding what shapes child well-being in the rich countries.* Innocenti Report Card #16.

Välijärvi, J. (2004). Implications of the modular curriculum in the secondary school in Finland. In J. van den Akker, W. Kuiper, & U. Hameyer (Eds.), *Curriculum landscapes and trends* (pp. 101-116). Kluwer.

Välijärvi, J. (2008). Miten hyvinvointi taataan tulevaisuudessakin? [How to guarantee welfare also in future?]. In M. Suortamo, H. Laaksola, & J. Välijärvi (Eds.), *Opettajan vuosi 2008-2009* [Teacher's year 2008-2009] (pp. 55-64). PS-kustannus.

Välijärvi, J., Kupari, P., Linnakylä, P., Reinikainen, P., Sulkunen, S., Törnroos, J., & Arffman, I. (2007). *Finnish success in PISA and some reasons behind it.* University of Jyväskylä.

Välijärvi, J., Linnakylä, P., Kupari, P., Reinikainen, P., & Arffman, I. (2002). *Finnish success in PISA and some reasons behind it.* Institute for Educational Research, University of Jyväskylä.

Välijärvi, J., & Sahlberg, P. (2008). Should "failing" students repeat a grade? A retrospective response from Finland. *Journal of Educational Change, 9*(4), 385-389.

Vanhempainliitto. (2017). *Reforming early childhood education and care.* Vanhempainliitto. https://vanhempainliitto.fi/wp-content/uploads/2018/12/early-childhood-education-and-care.pdf

Voutilainen, T., Mehtäläinen, J., & Niiniluoto, I. (1989). *Tiedonkäsitys* [Conception of knowledge]. Kouluhallitus.

Weiss, E. (2013, September 12). *Mismatches in Race to the Top limit educational improvement: Lack of time, resources, and tools to address opportunity gaps puts lofty state goals out of reach*. Education Policy Institute.

Westbury, I., Hansen, S.-E., Kansanen, P., & Björkvist, O. (2005). Teacher education for research-based practice in expanded roles: Finland's experience. *Scandinavian Journal of Educational Research, 49*(5), 475-485.

Wiborg, S. (2010). *Swedish free schools: Do they work?* Centre for Learning and Life Chances in Knowledge Economies and Societies. www.llakes.org

Wilkinson, R., & Pickett, K. (2009). *The spirit level: Why more equal societies almost always do better*. Allen Lane.

Wilkinson, R., & Pickett, K. (2018). *The inner level: How more equal societies reduce stress, restore sanity and improve everyone's well-being*. Allen Lane.

Schulz, W., Ainley, J., Fraillon, J., Losito, B., Agrusti, G., & Friedman, T. (2018). *Becoming citizens in a changing world.* IEA International Civic and Citizenship Education Study 2016 International Report. Springer Open.

World Bank. (2011). *Learning for all: Investing in people's knowledge and skills to promote development.* World Bank.

Yliopisto. (2018). Heikkenevä PISA-menestys ei tarkoita, että nuoret olisivat tyhmempiä—vaan tuhmempia. www.helsinki.fi/fi/uutiset/opetus-ja-opiskelu-yliopistossa/heikkeneva-pisa-menestys-ei-tarkoita-etta-nuoret-olisivat-entista-tyhmempia-vaan-tuhmempia

Zhao, Y. (2014). *Who's afraid of the big bad dragon: Why China has the best (and worst) education system in the world.* Jossey-Bass.

Zhao, Y. (2020). Speak a different language: Reimagine the grammar of schooling. *International Studies in Educational Administration, 48*(1), 4-10.

國家圖書館出版品預行編目資料

芬蘭教改之道：如何打造全球教育典範 / 帕思・薩爾博格(Pasi Sahlberg) 著；林曉欽, 楊詠翔 譯. -- 初版. -- 臺北市：商周出版, 城邦文化事業股份有限公司出版：英屬蓋曼群島商家庭傳媒股份有限公司城邦分公司發行, 民111.03
面； 公分. -- (Discourse ; 110)
譯自：Finnish lessons : what can the world learn from educational change in Finland?
ISBN 978-626-318-199-1 (平裝)
1. CST: 教育改革 2.CST: 芬蘭
520.9476 111002678

芬蘭教改之道：
如何打造全球教育典範

原著書名 / Finnish Lessons: What Can the World Learn from Educational Change in Finland?
作者 / 帕思・薩爾博格（Pasi Sahlberg）
譯者 / 林曉欽、楊詠翔
企畫選書 / 林宏濤
責任編輯 / 鄭雅菁、李尚遠

版權 / 黃淑敏、林易萱
行銷業務 / 周丹蘋、賴正祐
總編輯 / 楊如玉
總經理 / 彭之琬
事業群總經理 / 黃淑貞
發行人 / 何飛鵬
法律顧問 / 元禾法律事務所 王子文律師
出版 / 商周出版
城邦文化事業股份有限公司
臺北市中山區民生東路二段141號9樓
電話：(02) 2500-7008 傳眞：(02) 2500-7759
E-mail：bwp.service@cite.com.tw
發行 / 英屬蓋曼群島商家庭傳媒股份有限公司城邦分公司
臺北市中山區民生東路二段141號2樓
書虫客服服務專線：(02) 2500-7718・(02) 2500-7719
服務時間：週一至週五09:30-12:00・13:30-17:00
24小時傳眞服務：(02) 2500-1990・(02) 2500-1991
郵撥帳號：19863813 戶名：書虫股份有限公司
E-mail：service@readingclub.com.tw
歡迎光臨城邦讀書花園 網址：www.cite.com.tw
香港發行所 / 城邦（香港）出版集團有限公司
香港灣仔駱克道193號東超商業中心1樓
電話：(852) 2508-6231 傳眞：(852) 2578-9337
E-mail：hkcite@biznetvigator.com
馬新發行所 / 城邦(馬新)出版集團 Cité (M) Sdn. Bhd.
41, Jalan Radin Anum, Bandar Baru Sri Petaling,
57000 Kuala Lumpur, Malaysia
電話：(603) 9057-8822 傳眞：(603) 9057-6622
E-mail：cite@cite.com.my

封面設計 / 李東記
排版 / 新鑫電腦排版工作室
印刷 / 韋懋實業有限公司
經銷商 / 聯合發行股份有限公司
電話：(02) 2917-8022 傳眞：(02) 2911-0053
地址：新北市231新店區寶橋路235巷6弄6號2樓

■2022年（民111）3月初版
定價 620元

Printed in Taiwan
城邦讀書花園
www.cite.com.tw

Printed in Taiwan.
FINNISH LESSONS, 3.0: What Can the World Learn from Educational Change in Finland?
by Pasi Sahlberg

ISBN 978-626-318-199-1

請於此處用膠水黏貼

商周出版

讀者回函卡

線上版讀者回函卡

感謝您購買我們出版的書籍！請費心填寫此回函卡，我們將不定期寄上城邦集團最新的出版訊息。

姓名：＿＿＿＿＿＿＿＿＿＿＿＿＿＿＿＿＿＿＿＿ 性別：□男 □女

生日：西元＿＿＿＿＿＿＿＿年＿＿＿＿＿＿＿＿月＿＿＿＿＿＿＿＿日

地址：＿＿＿＿＿＿＿＿＿＿＿＿＿＿＿＿＿＿＿＿＿＿＿＿＿＿＿＿

聯絡電話：＿＿＿＿＿＿＿＿＿＿＿＿ 傳真：＿＿＿＿＿＿＿＿＿＿＿＿

E-mail：

學歷：□ 1. 小學 □ 2. 國中 □ 3. 高中 □ 4. 大學 □ 5. 研究所以上

職業：□ 1. 學生 □ 2. 軍公教 □ 3. 服務 □ 4. 金融 □ 5. 製造 □ 6. 資訊

□ 7. 傳播 □ 8. 自由業 □ 9. 農漁牧 □ 10. 家管 □ 11. 退休

□ 12. 其他＿＿＿＿＿＿＿＿＿＿＿＿＿＿＿＿＿＿＿＿＿＿＿＿

您從何種方式得知本書消息？

□ 1. 書店 □ 2. 網路 □ 3. 報紙 □ 4. 雜誌 □ 5. 廣播 □ 6. 電視

□ 7. 親友推薦 □ 8. 其他＿＿＿＿＿＿＿＿＿＿＿＿＿＿＿＿＿＿

您通常以何種方式購書？

□ 1. 書店 □ 2. 網路 □ 3. 傳真訂購 □ 4. 郵局劃撥 □ 5. 其他＿＿＿＿

您喜歡閱讀那些類別的書籍？

□ 1. 財經商業 □ 2. 自然科學 □ 3. 歷史 □ 4. 法律 □ 5. 文學

□ 6. 休閒旅遊 □ 7. 小說 □ 8. 人物傳記 □ 9. 生活、勵志 □ 10. 其他

對我們的建議：＿＿＿＿＿＿＿＿＿＿＿＿＿＿＿＿＿＿＿＿＿＿＿＿＿＿

＿＿＿＿＿＿＿＿＿＿＿＿＿＿＿＿＿＿＿＿＿＿＿＿＿＿＿＿＿＿＿＿

＿＿＿＿＿＿＿＿＿＿＿＿＿＿＿＿＿＿＿＿＿＿＿＿＿＿＿＿＿＿＿＿

【為提供訂購、行銷、客戶管理或其他合於營業登記項目或章程所定業務之目的，城邦出版人集團（即英屬蓋曼群島商家庭傳媒（股）公司城邦分公司、城邦文化事業（股）公司），於本集團之營運期間及地區內，將以電郵、傳真、電話、簡訊、郵寄或其他公告方式利用您提供之資料（資料類別：C001、C002、C003、C011 等）。利用對象除本集團外，亦可能包括相關服務的協力機構。如您有依個資法第三條或其他需服務之處，得致電本公司客服中心電話 02-25007718 請求協助。相關資料如為非必要項目，不提供亦不影響您的權益。】

1.C001 辨識個人者：如消費者之姓名、地址、電話、電子郵件等資訊。
2.C002 辨識財務者：如信用卡或轉帳帳戶資訊。
3.C003 政府資料中之辨識者：如身分證字號或護照號碼（外國人）。
4.C011 個人描述：如性別、國籍、出生年月日。

請於此處用膠水黏貼